W0012274

UWE TOPPER

FÄLSCHUNGEN DER
GESCHICHTE

Uwe Topper

FÄLSCHUNGEN DER GESCHICHTE

Von Persephone bis
Newtons Zeitrechnung

Mit 37 Fotos und Abbildungen

HERBIG

Gewidmet den Begründern der
deutschen Chronologiekritik
(ehemals: Gesellschaft für die Rekonstruktion
der Menschheits- und Naturgeschichte)

Bildnachweis:
Alle Fotos und Zeichnungen stammen vom Verfasser,
wenn nicht anders angegeben.

Besuchen Sie uns im Internet unter
http://www.herbig-verlag.de

1. Auflage 2001
2. Auflage 2003 – Sonderproduktion

© 2001 F. A. Herbig Verlagsbuchhandlung GmbH, München
Alle Rechte vorbehalten
Umschlaggestaltung: Wolfgang Heinzel
Umschlagbild: Foto Uwe Topper
Satz: Schaber Satz- und Datentechnik, Wels
Gesetzt aus 11/14,35 Punkt Stempel Garamond in XPress
Druck und Bindung: Ueberreuter Buchproduktion, Korneuburg
Printed in Austria
ISBN 3-7766-2244-X

Inhalt

Vorwort: Falsches Weltbild?

Dieses Buch beginnt mit einer Göttin der alten Griechen, aber – wie der Leser bald merken wird – es beginnt heute und schreitet zurück zu den Griechen. Ich nehme zuerst eine Fälschung des 20. Jahrhunderts aufs Korn, dann eine des 19. Jahrhunderts und gehe immer weiter rückwärts, in die Barockzeit und in die Renaissance, bis ich an den Urgrund der Fälschungen stoße.

Zuerst einmal möchte ich Fälschung und Falschverstandenes trennen. Von den großen Irrtümern der Wissenschaft ist hier nicht die Rede. Fehler darf jeder zugeben, auch ein Wissenschaftler. Ich ziele hier nur auf die bewussten Fälschungen ab, die unser Weltbild verändert haben.

Wenn also – wie kürzlich geschehen – ein chinesischer Händler Vorderteil und Hinterteil von zwei versteinerten Tierarten zusammensetzt und dadurch ein bisher unbekanntes Zwischenglied zwischen Vogel und Reptil den Wissenschaftlern höchstbietend verkaufen kann, die das endlich gefundene »missing link« freudig begrüßen und in ihre Theorien einbauen, dann handelt es sich zwar um eine Fälschung seitens des Händlers, aber um ein falsch interpretiertes Relikt seitens der Wissenschaftler. Und wenn diese dann schon nach wenigen Monaten den Betrug aufdecken können, ist ihre Ehre gerettet. Das Nebenergebnis: Dass sie nämlich nur aufgrund ihrer falschen Erwartung an der Nase herumgeführt werden konnten, dass also ihre Theorie irgendwo einen Fehler enthalten muss, wird dabei leider nicht zur Sprache gebracht.

Für den Piltdown-Schädel lässt sich die Absolution nicht so leicht erteilen. Er war 1912 den auf dergleichen Funde begierigen englischen Wissenschaftlern vorgeführt und erst nach vierzig Jahren endlich als Fälschung erkannt worden (Rieth, S. 38 ff). Der Fälscher, ein Jurist namens Dawson, muss recht raffiniert vorgegangen sein, und Smith-Woodward, der den Schädel in die Wissenschaft einführte, war selbst angesehener Wissenschaftler. Die über 300 Schriften über den unmöglichen Unterkiefer und das nie dazugehörige Schädeldach sowie den Zahn, den Teilhard de Chardin beigesteuert hatte, ermöglichten die Übernahme in den theoretischen Aufbau der Kunde vom Frühmenschen. Sie haben einen nicht mehr überschaubaren Schaden verursacht. Das Weltbild wurde verzerrt.

Aber auch diese Art von bekannten Fälschungen will ich hier nicht in den Vordergrund stellen.

Mir geht es um die bewussten Fälschungen seitens verantwortlicher Akademiker und Museumsleiter, die hartnäckig gegen jedes bessere Wissen aufrechterhalten werden, weil sie Eckpfosten und Grundmauern unseres Weltbildes darstellen. Das muss nicht immer böswillige oder raffgierige Beweggründe haben – es kann auch aus ideologischen oder religiösen Gründen geschehen. Und das ist der Punkt, der mich hier interessiert: Wie wird unsere Weltanschauung, unsere Lehre und unser Glaube hergestellt, von wem und warum in dieser Richtung?

Um das Feld noch enger einzugrenzen und Missverständnisse auszuschalten, erwähne ich noch eine weitere Art moderner Geschichtsfälschung. Als Beispiel wähle ich die in grenzwissenschaftlichen Büchern und Zeitschriften immer wieder auftauchenden »Steine von Ica« in Peru. Auf handgroßen runden Kieseln sieht man geritzte Szenen von Menschen und Sauriern, wobei die Menschen zuweilen eine erstaunlich hohe Technologie (Herzchirurgie, Flugapparate usw.) vorweisen. Dies kommt der Vorstellung zupass, Mensch und Saurier hätten zeitgleich gelebt und es hätte vor der »Sintflut« (oder entsprechenden Katastrophen) schon eine hohe menschliche Zivilisation gegeben. Beides ist durchaus möglich, wenngleich es von den Akademikern für kindischen Unsinn gehalten wird. Nur: Die Steine von Ica können das nicht beweisen, denn sie sind ausnahmslos gefälscht. Dr. Cabrera hat sie von einigen Dorfbewohnern herstellen lassen, nachdem er ihnen als Vorlagen Kalenderblätter und Drucke aus Schulbüchern gegeben hatte. Man kann mühelos an den Steinen selbst erkennen, dass sie erst in den letzten Jahren bearbeitet wurden, außerdem haben Reporter die Einheimischen befragt und deren ehrliche Antworten über Art und Umfang der Fälschungen veröffentlicht. Dennoch möchten manche Esoteriker sich nicht belehren lassen, und so tauchen die Steine von Ica periodisch wieder auf, als geheimnisvolle Beweise für vorgeschichtliche Technologie oder gar Außerirdische.

Dass dieses Verhalten, nämlich die Unbelehrbarkeit nach einer Fälschungsaufdeckung, als normal anzusehen ist, kann man an vielen anderen Beispielen aus der Geschichte der Fälschungen belegen. Aber so typisch der Fall von Ica auch in mancher Hinsicht sein mag – in meiner jetzigen Untersuchung spielt er keine Rolle, denn die Wissenschaftler haben diese Steine ja nie ernst genommen. Und nur das gilt mir hier als Richtschnur: Welche Fälschungen werden offiziell geglaubt und gelehrt?

Im Oktober 1999 besuchte ich mit Freunden, die mein Buch »Erfundene Geschichte« gelesen hatten und archäologisch sehr interessiert sind, auf ihren Wunsch das Archäologische Museum von Cádiz in Spanien. Sie wollten sich von mir die beiden paläochristlichen Inschrift-Tafeln mit den ältesten ERA-Daten (ERA 504 und 552) zeigen lassen und an den

Objekten selbst verstehen lernen, warum es Fälschungen sein müssen, wie ich in meinem Buch (S. 31) behauptet hatte. Zu meinem Schreck musste ich feststellen, dass die Marmortafeln – der ehrwürdige Nachweis frühen Christentums in dieser uralten Stadt – inzwischen entfernt und durch zwei Fresko-Zeichnungen ersetzt worden sind, die eine römische Fischsalzerei darstellen und den Leuchtturm von Cádiz zeigen, angeblich kürzlich gefunden bei Ausgrabungen unter dem Kino »Andalus« nicht weit vom Museum.

Das ging aber schnell! Ich hatte ja selbst im Museum laut über die Fälschung gesprochen, und außerdem hatte mein Manuskript des Buches in derselben Stadt im Mai 1997 beim Fotocopisten ohne meine Aufsicht mehrere Stunden gelegen.

Man ist also empfindlich geworden und möchte Skandale vermeiden.

Ähnliche Gedanken hatte ich bei meinem Besuch im Museum von Oviedo, wo eine datierte Inschrift auf einem Sarkophag erst kürzlich abgeschlagen worden sein muss, während sie auf den im Museum käuflichen Fotos noch lesbar ist. Das erinnert mich an den Berliner Gelehrten Emil Hübner, der auf seiner Spanienreise vor 130 Jahren ebenfalls einige Inschriften, die im Katalog noch gezeigt wurden, einfach zerstört vorfand, nachdem er seine Zweifel an deren Echtheit angemeldet hatte. Oder an die Märtyrer-Namen auf der Säule in der Kirche von Medina Sidonia, die abgemeißelt wurden, als die Lächerlichkeit dieser Fälschung auffiel.

Oder schließlich die aus der Franken-Ausstellung entfernte Peutinger-Tafel, über die ich etwas zu laut gelacht hatte, wenngleich sie im Katalog, der nun nicht schnell neu gedruckt werden konnte, noch zu sehen ist usw.

Ich frage mich nun, wann der weibliche phönizische Sarkophag im Museum von Cádiz wieder entfernt wird, nachdem man ihn erst vor ein oder zwei Jahrzehnten mit so großem Aufwand herstellen ließ, um dem schon seit einem halben

Jahrhundert dort präsentierten Phönizier eine edle Gattin an die Seite zu legen (was der feministische Zeitgeschmack forderte und außerdem einen idealen Vorwand für die völlige Neugestaltung des Museumsgebäudes abgab).

Übrigens zeigt das Archäologische National Museum in Madrid ebenfalls derart auffällig gefälschte christliche Inschriften der Westgoten. Sie werden sicher bald verschwinden. Ich habe darum (im Juni 1999) die meisten abgezeichnet und fotografiert. Es nützt uns nämlich nichts, wenn die als Fälschung erkannten Objekte einfach in den Archiven verschwinden oder sogar heimlich vernichtet oder verunstaltet werden. Unser gesamtes Schrifttum ist durchzogen von den vorher als echt bezeichneten Museumsstücken, und alle unsere Theorien enthalten an verschiedensten Stellen Schlussfolgerungen, die aus den gefälschten Gegenständen gezogen wurden. Darum ist es höchst wichtig, diese Gegenstände zu brandmarken und alles damit zusammenhängende Schrifttum als unzuverlässig auszuscheiden.

Wenn dann über gewisse Perioden – etwa über die Goten oder Franken – nichts mehr übrig bleibt, ist das zwar bedauerlich, aber noch lange kein Grund, Erfindungen und Lügen weiterzuspinnen.

Auch die Geschichtswissenschaft sollte allmählich aus den Kinderschuhen kommen und den Stand eines Erwachsenen betreten.

Die hier vorgebrachte Kritik ist nicht völlig neu. Ab etwa 1450 – also zeitgleich mit dem unaufhaltsamen Anschwellen der Geschichtsfälschungen – sind erste Kritiker dagegen eingeschritten, und ab etwa 1650 bemüht man sich ernsthaft um eine Bereinigung dieses chaotischen und recht gefährlichen Lügengespinstes, das wir heute Geschichte nennen. Die aufklärenden Schritte, die häufig von Theologen, besonders Jesuiten, durchgeführt wurden, habe ich in meinem Buch »Die Große Aktion« (1998) vorgestellt. Es gab nämlich immer wieder einzelne Wissenschaftler, die von dem ehrlichen Bemühen bewegt wurden, Geschichtsschreibung glaubhafter zu machen. Sie alle konnten jedoch nur kleine Steinchen aus dem Wege räumen. Im großen Ganzen war ihre Arbeit erfolglos. Die Kritik an dem gefälschten Nestorianerstein war im 18. und halben 19. Jahrhundert wirkungsvoll, später wurde sie wieder vergessen. Heute gilt der Stein als echt. Der Roman der Roswitha wurde durch Joseph Aschbach vor 150 Jahren klar als Machwerk von Celtes erkannt, heute gilt er wieder als Dokument einer Nonne des 10. Jahrhunderts. Und viele andere Fälle dieser Art, ich werde weitere vorstellen. Die Folgerung ist allerdings einfach:

Es nützt nichts, wenn einzelne Dokumente als Fälschungen entlarvt werden – wie es die Germanisten seit zwei Jahrzehnten in zunehmendem Maße tun –, solange das gesamte Geschichtsbild nicht neu erfasst wird.

I Die falsche Persephone von Tarent

Kaum ein europäisches Volk hat sich so intensiv mit den klassischen Griechen beschäftigt wie die Deutschen. Viele deutsche Freiwillige sind für Griechenlands Freiheit in den dreißiger Jahren des 19. Jahrhunderts gefallen, und die Museen bei uns zu Lande sind voll mit den schönsten Zeugnissen hellenischer Kunst.

Eine der wichtigsten Statuen der frühklassischen Griechen steht nach kürzlich erfolgter Restaurierung wieder im Pergamonmuseum in Berlin. Sie stammt laut Katalog aus Tarent in Süditalien (»Magna Grecia« = Großgriechenland), ist zwischen 480 und 460 v. Ztr. geschaffen worden, 1,51 m hoch und besteht aus einem einzigen parischen Marmorblock. Ob es sich bei der in Lebensgröße dargestellten Person um die Unterweltsgöttin Persephone, Tochter der Demeter und Gattin des Hades, die »Kore«, handele, oder nur um eine »heroisierte Tote«, war zunächst unklar gewesen, weil man bisher keine derartige Rundplastik einer thronenden Göttin aus dem frühen Griechenland kannte. Wir wissen ja, dass die Griechen jener Zeit ihre Kultstatuen als stehende Personen schufen, aus einem Baumstamm grob behauen und geschnitzt, mit Goldblech, Elfenbein und Stoffen bedeckt, auch mit echtem Schmuck behängt.

Durch eine sehr ähnliche kleine Terrakottafigur, ebenfalls aus Tarent, die eine Omphalos-Schale und ein Alabastron-Salbgefäß in den Händen hält, wurde die Bezeichnung Persephone dann bestätigt.

Der Katalogtext spricht weiter vom »milden Gesichtsausdruck der Göttin« und sagt dann über diese Übergangszeit
zur Frühklassik: »Das archaische Lächeln verschwindet, und
ein neuer Ernst spricht aus den Gesichtern.« Dass da stilistische Probleme vorliegen, wird aus diesen Sätzen noch kaum
deutlich, eher schon aus der etwas umständlichen Beschreibung der Tracht.

Die Unterarme sind leider abgebrochen, sie liegen auch nicht
auf den Armlehnen auf, sondern sind vorgereckt. Man nimmt
an, dass sie ebenfalls Omphalos und Granatapfel, die Zeichen
der Totengöttin, hielten.

Verdacht

Das erste, was einem naiven Betrachter beim ehrfurchtsvol-
len Herantreten auffällt, ist das zart an Mona Lisa erinnernde
geheimnisvolle Lächeln, das um die Lippen der Totengöttin
spielt. Sollten die alten Griechen tatsächlich schon dieses
Kunstgefühl der Renaissance gekannt haben? Ist Leonardo
da Vinci gar nicht so genial-originell gewesen und die Renaissance nur eine Wiedergeburt der Antike, wie der Name
schon sagt?

Dann fällt dem Betrachter die Körperhaftigkeit der göttli-
chen Kore auf. Vor allem der Busen übt eine ungemein eroti-
sche Wirkung aus, bei längerem Hinsehen kommen einem die
Brüste übertrieben spitz vor, unorganisch, zu weit auseinander stehend. Der Künstler hat des Guten zu viel getan. Aber
die Brust ist keusch bedeckt von einem Hemd, das auf dem
rechten Oberarm mit sieben Knöpfen verschlossen ist. Die
Falten, die dabei entstehen, sind nicht erhaben, sondern ver-
tieft, was eine flach-ornamentale Wirkung hat, die im Widerspruch zu der sonst plastischen Gestaltung steht. Über dem
Hemd (Chiton) trägt sie ein weites Gewand, doch scheint

16

mir, dass da etwas durcheinander gekommen ist. Am linken Arm wird dasselbe Kleidungsstück vom unteren Hemd überdeckt, das rechts als oberes liegt. Ob der Schöpfer der Statue die Frauenkleidung nicht recht kannte? Oder geht nur mir das so?

Mein Blick als unvorbereiteter Besucher wird allmählich kritischer.

Dieser Faltenwurf ist gar zu unnatürlich, die spitzen Zipfel sind undenkbar, und die Zöpfe wirken seltsam gekünstelt; eigentlich müssten die Haare über der Stirn unter dem Diadem von der Mitte des Kopfes ausgehen, wenn sie echt wirken sollen. Die Haube, in der das Haupthaar gehalten wird, hat einen steifen Rand, der aber viel zu tief hinters Ohr gedrückt ist. Das dürfte wehtun.

Die Göttin sitzt auf einem Thron, der geschickt eine Holzstruktur nachahmt. Damit sie es dennoch bequem hat, sind Rückenlehne und Sitzfläche mit Kissen gepolstert. Dasjenige am Rücken ist jedoch nicht eingedrückt, die Frau sitzt stolz aufgerichtet. Mir fallen keine Parallelen zu einem Rückenkissen dieser griechischen Periode ein. Aber man kann ja nicht alles wissen.

Das Sitzkissen ist allerdings seltsam, denn es ist überdeckt mit einem Brett, auf dem die Kore sitzt. Auf dem Kissen zu sitzen wäre sinnvoller, auf dem Brett sitzt es sich nicht bequem, denn sie schwebt ja nicht. Levitation war damals wohl noch unbekannt oder tabu.

Die Füße ruhen auf einem Schemel, ganz stilecht, nur das Ornament an den Schemelseiten wirkt unpassend und ist zu flach. Und die Sandalen sind nur durch einen Querriemen gehalten, die würde ich beim Gehen glatt verlieren.

Aber das ist eine Kleinigkeit im Vergleich zu der Entdeckung, die die Armlehnen bereithalten. Die rechte Armlehne ruht nämlich auf einer schön gedrechselten Stütze, die jedoch leider nicht im vorderen Drittel, sondern im hinteren steht, was einem Tischler sicher wehtun würde. Und die linke Lehne, die heute abgebrochen ist, hatte gar keine Stütze. Die Armlehne wäre also freischwebend von der Rückenlehne her nach vorne ragend zu denken. Da das gar zu unpassend wirken würde, hat man die Lehne wohl abgeschlagen, nun fällt der Fehler beim flüchtigen Hinsehen nicht mehr auf.

Ich reibe mir die Augen, trete ganz nahe an die Figur, näher als die allgegenwärtigen Wächterinnen des Museums es zulassen, und messe mit meinem Bleistift nach. An der Stelle, wo die gedrechselte Stütze der Armlehne gestanden haben müsste, fehlt nicht nur eine Bruchstelle auf der Marmoroberfläche, sondern – da liegt ein Zipfel vom Gewand der Dame. Weder hier noch an anderer Stelle konnte die Lehne abgestützt sein.

Die Thronbeine hat der Künstler leider übermäßig eingekerbt, sodass sie fast weggebrochen sind. Haben die Tischler damals Sollbruchstellen eingeschleust, um später mit Reparaturarbeiten beauftragt zu werden?

Allmählich schwindet meine romantische Begeisterung und ich werde hellwach. Will mich hier jemand verschaukeln?

An sich sieht dieser »parische« Marmor recht gedunkelt aus. Man müsste eine Verwitterungstabelle zur Hand haben, um am Farbton der Marmoroberfläche bestimmen zu können, wie lange die Figur in Sonne und Regen gestanden hat. Aber das werden Fachleute wohl getan haben. Ich bücke mich und schaue unter den Thron. Da ragt ein vierkantiger Stützpfeiler auf, der den Thron hält. War der überhaupt nötig? Jedenfalls ist er blitzfrisch, mit scharfen Kanten, wie vor kurzem erst behauen. Oder sagen wir: vor achtzig Jahren.

Die Sockelplatte (Plinthe), auf der die gesamte Figur steht, ist sehr sparsam mit Rundungen versehen und ausnehmend dünn gehalten. Hatte man damals schon am Gewicht sparen wollen, um das Transportproblem zu verringern?

Nun kommt aber ein gewichtiger Hinweis darauf, dass diese Statue aus Tarent wirklich antik ist. In einer kleinen Glasvitrine neben ihr kann man ein kleines Terrakottafigürchen und die dazugehörige Gussform betrachten. Hier haben wir im Minimaßstab fast genau die Vorderansicht der Marmorgestalt vor uns. Die Gussform stammt ebenfalls aus Tarent und ist 1925 durch den Kunsthandel nach Berlin gelangt, wo man dann den Abguss machte und über die frappierende Ähnlichkeit mit der Marmorkore hocherfreut war. Nun war auch die Deutung als Persephone abgesichert, denn die Miniaturgestalt trägt in den Händen eine Omphale und angeblich einen Granatapfel, den ich aber nicht finden konnte. Die Gussform lässt sogar deutlich erkennen, dass sie schon in dieser fragmentarischen Art hergestellt worden war. Die Ränder sind nicht gebrochen, sondern geglättet! Außerdem sind die Gewandfalten sehr flüchtig eingeritzt, in viel zu vielen Strichen. Das Figürchen wirkt eher wie ein Entwurf, vielleicht diente es dem Marmorbildhauer als skizzenhafter Versuch für die große Arbeit?

Stilvergleiche

Mit einem letzten betrübten Blick auf die Jugendstil-Göttin setze ich meinen Rundgang durchs Museum fort, sehe mir verschiedene Stelen und Reliefs des etwa gleichen Zeitraums an, kann aber meiner Zweifel nicht Herr werden.
Zum Glück gibt es einige Literatur zum Thema. Als Erstes lese ich ein Buch über tarentinische Terrakotten des 6.–4. Jahrhundert v. Chr. aus dem Museum Basel (Herdejürgen, 1971), in dem sogar einige sitzende Koren abgebildet sind. Der Thron soll stets aus Holz gewesen sein und fehlt heute natürlich. Da die Figürchen der Haartracht wegen auf nach 325 v. Chr. datiert werden, liegt hier ein chronologisches Pro-

blem vor; aber die Terrakotta des Berliner Museums wird ja – vermutlich aus diesem Grund – auch eher auf 4. Jahrhundert datiert. Man spricht dann von Persistenz archaischen Stilbewusstseins in der Kleinplastik. Sie wäre also nicht Entwurf, sondern Nachahmung der Marmorstatue gewesen.

Zur Marmorgöttin gibt es doch eine Parallele in der Literatur (Blümel, 1966): Es ist eine halblebensgroße, kopflose Sitzende, die bei Tusculum (Frascati bei Rom) gefunden wurde und durch Petersen 1893 nach Berlin kam. Sie sitzt auf einem Stuhl ohne Lehnen, dessen Beine abgebrochen sind, der aber – obgleich er keinen Stützpfeiler hat – dennoch nicht umstürzt, weil Beine und Gewand der Frau alles zu halten vermögen. Der Chiton mit »Scheinärmeln« ist auf dem Oberarm mit acht Knöpfen geschlossen. Hier sieht die Tracht recht natürlich aus, der Faltenwurf ist echt dargestellt.

Ich suche in der Staatsbibliothek nach weiteren Hinweisen und muss feststellen, dass unsere Persephone selbst in den besten Werken einen allerersten Rang einnimmt, so etwa im amerikanischen zweibändigen Weltkatalog der Kunstmuseen, wo sie die wichtigste Statue des spätarchaischen griechischen Stils in Berlin ist.

Vergleichbares ist nicht zu finden, nur Reliefs mit sehr ähnlichen Darstellungen der Persephone. Das berühmteste ist wohl das Harpyienrelief von der großen Felswand von Xanthos in Lykien, das schon seit einem Jahrhundert in Saal 7 des Britischen Museums in London steht. Da thronen rechts und links der Grottentür, einander zugewandt, zwei Koren, von denen die rechte durch Blüte und Granatapfel in ihren Händen eindeutig als Persephone bestimmt werden kann.

Hier ist alles vorgebildet, was wir an der freistehenden Berliner Figur finden: Das Brett über dem vermeintlichen Sitzkissen auf dem Thron entpuppt sich als die Leiste, die das Kissen an seinem Platz hält; nur beim Betrachten einer Fotografie kann der Gedanke an ein über dem Kissen liegendes

Brett aufkommen. Die Thronbeine sind allerdings noch nicht eingekerbt, die Fußbank schmückt noch kein verdächtiges Ornament, die Armlehne ist nur am vorderen Ende unterstützt, wie es sein muss, der Faltenwurf wirkt völlig normal. Von Rückenkissen, soweit ich auf dem Foto erkennen kann, keine Spur. Als Datierung wird »um 500 v. Chr.« angenommen, von einigen Kollegen auch etwas jünger.

In der Sammlung Albani in Rom befindet sich eine ganz ähnliche Reliefdarstellung der Kore. Hier hält sie einen Knaben, den ihr eine Mutter darreicht. Die göttliche Kore gleicht unserer Persephone, wirkt aber wiederum ganz natürlich. Armlehne und Sitzfläche des Throns sind fehlerlos, die Fußbank ist schlicht ohne Ornament, die Thronbeine sind nur leicht eingekerbt (was in der Rundplastik in Berlin stark übertrieben wurde), und es gibt sogar eine Art Stützsäule unter dem Thron, nur dass die in Rom rund ist. Die Voluten an den Thronseiten entsprechen exakt denen von Xanthos. Auch der Faltenwurf, die Zöpfe und die Kopfhaltung sind makellos.

Nur: Es handelt sich hier um Reliefs, und die sind sicherlich antik.

Rundplastik-Vorbilder sind selten. Im Akropolis-Museum von Athen befindet sich ein Kopf mit Oberkörper einer (stehenden) Kore »von Euthydikos«, deren Haartracht und Kleidung unserer Kore entsprechen.

Schließlich stoße ich in dem vielbändigen französischen Werk des überragenden Kenners griechischer Skulptur, Charles Picard (Bd. II, 1939), auf eine kurze Beschreibung unserer Kore: »Noch kann man von ihr mit Gewissheit weder sagen, dass sie ein echtes Original noch dass sie ein Dokument aus Tarent sei: Man hat gesagt, dass es sich um eine fähige Vergrößerung einer Terrakotta aus dem überseeischen Griechenland handele.« (S. 11)

21

Dann wäre das Terrakotta-Figürchen nur der Entwurf gewesen, aber der Entwurf für eine moderne Schöpfung! Und was Picard in der Anmerkung auf jener Seite 111 schreibt, sträubt einem die Haare:

Die Verbindung zwischen der Terrakotta aus Tarent und der Marmorstatue geschah zu einem ungünstigen Zeitpunkt, denn: »1925 war die Aufmerksamkeit etwas unangenehm beeindruckt durch den Erwerb von acht ›neuen‹ Bruchstücken in Berlin (*elf* Jahre nach der Durchreise der schon zerstückelten Statue durch Paris!), Bruchstücken, die *entsprechend der veröffentlichten Restauration* den Thron (linke Ecke der Rückenlehne, Armlehne mit Stützstempelchen, Vorderteil des Sitzes) vervollständigen.«

Und weiter: »Die ›Odyssee‹ des Transportes (der Statue) in Italien, die Frau P. Zancani-Montuoro (1931) beschreibt, ist äußerst seltsam, um nicht zu sagen unwahrscheinlich.«

Mutmaßungen über den Künstler

Was wissen wir eigentlich über die Herkunft der Statue? In der Zeitung stand, dass sie ein Kunsthändler namens Hirsch 1916 in Neapel erworben habe, nachdem sie von Tarent dorthin gebracht worden sei. Das klingt unwahrscheinlich, weil Deutschland 1916 schon zwei Jahre im Krieg stand, und Italien gerade zum Gegner geworden war. Die Statue sei aber schon einige Jahre vorher entdeckt worden und habe dann zwei Jahre unter miserablen Bedingungen in Mist und Schutt gelegen. Eigentlich stamme sie aus Eboli und sei 1911 gefunden worden. Man habe den Kopf mit einer Säge vom Körper getrennt und erst in Berlin wieder angefügt.

Im Katalog liest sich der Weg etwas anders: Sie sei 1915 auf dem Pariser Kunstmarkt angekauft worden. Während also die beiden Völker sich gerade an der Marne mit dem größten Aufwand seit Menschengedenken zerfleischten, reiste ein Berliner Kunsthändler nach Paris, um den dortigen Sammlern und Museen eine Statue wegzuschnappen, die zu den eigenartigsten und kostbarsten der Antike zählt. Hat der Direktor des Louvre gerade geschlafen oder ein Auge zugedrückt?

Nun sagt Picard aber, dass die verdächtigen acht Bruchstücke dem Hauptstück *elf* Jahre später (Hervorhebung dort) nachgereist seien. Demnach wäre die Kore schon 1914 (vermutlich vor Kriegsausbruch) in Paris gekauft worden, was eher möglich scheint, wenn auch immer noch kurios. Und just 1925, als man die Terrakotta-Gussform erwarb, tauchten auch die acht Bruchstücke als Ergänzungen auf. Die Statue war ja jetzt durch die Tonfigur »bestätigt« worden, da konnte man die unmöglichen Reststücke auch noch nachreichen.

Nachdem ich mich von meiner Konsternation erholt hatte, ging ich noch einmal ins Pergamonmuseum und trat – nun weniger ehrfurchtsvoll und mit zwei Zeuginnen, von denen eine Künstlerin ist – vor Persephone. Die Schnittstelle am Hals ist deutlich zu erkennen, gut verspachtelt, aber klar als grobe rundumlaufende Schnittspur.

Außer dieser gut erkennbaren Schnittstelle am Hals gibt es noch einen viel auffälligeren Sägeschnitt; er reicht vom Nacken etwa 10 cm tief den Rücken hinab und ist offensichtlich mit einer Stahlsäge in jüngerer Zeit ausgeführt worden. Wer begeht dergleichen Vandalismus in unserem aufgeklärten Jahrhundert?

Sicher wollte man den Körper der Göttin vom Thron trennen. Aber warum?

Wenn man ein so überaus kostbares Original bei Straßenarbeiten findet, verständigt man sofort den archäologischen Dienst – den gibt es in Rom seit Jahrhunderten – und überlässt den Kuratoren alles Weitere. Ansonsten, übrigens, hagelt es Strafen.

Das Gegenteil hat man getan, nämlich die Statue zwei Jahre in Mist und Schutt versteckt (ich nehme an: damit der allzu frische Marmor nachdunkelt), dann nach Neapel geschafft (woher sie wirklich kam ist einerlei, Tarent klingt gut) und einem Kunsthändler vorgeführt. Ich kann mir die Szene nun lebhaft vorstellen und erzähle sie als History-Fiction meinen beiden Begleiterinnen.

Der Kunsthändler nämlich wird die schöne Statue nur kurz gemustert und dann abgelehnt haben, etwa mit den Worten: »Nee, mein Lieber, da müsst Ihr noch ein bisschen antike Kunst studieren. *Solchen* Kitsch kann ich keinem verhökern.« Der Künstler bettelt und windet sich. Der teure Marmor! »Wenn schon der Thron misslungen ist, aber der Körper ist doch gut!« Und greift zur Säge und schneidet am Rücken los. Der Kunsthändler wehrt nach kurzer Weile mit müder Geste ab. »Schaut Euch das Gewand an! Das müsstet Ihr dann auch noch zersägen und neu nähen.«

»Aber der Kopf, nehmt wenigstens den Kopf!«

Den Kunsthändler packt das Mitleid, nicht mit der verkorksten Statue, sondern mit dem Bildhauer. »Nun denn, ick nehm den Kopp.«

Der Künstler greift wieder zur Säge und trennt ritsch-ratsch am Hals mit glattem Schnitt das gelungene Haupt vom Rumpf. Wegen des umständlichen Transports lässt er den verhunzten Marmorblock beim Händler stehen. Mit dem kargen Lohn in der Tasche begibt er sich auf die Akademie und studiert weiter klassische Skulptur, bis er nach einigen Jahren verstanden hat, worum es wirklich geht. Jugendstil ist nicht gefragt, sondern »echtes« Antikegefühl.

Fehler unterlaufen ihm jetzt nicht mehr. Er wird zum berühmtesten Antikenfälscher des 20. Jahrhunderts: Alceo Dossena, geboren 1878 (oder 1881) in Cremona, nach dem Weltkrieg reich und berühmt mit Atelier in Rom, verarmt gestorben 1937.

Die Aufseherinnen mehren sich um uns, sichtlich nervös geworden. Ich dämpfe die Stimme, die ich im Überschwang erhoben hatte, umkreise noch einmal die angesägte Göttin und begebe mich in den nächsten Tagen in verschiedene Bibliotheken Berlins. Das Ergebnis ist betrüblich.

Der Skandal

Wie es scheint, hatte ich mit meiner Vermutung, dass Dossena der Fälscher war, ins Schwarze getroffen. Dieser Sohn armer Leute, der im Steinbruch als junger Mann gearbeitet hatte – ein Marmor-Steinbruch in der Lombardei auf 1000 m Höhe heißt sogar Dossena – wollte hoch hinaus und wandte sich vom schweren Handwerk der leichten Kunst zu. Zunächst schuf er Madonnen, wie sie bei der katholischen Bevölkerung beliebt waren und sich gut verkauften. Aber dann wurde er anspruchsvoller, arbeitete nach barocken Kunstwerken und versuchte sich schließlich an klassischer Kunst.
Dossena erkannte eine Marktlücke, ein *missing link*, das man füllen konnte: Zwischen archaischem und klassischem Stil der griechischen Kunst war ein Sprung vor sich gegangen. Das ist eigentlich normal, gerade künstlerische Entwicklungen gehen immer sprunghaft voran. Aber wenn man Werke schaffen könnte, die in dieser undefinierbaren »Lücke« entstanden sein sollten, konnte man munter drauflos fälschen, ohne überführt zu werden, denn es gab ja keine Vergleichsstücke. Man musste nur geschickt die vorausgegangene und die nachfolgende Stilperiode verbinden. Die Meister der Fälscherzunft – und die hat in Italien Tradition – arbeiteten schon immer nach diesem Prinzip: nicht kopieren, sondern neu schaffen.
Mit dieser Methode gelang es Dossena, die größten Koryphäen – wie etwa Wilhelm von Bode – hinters Licht zu

führen. Aber die eigentlichen Rosstäuscher waren die Händler, die mit Dossenas Werken reich wurden.

Alceo Dossena fing genial an und wurde mit der Zeit schlechter, sein Ehrgeiz ließ nach; er hatte auch das Gefühl, von seinen Auftraggebern ausgebeutet zu werden, wie sein Sohn Walter Lusetti schrieb (Alceo Dossena Scultore, Rom 1955). Darum war er – so ab 1927 – geradezu daran interessiert, der Welt zu verstehen zu geben, dass er gefälscht hat. Je mehr er seine Enthüllungen der Presse vorstellte, die ihn überschwänglich feierte, desto kritischer wurden die Fachleute, bis man ihm nicht mehr glaubte. Es hätte sein können – der Gedanke ist durchaus berechtigt –, dass dieser geniale Bildhauer zu seinem Ruhm (oder aus Rache an den Händlern) auch echte Werke der Antike als eigene Schöpfungen ausgab. Darüber hat der Leipziger Professor Studniczka, der 1928 eigens dafür nach Rom fuhr, in einem langen Artikel geschrieben. Fotos und Abgüsse, die ihm Dossena von einem weiteren seiner Werke, dem Daphneraub von Velia, im Arbeitszustand zeigte, konnten Studniczka nicht von deren Unechtheit überzeugen, denn ebenso gut konnte man diese »Beweisstücke« fälschen. Darin steckt Logik. Aber wie diese großen »antiken« Marmorstücke in die Bildhauerwerkstatt Dossenas gekommen sein könnten, fragte er doch nicht. Und dass diese Gruppe, die im Juli 1926 aufgetaucht war, vom selben Händler angeboten wurde wie die »Athena« im April 1927, die Studniczka sofort als Fälschung erkannte, schien ihn auch später nicht zu stören.
1928 nahm sich der Wiener Kunsthistoriker Leo Planiscig des Falles Dossena an. Er deckte mit umfassender Geste die ganze Größe der Fälschungen auf. Der Ärger war vor allem in Amerika groß, wo viele solcher Werke in berühmten Museen standen (Metropolitan Museum of Art, New York; Boston Museum of Fine Arts etc.). Sie waren sehr teuer gekauft worden, meist für sechsstellige Dollarsummen.

»*Athena in Kampfstellung* heißt das erste große ›archaische‹ Werk Dossenas, das seinen Weg bis nach Amerika in das Museum of Art zu Cleveland gefunden hat«, schreibt Eberhard Paul (S. 19). Denn »Archaisches war im 20. Jahrhundert Mode geworden. Dossenas ›archaische‹ Skulpturen sind nur die bedeutendsten und bekanntesten einer endlosen Reihe von Fälschungen dieser Manier.« Paul untersucht in seinem humorvollen Buch mit großer Sachkenntnis eine Vielzahl von griechischen Skulpturen, die alle gefälscht sind, sodass man sich nach dem Lesen erst einmal zurücklehnt und sagt: Das war's. In ein Museum brauche ich nicht mehr zu gehen. Sieht man sich die Fotos von Dossenas Fälschungen an, und besonders den Film »Schaffende Hände« (Hans Cürlis), der 1930 gedreht wurde, um Dossenas geniale Fähigkeiten dokumentarisch festzuhalten, dann wird einem klar, dass im Nachhinein niemand getäuscht werden kann: Die eigenwillige Handschrift Dossenas ist in allen seinen Skulpturen erkennbar.

Wie gesagt: Die frühen Werke Dossenas sind Meisterschöpfungen, die späteren lassen zu wünschen übrig. Und eine der frühesten muss die thronende Göttin »von Tarent« gewesen sein. Sie trägt schon viele Merkmale, die man ihm an späteren Figuren übel nahm: den unkorrekten Faltenwurf, die falsch liegenden Haare, den modernen Gesichtsausdruck und die mutwilligen Zerstörungen. Aber gerade diese Verletzungen, die ja unabdingbar waren, wenn die Echtheit auf dem Spiele stand, verraten den Künstler: Sie sind immer so ausgeführt, dass die Schönheit der Gestalt, vor allem des Gesichtes, nicht zu sehr darunter leidet. So sind auch bei der Persephone nur rechte Wange und Stirn leicht angeschlagen, während die viel weiter herausragenden Teile wie Nase, Haare und Kinn erhalten blieben. Wer so liebevoll den Marmor bearbeitet wie dieser geniale Sohn armer Leute, der zerstört nicht den besten Teil seiner Arbeit.

Typisch für diese Zerstörungen ist auch, dass sie immer dort auftreten, wo sich der Künstler nicht sicher war, wie es richtig aussehen müsste, also etwa an den Vorderenden der Stuhllehnen, oder an der Frage, was die Göttin in den Händen halten müsste: die Omphale in der einen Hand – aber in der andern? Granatapfel oder Mohnblüte oder Alabastron?

Die unproportional kleinen Brüste möchte ich auch noch erwähnen: Diese sind geradezu ein Stilmerkmal von Alceo Dossena, wie man an den ›anerkannten‹ Fälschungen ablesen kann.

Eine Frage, die mich immer wieder bewegt: Warum hat man eigentlich hier im Museum den Kopf so sorgfältig wieder aufgeklebt, den Sägeschnitt am Rücken aber nicht verspachtelt? Auch Restauratoren haben Schwächen und lassen Lücken.

Der italienische Kunsthändler hat also versucht, den Kopf, dessen Mona-Lisa-Lächeln ihn zu lange irritierte, weiterzuverkaufen, und schließlich einen Interessenten gefunden.

Dass der Kopf frisch abgesägt war, sah der neue Käufer sicher auf den ersten Blick, was ihn zu der Frage veranlasste, ob der Rumpf auch käuflich sei.

»Aber gewiss doch! Und nehmt diskreterweise den Umweg über Paris, bevor ihr das Herrn Bode anbietet.«

Als im Januar 1914 die Figur in Paris öffentlich gezeigt wurde, griff Herr Wilhelm von Bode, Direktor der Museen in Berlin, tief in die Privatschatulle und fühlte sich einmal mehr als Wohltäter Preußens.

Später kamen einigen Mitarbeitern wohl doch Zweifel. Der französische Fachmann Picard hatte so gegen 1925 in fein ironischer Weise zu verstehen gegeben, dass das Ganze ein Riesenreinfall war. Die Berliner fragten sich also, ob man vielleicht etwas zur Unterstützung der Statue aus Tarent besorgen könne?

Nun, da wäre noch eine Terrakotta-Gussform, ganz apart, denn sonst kennt man nur die Abgüsse dieser Figürchen. Sie wurde 1925 erworben, zur gleichen Zeit wie die inzwischen wieder aufgetauchten acht Marmor-Bruchstücke. Und damit war die Göttin gerettet.

Wissenschaft

Da steht sie nun wieder, restauriert und rehabilitiert, seit Februar 1997, vor dem staunenden Publikum, das von Pankow und Zehlendorf, Tokio und New York angereist kommt, um zu lernen, wie die antiken Griechen ihre Götter sahen.

Ich fragte mich jedoch noch einmal: Wie sieht die Rechtfertigung dieses Schwindels in der wissenschaftlichen Literatur aus?

In der Zentralbibliothek des Deutschen Archäologischen Instituts in Berlin-Dahlem, zu der nicht jeder Sterbliche Zugang hat, stieß ich auf die wichtigsten Werke.

Es war der damalige Direktor Theodor Wiegand, der die Ehre und Pflicht wahrnahm, die Erstveröffentlichung dieser Kostbarkeit zu verfassen. Nachdem er im amtlichen Bericht der Königl. Preuß. Kunstsammlungen Nr. 37 (Mai 1916, S. 152) schon eine erste Mitteilung gemacht hatte, gab er in der monumentalen Sammlung »Antike Denkmäler«, Band 3 (1916/17), auf S. 47–52 mit 7 Abbildungen und 11 Fototafeln die vorläufige Beschreibung für den wissenschaftlichen Gebrauch heraus, dem Andenken Winckelmanns (zum 200. Geburtstag 1917) gewidmet. Darin stehen klassische Sätze, die gar mancher Student der griechischen Kunst verinnerlichte:

Die thronende Göttin ist eine »Gestalt von natürlicher menschlicher Größe und normalen Proportionen«.

»Der Fundort der Statue, angeblich eine altgriechische Kolonie Unteritaliens, steht noch nicht fest. Andere Mitteilungen weisen sogar auf Herkunft aus dem griechischen Osten. Im

Jahre 1914 gelangte das Werk nach Paris und von dort auf Umwegen am 10. Dezember 1915 nach Berlin.«

Der Bildhauer Max Klinger bestätigte Wiegand höchstpersönlich, dass es sich um parischen Marmor handelt. Zumindest in diesem Punkt war man sicher.

Wegen gewisser Ähnlichkeiten mit Werken von Aegina ist die Datierung auf 480 v. Chr. vorgeschlagen.

Die Erhaltung des Marmors ist »ungewöhnlich gut«. Zwar sind einige Stücke abgebrochen, aber wieder angesetzt worden, teils in der Antike (!), teils erst kürzlich. Die Verletzungen am Hals sind modern und geringfügig. Der Bruch der Unterarme ist antik. Das kleine Stück der rechten Armlehne ist noch nicht angefügt worden, da man Hoffnung hat, weitere Stücke der Armlehne zu bekommen. (Das klingt mysteriös, hat sich aber zehn Jahre später bewahrheitet.)

Farbreste sind nicht erhalten, nur vertiefte Stellen dort, wo man Bemalung annehmen muss. Als Beweis für die ehemalige Bemalung sieht Wiegand die fehlenden Bänder an den Sandalen. Während der Querriemen deutlich modelliert ist, weil er ja gemalterweise unschön wirken würde, sind die Bänder auf dem Fußrücken fortgelassen. Sie müssten also durch Farbe ersetzt gewesen sein. (Das ist plausibel, aber doch sehr an den Haaren herbeigezerrt.)

Sämtliche Brüche, Verletzungen und auch die Spuren im Marmor, die vom Transport herrühren – Schleifspuren an der Rückseite des Thrones, wohl vom Wagen verursacht –, sind minutiös beschrieben. »Auf der linken Seite ist die Verletzung der entsprechenden (drei) Locken auf einen modernen Eingriff zurückzuführen, und dasselbe gilt von einer fast unmerklichen Beschädigung des Halses. Alt sind dagegen die Bestoßungen am Diadem...« usw. Hier vermisse ich einen konkreten Hinweis auf den abgetrennten Kopf und den Sägeschnitt am Rückenkissen, die ja nicht zu übersehen sind. Soll das die »unmerkliche Beschädigung des Halses« sein? Auf den mit großer Perfektion ausgeführten Fotografien kann man den Halsschnitt nur mit Mühe erkennen, wenn man ihn schon kennt (etwa auf Tafel 44 vom Nacken her). Der Sägeschnitt am Rücken ist fast perfekt kaschiert. Aber Wiegand hatte ja keine Fotografien vor sich, sondern das Original! Konnte er seine Kollegen dermaßen geschickt täuschen?

Übrigens ist auch die herabfallende linke Haarsträhne nicht gebrochen, sondern sauber gesägt!

Wiegand ist einer der größten Fachleute seiner Zeit. Schriftlich wundert er sich über manche Einzelheit der Gestalt, hat aber letzten Endes nur Lobesworte bereit:

»Es gibt keine archaische Statue, bei der man so unmittelbar vor einer gütigen Gottheit zu stehen glaubt.«

Statt starrer Symmetrie und gewollter Unnahbarkeit im Ausdruck, wie sie archaischen Figuren eigen ist, haben wir hier schon bewegte Formen. Der linke Fuß ist leicht vorangestellt, »dem Moment abgelauscht«. (Wir dürfen nicht vergessen, dass zu diesem Zeitpunkt, 1915, der Impressionismus endlich salonfähig geworden ist.) So ist auch der Schattenwurf der Gewandfalten äußerst geschickt eingeplant, meint Wiegand. In seiner Begeisterung für die Schönheit der Göttin gerät er ins Schwärmen. Über die Augen sagt er: »Zwar ist die Schrägstellung vermieden, auch sind die Tränendrüsen leicht angedeutet, und es ist bemerkenswert, mit wie weicher und sicherer Wölbung das untere Lid zur Wange übergeht; aber …«, und jetzt kommen wieder archaische Züge, die »noch vorhanden« sind, »ganz in der alten Überlieferung gehalten.« Da es sich um eine Übergangszeit handelt, ist dergleichen Stilmischmasch wohl erlaubt.

Die kleinen Brüste wirken auf Wiegand »ganz jugendlich«, während »die vollen runden Arme und Schenkel mehr den Formen einer reiferen Frau entsprechen.«

Und zum Mund: »Aber hier dürfen wir feststellen, dass die Freundlichkeit des Ausdrucks eine ganz unbefangene geworden ist und nichts mehr zu tun hat mit archaischem Unvermögen.« Ja, es ist wahr, dass dieser »Ausdruck, der so geheimnisvoll anziehend wirkt«, sowie auch Kinn und Wangen »fast individuell modelliert« sind. Die wie Flachornament wirkende Gewandgestaltung »empfindet man ... fast wie eine Kühnheit.« Alles, was besonders anmutet, gehört eben zur persönlichen Stilform des Künstlers. Dass dergleichen in der Antike erst in der späten Klassik möglich wurde, weiß Wiegand natürlich. Deswegen sucht und findet er ständig Vergleichsbeispiele für die Eigenheiten, hat aber selten Glück. Wenn es wirklich Parallelen gibt, dann sind es genau die Vorbilder, die Dossena verwendete (aber meist nur von Fotografien kannte, wie zuweilen deutlich wird, etwa beim Thron, der nach Fotos vom anatolischen Harpyien-Fries aus London geschaffen ist, was Wiegand für Kleinasien als Herkunftsort optieren ließ).

Zu diesem Thron wäre noch einiges zu sagen. Auf dem Harpyienfries (und anderswo ebenfalls) hat der Thron die Doppelvoluten an der Seite, an Persephones Thron sind sie vorne. Eigentlich müssten sie da stören, denn sie tragen ja das schmale Seitenbrett, das das Kissen am Verrutschen hindert. Vorne wäre so eine Leiste wirklich störend, und ein Brett zum Sitzen *über* dem Kissen ist undenkbar. Wenn man aber Fotos vom Harpyien-Thron sieht und nicht weiß, wie so einer wirklich aussah, gewinnt man tatsächlich den Eindruck, dass diese Randleiste die Kante eines Sitzbrettes sein könnte. Kurzum: Dossena hat nicht nachgedacht und sich nicht hineingefühlt, sondern nur nach fotografischen Vorlagen gearbeitet.

Die Rückenlehne ist der Bequemlichkeit halber leicht zurückgeneigt, und das Kissen daran löst den Körper »vorteilhaft« (Wiegand) von der Lehne. Uff, Herr Wiegand, das ist stark! Aber nein, sagt er, es ist »eine geschickte Neuerung«.

Was mir am Gewand aufgefallen war, hatte auch Wiegand schon bemerkt. Es ist dreifach, und zwar zuunterst ein langer Rock, nämlich der jonische Chiton mit weiten genähten Halbärmeln (wieder so ein Zwitter), von denen nur der linke sichtbar ist. Darüber ein reich gefaltetes Gewand, »dessen Erklärung noch nicht in allen Einzelheiten gelungen ist«. (Auch nie gelingen wird, denn solch ein Gewand trugen die Griechinnen nicht, und wenn es überhaupt tragbar wäre, dann müsste es anders ausgesehen haben.) Im Oberteil zeigt es sich als »Mäntelchen«. Die Falten fallen aber in unnatürlicher Weise, nicht der Schwerkraft folgend; sie sind rein dekorativ. Wie ein »Mäntelchen« richtig fallen müsste, zeigt ein sehr ähnliches Bruchstück von der Akropolis in Athen, das Wiegand auch anführt. »Auch der weitere Verlauf des Gewandes nach der Seite hin ist noch nicht klar verständlich« und: »... rechts scheint eine größere Stoffmasse zum Unterarm hinübergeführt zu sein und sich hier mit dem unteren Ende des weiten Chitonärmels zu verbinden.« Eben, eben, das war mir ja aufgefallen: Was drunter und was drüber liegt, ist verwechselt.

Und dieses Gewand endet in drei spitzen Zipfeln, dergleichen hat man in Hellas nie gesehen. Um den Leib wurde es mit einer Schnur gehalten, denn hier ist eine »geradlinig verlaufende Überschlagslinie schlicht angedeutet«.

»Als drittes Stück der Bekleidung kommt hinzu ein Umschlagtuch«, das läuft »in einem langen Ende aus, das schräg zurückweicht und sich an die Nebenseiten des Thrones anpresst, als sei es vom Windhauch zurückgetrieben.« Diese Umschlagtücher waren eigentlich aus Leinen oder Wolle, nicht aus Tüll oder Gaze, und Wind einzubeziehen ist hier wirklich weit hergeholt. Aber wenn es windete, dann ist es mit dem platten Faltenwurf eh aus.

Herkunftsgeheimnisse

Lassen wir Wiegand schlafen und schauen wir, wie es weiterging!

Im Jahrbuch des Deutschen Archäologischen Institutes Nr. 32 (1917, S. 204 mit Abb.) schrieb ein gewisser B. Pick über die thronende Göttin, »deren Erwerb und Überführung nach Deutschland kurz vor dem Toresschluss, den der Krieg für uns bedeutete, so großes Aufsehen erregt hat, wird mit Recht als eines der wertvollsten Denkmäler der archaischen Kunst, ja der antiken Kunst überhaupt, angesehen ...«

Demnach müsste sie vor August 1914 bereits angekauft worden sein. Sie wurde aber erst am 10. Dezember 1915 aus der Schweiz nach Berlin gebracht. Was machte sie so lange in der Schweiz?

Und weiter: Die Widersprüche in der Erscheinung der Figur, die Mischung der Stile usw. seien kein Anlass, die Echtheit der Figur in Frage zu stellen. Bei diesem Kultbild ist wohl alles möglich, da ja kein Vergleichsstück vorhanden ist. Die Datierung möchte er lieber ein oder zwei Jahrzehnte später ansetzen (vorsichtig), auf 470 oder 460 v. Chr., damit sie mit der Blütezeit von Tarent zusammenfällt. Die recht ähnlichen Terrakotten von Tarent stammen aber aus dem späten 4. und dem 3. Jahrhundert. (Leider tragen sie das Umschlagtuch direkt über dem Chiton, dazwischen gibt es kein Gewand.)

Da man schon annahm, die Göttin stamme aus einer altgriechischen Kolonie Unteritaliens, und Wiegands durchaus schlüssiger Hinweis auf Kleinasien keine Beachtung fand, stellt Pick noch passende lokrische Münzen dazu, sodass Tarent als Herkunftsort plausibel wird. Man sieht, wie die Käufer selbst vorschlagen, was sie später (1933 durch Frau Montuoro) als »Tatsache« serviert bekommen. Und die Klugheit der Händler ist auch nicht übel: Man wartet ab, bis die Fachleute sich einigermaßen auf den vermutlichen Fundort festgelegt haben, bevor man die Geschichte der Auffindung fabriziert.

Franz Studniczka schreibt in seinem Artikel »Neue archaische Marmorskulpturen. Falsches und Echtes« im Jahrbuch des Deutschen Archäologischen Institutes, Nr. 43 (1928, S. 140 ff) über die thronende Göttin, die er für zweifelsfrei echt hält (S. 206):
»Für deren Herkunft aus Unteritalien spricht jetzt schon mehr als das bei ihrem Auftauchen im Kunsthandel laut gewordene, unverbürgte Gerücht, sie sei in Tarent gefunden.«
Wie sehr sich Studniczka bei einer anderen Fälschung, der schon erwähnten »Entführungsgruppe« von Velia, die der berühmte Adolf Furtwängler angegriffen hatte, täuschen konnte, ist bekannt; man kann daraus höchstens schließen, dass vorgefasste Meinungen durch rationale Argumente selten geändert werden können.
Andreas Rumpf erwähnt in seinem Katalog der etruskischen Skulpturen (Berlin 1928, S. 9) »die weltberühmte thronende Göttin« ohne jeglichen Zweifel an ihrer Echtheit. Er hat ja auch Studniczka unterstützt.
Otto Brendel schreibt im (Berliner) Archäologischen Anzeiger Nr. 48, (1933, S. 647) über archäologische Funde in Italien:
»Die sitzende Göttin ist (– Frau Paola Zancani-Montuoro zufolge –) ein Zufallsfund aus Tarent, sie ist im Jahre 1914 von vier Arbeitern bei Ausschachtungen am Ostrand der neuen Stadt entdeckt worden (folgt genaue Angabe der Straßenkreuzung). In ihrer nächsten Umgebung waren antike Reste nicht zu bemerken, sodass die Berichterstatterin annimmt, es läge bereits Verschleppung im Altertum vor.«
Man erwägt dann einen Zusammenhang mit Pizzone, wo Terrakotten gefunden wurden, die auf einen Persephone-Altar hindeuten könnten.

Es ist vermutlich günstig zu behaupten, dass keine weiteren Funde zu erwarten sind, sonst müsste man einem Forschungsteam die Fundstelle zeigen. »Verschleppung im Altertum« ist eine listige Lösung. Denkt man dabei an antiken Diebstahl? Etwa um die Göttin im Garten hinter der Villa aufzustellen und dort heimlich anzubeten? Oder später an einen Tempel weiterzuverkaufen?

Übrigens müssten diese vier Arbeiter nicht nur sehr umsichtig bei der Bergung ihres Fundes (vermutlich tief in der Nacht), sondern auch sehr kräftig gewesen sein: Das gute Stück wog rund 1000 kg, das macht pro Arbeiter 250 kg, die man auf den Wagen heben musste.

Aber dass Frau Montuoros Erzählung – immerhin fast zwei Jahrzehnte nach den Ereignissen – höchst unglaubwürdig ist, hatte Picard ja schon geschrieben.

Kritik

Es ist nur menschlich, dass einige Leute für ihr fantastisches Monatsgehalt und die ihnen gebotene Sicherheit jeden Blödsinn erzählen würden, der diesen Lebensstandard und Ehrenstatus aufrechterhält. Dass diese Gehälter und Ankäufe – oft in Millionenhöhe – von unseren Steuern bezahlt werden, ist selbstverständlich. Vielleicht sind auch einige Verantwortliche wirklich dermaßen dumm, dass sie die Fälschungen nicht erkennen. Aber der Gedanke, dass man in so einem Museum oder einer Bibliothek auch einmal Fragen stellt, ist den Angestellten völlig ungewohnt. Der Bürger schluckt, was ihm vorgesetzt wird. Wenn einer einen Verdacht äußert, wird er wie ein Störenfried abgewiesen.

Ist Wissenschaft wirklich ein so abgehobenes Gebiet, dass der Laie nicht anfragen darf?

Ich begebe mich also in die Hochburg der Museumsverwaltung und erlange nach einigem Bitten und wiederholten Anrufen endlich (am Freitag, 23. Januar 1998 im Alten Museum, 13.30 Uhr) ein Interview mit Frau Dr. Huberta Heres, Vizedirektorin des Alten Museums, die mir bereitwillig auf meine ungewöhnlichen Fragen antwortet. So erfahre ich Folgendes:

Die Göttin wurde – der Pressenotiz des Museums von Februar 1997 zufolge – 1911 oder 1912 in Tarent durch Raubgrabung ans Tageslicht gebracht und nach Eboli (bei Salerno) verschleppt, wo sie zwei Jahre in Mist gebettet unter der Erde lag (ich vermute: bis sie die nötige Patina hatte). Dann sägte man ihr den Kopf ab, angeblich »um sie leichter transportieren zu können«. Warum der Schnitt am Rücken erfolgte, ist ungeklärt. Sodann schaffte man sie nach Neapel, wobei der Kunsthändler T. Virzi aus Palermo (Sizilien) behilflich war.

Eventuell stand sie auch zuerst in Locri, weil nämlich ein Wissenschaftler spezialisiert auf diesen Ort ist.

Jedenfalls tauchte sie urplötzlich 1914 in Paris auf und wurde von dem bekannten Kunsthändler Jacob Hirsch, (vermutlich der berühmte Hirsch, der später im Exil in New York lebte), akzeptiert und in seinem Auftrag umgemodelt. Man entfernte die störenden Teile, z. B. die rechte Armlehne, und setzte den Kopf wieder an, diesmal jedoch starr gerade, dem archaischen Stil entsprechend (sonst hätte man sie nie verkaufen können), was aber später Schwierigkeiten ergab, weil man ja schließlich der Sägenaht folgen musste bei der Wiederherstellung.

Diese Wiederherstellung des ursprünglichen Zustandes ist erst 1996 erfolgt durch Mitarbeiter eines Institutes in Venedig. Zwei Italienerinnen, Cristine Passeri und Alessandra Morelli, waren zweimal drei Wochen in Berlin und setzten der Göttin den Kopf und die rechte Lehne wieder richtig an, wie sie der Künstler ursprünglich geschaffen hatte, was leider dem archaisch-frühklassischen Stil nicht entspricht: Ein leicht seitwärts nach rechts geneigtes Köpfchen, »um die Körperbewegung zu betonen«, ist zu diesem Zeitpunkt (480 v. Chr.) undenkbar.

Wolfgang Maßmann stand bei der Restaurierung Pate. Vielleicht war er es, der herausfand, dass der Kopf damals, 1914, als die Göttin in Paris vorgestellt wurde, nicht korrekt angesetzt worden ist. Die Wiederherstellung des ursprünglichen Modells ist insofern berechtigt. Wir haben also jetzt wieder die Jugendstilform vor uns, und das passt ja auch ins neu gewonnene Zeitbewusstsein. Renaissancen sind immer gefragt.

Der Kunsthändler Virzi aus Palermo gab dann im August 1914 die Statue frei an den Kunsthändler Jacob Hirsch, weil er plötzlich erkannte, dass durch den Ausbruch des Weltkriegs sein Vorhaben, sie an die Preußen zu verkaufen, in die Binsen gegangen war. Hirsch schaffte sie über Genf nach Berlin, wo sie »über Hirsch in München« (Eintragung im Register des Berliner Museums) angekauft wurde.

Es sind jetzt also die Hauptpunkte geklärt: Die Schnitte wurden nicht im Altertum, sondern erst vor 80 Jahren verursacht, zum gleichen Zeitpunkt wie die Kratzer durch Picken und Wagenräder. Aber während die Kratzer blendend weißen Marmor hervorschauen lassen, hat der Sägeschnitt am Hals dieselbe Verwitterung wie die Statue. Die Patina ist also genauso künstlich erzeugt wie die der übrigen Oberfläche, vermutlich direkt durch Anwendung von Säure, oder – wenn man die kommerzielle Version bevorzugt – durch einen Misthaufen, wo sich ja auch Säuren entwickeln.

Das Dübelloch am vorderen Rand der vorhandenen Armlehne ist eigentlich unerklärlich, meinte auch Frau Dr. Heres, denn selbst wenn dort eine Figur eingelassen war, würde diese störend wirken. Ebenso sind die drei Dübellöcher an der rechten oberen Ecke der Rückenlehne reichlich überflüssig.

Mit meiner Frage nach der Terrakotta-Gussform endete das Interview: Sie wurde dem Museum am 8. August 1925 (Protokoll des Museum-Archivs, Inventar-Nr. 30 990) überlassen durch den Maler Hermann Westphal aus Berlin-Steglitz, der sie (vermutlich) von einer Italienreise mitgebracht hatte. Da sie aber als Fälschung sofort auffällt – sie ist, wie gesagt, absichtlich als Fragment hergestellt worden –, dürfte sie von Westphal stammen. Die vielen dünnen Falten lassen auf Unkenntnis des frühklassischen Stils schließen.

Zu Anfang hatte ich mir die Frage gestellt, ob Wiegand und seine Kollegen raffiniert getäuscht wurden, oder ob sie uns – vermutlich aus Geldgier – täuschen wollten? Nach langem Durchdenken blieb mir nur der Schluss, dass Wiegand als großer Kenner griechischer Kunst wohl sehr viel schneller als ich gemerkt haben muss, was ihm da vorgesetzt worden war. Auch Studniczkas Verhaltensweise, der aus dem Atelier Dossenas in Rom zurückgekehrt die Persephone mit großem Eifer verteidigte, ist gar zu durchsichtig. Der Fall liegt offen zutage.

Abgesehen von dieser beispielhaften Enttäuschung, die mich hinsichtlich unserer großen Wissenschaftler nun niederdrückt, sind die Folgegedanken nicht erhebender. Wir haben seit der Aufstellung dieser unmöglichen Statue ein ganz anderes Bild von den archaischen Griechen bekommen, ein Bild, das nie mehr ausgelöscht werden kann. Gewiss, auch das von Winckelmann geschaffene Griechenbild war eine persönliche Schöpfung und der Realität wohl sehr fern, aber es handelt sich dabei zumindest nicht um willentliche Fälschung. Und eine weitere Frage stelle ich: Wenn die Sägestellen zuerst verschwiegen wurden, durch diese Schnitte aber logischerweise der Glaube an die Echtheit der Statue ad absurdum geführt wird, müssten dann nicht die Verantwortlichen den Unfug beendet und die Statue in den Keller oder ins Jugendstilmuseum geschafft haben? War das der Grund für die »Restaurierung« nach der Wende? Wer hat nun wieder betrogen? Und warum?

II Überraschungen am Zentralheiligtum der deutschen Altertumsbegeisterung

An jedem ersten Sonntag im Monat ist der Eintritt frei in den Berliner Museen. An solchen Tagen – also zwölfmal jedes Jahr – stehen die Berliner Schlange, selbst bei strömendem Regen, um ihre Kunstschätze zu besichtigen.

An einem solchen Sonntag bekomme ich Besuch von der Künstlerin Margit Jakob aus Halle und schlage vor, das Pergamonmuseum aufzusuchen.

»Willst du mir die Persephone zeigen?«, fragt meine Besucherin entrüstet.

»Aber nein, es gibt doch dort den berühmten Pergamon-Altar, das ist mein fester Bezugspunkt. Der Fries ist absolut echt, den lege ich sozusagen als Messlatte an.«

Der Pergamon-Altar ist das Herz der Berliner Museumsszene – was sage ich? – ganz Europa hat nicht so ein Prachtstück zu bieten! Das imposante Museum auf der Friedrichsinsel ist ja eigens für diesen Altar erbaut worden.

Während der Gottesdienstzeit reihen wir uns in die Schlange vor dem Museum ein und schreiten endlich mit der gebotenen Würde und Andacht die für Germanen etwas zu hoch geratenen Marmorstufen zum Altar hinauf. Der Saal ist voll gedrängt mit Menschen. Im Gegensatz zu normalen Besichtigungstagen sieht man kaum filmende Japaner und hört hauptsächlich Berlinisch. Oder auch klassisches Griechisch. Ein Vater geht Homer psalmodierend am Fries entlang und erklärt seinem blonden Sprößling die einzelnen Taten oder Untaten des Helden Telephos. Ja, die Deutschen sind wirklich gebildet, die können Platon noch im Urtext zitieren, wie die Familie des Grafen Yorck von Wartenburg und anderer Verschwörer des 20. Juli 1944 (siehe Detlef Graf von Schwerin, S. 26 f).

Telephos von Pergamon

»Schau mal, dieses wunderschöne Fußbodenmosaik! Die Steinchen sind bedeutend kleiner, als ich das von klassischen Mosaiken gewohnt bin.« Ein Papagei – laut angebrachter Tafel ein *Alexandersittich*, was immer das sein mag – steht stolz neben zwei leeren Rechteckfeldern.

»Nur die Perspektive ist unmöglich«, ergänzt meine Freundin und dämpft meine Begeisterung.

»Ja, und der Schattenwurf stimmt auch nicht«, gebe ich etwas enttäuscht zu.

»*Zweites Jahrhundert vor Christus*« steht daran. Gab es da schon Papageien in Kleinasien? Der Schnabel ist eindeutig der eines Papageis, dazu das bunte Gefieder und der lange Schwanz. Das ist kein heimischer Kreuzschnabel (*Loxia L.*) und auch kein Wellensittich. Die alten Griechen hatten also weit reichende überseeische Beziehungen, wenn nicht nach Südamerika oder nach Australien mit umliegender Inselwelt, dann zumindest nach Äquatorialafrika. Das spricht sehr für die weltmännische Art der klassischen Antike.

Später schlug ich in Meyers Konversationslexikon nach (4. Aufl., Leipzig 1888, 12. Bd., S. 666): »Schon unter Alexander d. Gr. sollen lebende Sittiche nach Europa gebracht worden sein. Plinius erwähnt bereits die Fähigkeit des Halsbandpapageis, Worte nachzusprechen. Seitdem wurden die Papageien sehr beliebt und Gegenstand des Luxus, sodass ein sprechender Papagei oft mehr galt als ein Sklave.« Nun müsste man Plinius noch mal lesen!

Bald reißt uns ein mit Pathos deklamierter Tragödienvers aus unserer Betrachtung und wir wenden uns dem Marmorfries zu. Der Held Telephos war den Alten eine bekannte Persönlichkeit mit allen dazugehörigen Randgestalten wie Herakles, Auge und Achill. Telephos galt als Gründer der Stadt Pergamon, aber der Mythos ist nach allgemeiner Gelehrtenansicht künstlich und spät erstellt worden, um Herrschaftsansprüche zu untermauern. Die im Fries verwendeten Episoden aus dem sagenhaften Leben des Telephos sind »zweckmäßig« (Pauly-Wissowa, Stuttgart 1894, II, 2305) bei den Tragödiendichtern Euripides und Sophokles zusammengesucht.

Wegen des großen Andrangs können wir dem Fries an den Saalwänden nicht gleich nahe treten und betrachten zuerst einige Köpfe, die bei der Wiederherstellung des Frieses nicht eingeordnet werden konnten, darum übrig blieben und heute mitten im Saal aufgestellt sind. Sehr hübsche Köpfe mit renaissanceartigen Locken von jugendlichem Typus. Nur die Öhrchen sind gar zu klein. Aber die Griechen waren ja Päderasten und liebten wohl solche kleinen Öhrchen, die vermutlich erotisch stimulieren.

Endlich drängen wir uns in eine Lücke und stehen vor einem dieser prachtvollen Marmorreliefs. Vielleicht hätten wir am Anfang anfangen sollen, so mittendrin ist der Anblick ernüchternd. Da steht Telephos auf Standbein und Spielbein, nur leider liegt das Knie des Spielbeins tiefer als das des Standbeins, das geht nicht mit rechten Dingen zu. Anschauungshalber stelle ich mich daneben in gleicher Pose, aber meine Freundin lacht mich aus.

»Das habe ich jahrelang gelernt, das weiß ich ohne nachzuprüfen.« Und dann etwas nachdenklich: »Wissen das die Kunsthistoriker nicht ebenso?«

»Natürlich, *die* noch viel besser!«

Das Knie ist nur deshalb so missraten, weil es fehlt. Der Betrachter muss es optisch ergänzen. Der Marmorblock neben dem Heldenstück ist nie gefunden worden. Darauf hätte das Knie sein müssen. War das klug von dem Bildhauer? Gewiss, denn wenn er wusste, dass dieser Block eines Tages verschollen sein würde, konnte er sich diesen Fehler leisten; man würde dann nicht sogleich gewahr, was für ein Stümper hier am Werke war.

Wir gelangen zu Block Nr. 51 (entsprechend der Zählung der Blöcke, wie sie auf dem Faltblatt im Museum angegeben ist; die heutige Aufstellung hat eine davon abweichende Reihenfolge, die Zählung während der sozialistischen Epoche war wieder eine andere). Er ist am südlichen Teil der Ostwand gelegen und eins der besterhaltenen Stücke. Hier fehlt das rechte Bein des Statisten, der die Hiera aufbahren hilft. Es ist einfach abgeschlagen worden. Dahinter sieht man das linke Bein, ein typisches Spielbein, also mit eingeknicktem Knie. Es ist plastisch völlig ausgebildet, der Marmor ist schön geglättet und patiniert. Wenn das rechte (Stand-)Bein früher davor gestanden hat, dann wäre dieses linke Bein natürlich nur zum Teil zu sehen gewesen, also keineswegs durchmodelliert. Dasselbe gilt auch von dem linken Unterschenkel des anderen Mannes: Der Pfosten der Bahre hätte ihn verdecken müssen; da er aber abgebrochen ist, wird das Bein dahinter sichtbar und siehe da: Es ist bestens bearbeitet.

Das kann doch nicht sein, dass ein hinter einem abgebrochenen Marmor liegendes Teil bildnerische Gestaltung und Oberflächenpatina aufweist! Der Bildhauer wusste also, dass sein von ihm gestaltetes Vorderbein abbrechen würde und hat das andere Bein gleich richtig behauen. Hätte er nicht das abgebrochene Bein ergänzen sollen? Oder vielleicht die Kommission, die diesen Altar vor über hundert Jahren von Bergama im Osmanischen Reich nach Berlin schaffte und dort mit Spendengeldern restaurieren und aufstellen ließ? Oder die Restauratoren der Firma Silvano Bertolin in München, die diesen Millionenauftrag aus Steuergeldern 1994 bis 1995 ausführten?

Eine Ergänzung des Beins wäre allerdings fatal ausgefallen, denn dann hätte auch der einfachste Museumsbesucher gemerkt, dass hier etwas nicht stimmen kann, wie man auf Fotos aus der DDR-Zeit sehen kann; die beiden damals angesetzten Bruchstücke wurden inzwischen wieder entfernt. So bleibt der Betrachter im Ungewissen und kann Äschylus zitierend am ersten Sonntag jeden Monats an diesem Relief entlangschreiten und seinem einzigen Nachkommen die Schönheit der klassischen griechischen Kunst nahe bringen.

Dasselbe Problem taucht auf Fragment 16 auf, wo das abgeschlagene rechte Bein von Telephos seinen linken Fuß verdeckt haben müsste, der aber gut erkennbar ist. Bei Fragment 12 (»Herakles findet seinen Sohn Telephos, den eine Löwin säugt«) liegt ähnliche Fragwürdigkeit vor: Auf Humanns Zeichnung im gedruckten Tagebuch der Ausgrabung war der linke Unterschenkel noch nicht ergänzt und man sah den rechten Unterschenkel deutlich modelliert.

»Aber auch ein griechischer Bildhauer kann mal einen Fehler machen«, werfe ich ein, denn ich spüre schon, dass mein letzter Halt in der antiken Kunstgeschichte zu wanken droht.

»Der Bildhauer des danebenliegenden Steinblocks war aber ein anderer, der hatte die Proportionen besser im Griff«, erklärt meine Freundin, die schon weitergegangen ist.

»Ja, das ist auch anderer Marmor!«, füge ich hinzu.

Wir vergleichen eine Weile die nebeneinander stehenden Blöcke und stellen fest, dass es sich um mindestens zwei Arten von Marmor handelt: ein gelblicher und ein grauer. Wie ich später nachlese, hat die chemische Untersuchung sowie die Prüfung mit polarisiertem Licht mehrere Herkunftsorte für den Marmor ergeben, wobei die Steinbrüche von Naxos und Marmara in engster Wahl stehen (Roberto Memmo, im Abschnitt von Thomas Cramer, Klaus Germann und F. J. Winkler, bes. S. 147). Auch die unterschiedlichen Stuckoberflächen, die ungleiche Patina und die Bemalungsreste sind problematisch.

Außerdem erkennen wir mindestens zwei Künstler als Schöpfer des Frieses, nachher finden wir noch einen dritten. Die Köpfe des ersten Bildhauers waren völlig missraten und wurden deshalb zum allergrößten Teil abgeschlagen und teilweise durch neue Köpfe ersetzt, die nicht aus dem gleichen Marmorsteinbruch und nicht von derselben Bildhauerhand stammen. Statt der hochmittelalterlichen und zu groß geratenen Köpfe tragen die besseren Figuren jetzt renaissanceartige, etwas zu kleine Köpfe (das empfand man um die Jahrhundertwende als klassisches Schönheitsideal der alten Griechen).

»Und schau mal die Schulter des stürzenden Kriegers an!«, ruft mir meine schon zu Block 25 vorausgeeilte Freundin zu.

»Gewiss, in damaligen Kämpfen ging es nicht zimperlich zu! Der Arm ist offensichtlich ausgekugelt.«

»Aber der Arm ist nicht nur ausgekugelt, er ist anatomisch völlig unmöglich.« Sie lacht ihr hell tönendes Lachen.

Wir gehen noch einmal zurück zu dem fehlenden Standbein.

»Es handelt sich ja auch um Kriegszenen, der Held hätte zum Beispiel sein Bein im Kampf verloren haben können«, versuche ich zu argumentieren.

»Und humpelt dann auf der Zehenspitze des anderen Beins, da es das Spielbein ist«, fügt meine Freundin sarkastisch hinzu.

Allmählich wird mir klar, wie dumm meine Versuche sind, diesen herrlichen Marmorfries, das Herzstück antiker Kunst, zu retten.

»So viel steht für mich jetzt fest«, doziere ich nun: »Der Bildhauer – oder die Künstler am Werke – haben den Fries von vornherein als Fragment angelegt. Die Planung des Ganzen ging schon davon aus, dass das Gesamtwerk nie vollendet

werden würde und nur aus Bruchstücken bestehen sollte.«
Ich kenne dieses Symptom an vermeintlichen Kunstwerken
von der Frankenzeit bis zur Renaissance: Bildwerke, die von
vornherein als Fragment angelegt sind, verraten die Betrugs-
absicht.
Margit Jakob stimmt mir zu. Auch wenn sie als Bildhauerin
nicht Marmor bearbeitet, ist ihr doch dieser Punkt völlig klar.
Man sieht das so eindeutig, dass darüber kein Wort verloren
werden müsste. Sie setzt sich auf eine Bank und überlässt
mir die nächsten Schritte. Wir sind ja nun eine Stunde hier,
die Luft ist nicht mehr so dünn wie auf den Höhen des Ida-
gebirges, sondern eher wie in Halle, was schon Curt Goetz
(in seinen »Memoiren des Peterhans von Binningen« 1963,
S. 9) zu einer bissigen Bemerkung verleitete, oder wie der
Einheimische sagt: »zum Schneiden«.

Ich nütze ihre Ruhepause zu weiteren Prüfungen. Ich muss
diesen Fries retten, koste es auch noch so viel Geistesarbeit.
Nach einer halben Stunde setze ich mich erschöpft neben
meine Freundin.
Einige dieser so schön ausgegrabenen Platten grenzen direkt
aneinander, auch an den Ecken des Tempelaltars; zwischen
anderen jedoch klaffen Zwischenräume. Die leeren Abstände
zwischen den Bildplatten sind ungleich, mal weniger als
10 cm, dann auch mehr und ansteigend bis zu mehr als 20 cm.
Wenn ich mir vorstelle, dass diese Teilstücke einst zusam-
menhingen, wie behauptet wird, dann ergibt sich als Notlö-
sung, dass verschieden breite Zwischenpfeiler die Platten auseinander hielten. Aber das wäre nicht nur Stilbruch, sondern
auch ausgedacht, denn von den Zwischenpfeilern wird nichts
berichtet.
»Der Bildhauer war übrigens prüde wie ein Viktorianer«, berichte ich Margit. »Kein einziger Penis ist erhalten, war nicht
einmal ursprünglich vorhanden, wie man an der Bearbei-

tungsweise deutlich erkennt. Mit der vorhin angenommenen Entschuldigung der Päderastie war es wohl doch nicht weit her.«

»Das ist mir gar nicht aufgefallen«, gibt sie zu.

Ein frecher Berliner hatte sogar die Bemerkung fallen lassen: Das Bohrloch an diesem fehlenden Penis sei wohl die Harnröhre. Da sonst Bohrlöcher fehlen, ist das bemerkenswert.

»Wusstest du, dass die alten Griechen auch Landschaft als Hintergrund in ihre Friese einbezogen hatten?«

»Ich habe das mal in Metall versucht, es ist möglich.«

»Gewiss, in der modernen Kunst kann ich das verstehen; aber bei den alten Griechen?«

»Zeig mir mal diese Landschaften, bitte!«

Ich führe sie zu einigen Blöcken, auf denen man impressionistisch angedeutete Landschaftshintergründe sieht. Ein einzelner Baum oder dessen Bruchstück (Block 3, 4 und 11), das ist normal. Auch eine Architektur als Hintergrund, halbvollendete Säulen (Block 1 und 44) oder Mauern, kann ich akzeptieren. Auch Teile eines Bootes noch (Block 21), wenngleich hier schon feststeht, dass der Bildhauer nie ein solches Boot gesehen hat. Aber eine nur angedeutete Landschaft in der Ferne, Berge oder eine hügelige Ebene (Block 12 und 45)? Und noch dazu so abstrakt, wie man es um 1900 gerade erst wieder wagte? Das geht entschieden zu weit für mein Kunstverständnis von Marmorreliefs.

Nun führt sie mich wieder herum, zeigt mir die unmöglichen Proportionen der Figuren, deren verkorkste Anatomie, die falsch angesetzten Köpfe, die Figuren, bei denen weder Körpergröße noch Bruchstellen stimmen, die zuweilen deutlich nachgeahmte Art des Faltenwurfs der weiten Gewänder, den Stilmischmasch, der zwischen Mittelalter, Renaissance und Primitivismus schwankt, oft sogar bei einer einzigen zerstückelten Figur.

Seltsam finden wir auch die so häufig wechselnden Ansichtsweisen, mal perspektivisch, dann wieder aspektivisch, wie im alten Ägypten, wo die Schultern von vorne, der Kopf und die schreitenden Beine von der Seite gesehen sind.

Und überhaupt dieses Durcheinander von grafischer Darstellung und plastischer Ausformung, einmal zweidimensional wie auf gemalten Bildern oder Fotos, und dann wieder plastisch, also dreidimensional, wie es sich für Statuen geziemt. Natürlich fordert die Relieftechnik zu einem entsprechenden Kompromiss heraus, aber den sollen die alten Griechen perfekt beherrscht haben, wie z. B. Jacob Burckhardt (»Griechische Kulturgeschichte« 1910, Bd. III, S. 31) wortreich schreibt. Huberta Heres von Littrow zeigt eine Terrakotta von 440 v. Chr., die als Vorbild für die Gestaltung von Personen auf zwei hintereinander geschalteten Ebenen gelten kann (in: Memmo, Hrsg., S. 101). Der Zeitabstand zwischen den beiden Stücken beträgt fast drei Jahrhunderte.

Oder sollte dieses Nichtkönnen, diese heillose Stümperei, durch die berühmte Verfallszeit des Hellenismus verursacht sein? König Eumenes II., der den Fries beauftragt hatte, starb »159 v. Chr.« und hinterließ laut Altertumswissenschaft in seiner Hauptstadt Pergamon eine Bibliothek mit 200 000 Buchrollen, was allerdings Luciano Canfora (1998) fein ironisch als neuzeitliches Märchen entlarvte. Eumenes hat die Vollendung dieses kostspieligen Altarschmuckes nicht mehr erlebt, heißt es. Aber entschuldigt das die schlechte Bildhauerarbeit und den uneinheitlichen Marmor? Er war doch reich wie Krösus!

Wo sind eigentlich die fehlenden Bruchstücke verblieben? Der Ausgräber Humann hat dieses Problem ganz originell gelöst: Die Kalkbrenner von Bergama hätten nicht wahllos Marmorstücke in ihre Öfen getragen – von denen gab es genug –, sondern besonders gern figürliche Darstellungen, die ihnen als Moslems verhasst gewesen sein müssen. Dadurch wird Humanns Rettungstat in ein goldenes Licht gerückt und das Fehlen von Köpfen oder Knien erklärt.

Oder hatte der »Entdecker« des Frieses nur Handwerker anheuern können, die völlig inkompetent den schönen Marmor zugerichtet haben? Nach gezeichneten oder fotografierten Vorlagen vielleicht, von denen der Auftraggeber nicht einmal wusste, wie echt diese Stücke sind?

»Schauen wir uns die Fundgeschichte erst einmal an«, wage ich als letzten Rettungsanker meiner Freundin vorzuschlagen. Aber da sehe ich gerade, wie ihr schlecht wird, sie sinkt lautlos nieder, ich kann sie gerade noch zu einer Bank führen.

»Hier bricht für mich ein Weltbild zusammen«, haucht sie und wiederholt diesen Satz mehrmals, weil er kaum zu hören ist.

Zu meiner Entschuldigung kann ich ihr nur immer wieder versichern, dass ich doch gerade diesen Pergamon-Altar als das Maß aller Beurteilungen ansah, die Richtschnur zum Erkennen der Fälschungen.

»Wenn das Urmaß selbst gefälscht ist, was bleibt dann übrig?«, fragt sie leise.

Nun wird auch mir schlecht.

Später, an der frischen Luft, planen wir noch einmal, dieses Schulbeispiel für misslungene Anatomie und Stümperhaftigkeit für die antikengläubige Nachwelt zu retten. Wenn nicht die riesigen Menschenmengen am Gratis-Sonntag an diesem Altar vorüberdefilieren würden, wenn nicht ausgerechnet dort hellasbegeisterte Romantiker aus deutschen Gymnasien ihren Söhnen die erste humanistische Weihe geben würden, wenn nicht mit diesem hoffnungsvoll angesetzten Maßstab das Verständnis der antiken Kunst zusammenbrechen würde, dann könnten wir dieses Thema abhaken.

Der Fingerzeig im »Wunderbuch«

Von den Gigantenfiguren, die sich im Unterbau des Zeus-altars in Pergamon befanden, soll hier nur am Rand die Rede sein, da sie zur Zeit restauriert werden und nur teilweise zu besichtigen sind. Sie werden zuweilen als hellenistische Werke, andererseits aber auch als »kaiserzeitliche römische Kopien« bezeichnet (das ist der genormte Ausdruck für viele griechische Skulpturen in diesem Museum).

Es geht mir diesmal – wie schon erwähnt – nur um den so ge-nannten Telephos-Fries. Dieser war im Altertum nicht be-kannt, nur der Gigantenfries wurde in antiken Schriften ein einziges Mal erwähnt, äußerst kurz übrigens: Der angebliche Römer Lucius Ampelius schrieb »um 200 u. Ztr.« ein typisch mittelalterliches Wunderbuch »De Miraculis Mundi« (auch »Liber memorialis« genannt), in dem er in Kapitel 8, 14 sagt: »In Pergamon steht ein großer marmorner Altar, vierzig Fuß hoch, mit gewaltigen Skulpturen. Er enthält einen Giganten-kampf.« Im Jahr 1872 wies der Münchner Archäologe Hein-rich Brunn auf diesen Satz hin, und das wurde vielleicht zum Auslöser für Humann, diesem Fingerzeig griechischer Bil-dung nachzugehen, wobei er den Gigantenfries dann um den Telephos-Fries vermehrte.

Da dieses Wunderbuch eine so große Sache ausgelöst hat, lese ich nach, was man darüber weiß: Es gilt als »dürftig, doch mit einigen wertvollen Nachrichten über Kosmographie, Geographie, Mythologie, Geschichte. Ausgaben von Block (Leipzig 1826) und Wölfflin (Leipzig 1854)«, steht im Meyers Konversationslexikon von 1904.

Obgleich der Zeusaltar von Pergamon nicht zu den sieben Weltwundern zählt, haben ihn neuere Autoren doch dazu gerechnet, vermutlich wegen seiner Erwähnung in diesem »Wunderbuch« des Ampelius, das an den Florus angehängt als Schulbuch beliebt war. Nach Pauly-Wissowa (Bd. II,

Spalte 1880) ist der Text großenteils abgeschrieben und geht u. a. auf Cornelius Nepos zurück. Die erste Druckausgabe schuf Claude Salmasius (1638), Schüler von Casaubonus in Paris (1604) und Nachfolger von Scaliger in Leiden (1632). Beide Vorbilder des Salmasius sind für große Fälschungen berühmt. Der Codex des Buches, angeblich aus dem 11. Jahrhundert (oder dem Petrus Daniel im 12. Jahrhundert zugeschrieben), ist (natürlich) verschollen, wie wir das von den Humanisten gewöhnt sind; es existiert nur die Handschrift, die Salmasius selbst angefertigt hatte. Vielleicht handelt es sich um die Erstschrift. Über den Autor Ampelius ist absolut nichts bekannt, er wird von den Gelehrten zwischen 1. und 5. Jahrhundert n. Chr. herumgeschoben, man einigt sich allmählich auf 3./4. Jahrhundert (Paladini und Castorina, 1969, I, S. 424). Zedler (1732) lässt ihn aus Sidon stammen, weiß aber nichts zu dessen Lebenszeit, kennt auch die Erstausgabe des Ampelius noch nicht. (Es gibt eine neue Ausgabe, lat. u. frz., Paris 1993.)

Salmasius studierte 1606 bis 1609 in Heidelberg und fand dort 1606, 18-jährig, in der Bibliothek die berühmt gewordene »Anthologie«, eine Sammlung griechischer Texte, angeblich aus dem 10. bis 11. Jahrhundert aus Byzanz. Dergleichen war bis dahin unbekannt, es gibt auch keine lateinische Entsprechung. Tatsächlich war Salmasius enorm begabt, er soll schon als Zehnjähriger glänzend Latein und Griechisch beherrscht und den Pindar verstanden haben. Auch eigene Gedichte verfasste er in seiner Studentenzeit in diesen beiden Sprachen. Später brachte er sich ohne Lehrer Arabisch und Hebräisch bei.

1609 besorgte er in Heidelberg die Florusausgabe. Der Ampelius-Text, der stets an den Florus angehängt wird, soll aber erst 1638 erschienen sein. Wenn Salmasius griechische Reiseberichte verwendet hatte, dann ist der Fingerzeig durchaus echt. Aber eben nur für die Gigantomachie und nicht für den

Telephos-Fries. Denkbar ist aber auch, dass hier wiederum ein biblischer Text ins Altertum verankert werden sollte, denn wie könnte es anders sein: Bei Pergamon denkt man doch sogleich an das Sendschreiben im 2. Kapitel der Offenbarung des Johannes, »wo des Satans Thron steht«, was Ampelius erwähnt. Derartige Querverweise zwischen antiken Ruinen und biblischen Versen sind typisch für die Renaissance und höchst verdächtig.

Carl Humanns Ausgrabung

Das antike Pergamon in der Westtürkei, das ich als 19-Jähriger mit idealistisch gefülltem Hirn unter unbeschreiblichen Entbehrungen zu Fuß erreichte und mit größter Begeisterung in mich aufnahm, war durch den Eisenbahningenieur Carl Humann 1878 bis 1886 der modernen Welt erschlossen worden. Die Reliefs des Zeus-Altars wurden dem preußischen Staat durch den damaligen Sultan zum Geschenk gemacht und nach Berlin geschafft. Der Archäologe Conze und der Architekt Bohn waren die Verantwortlichen für den Ankauf. Später haben Dörpfeld (1900 bis 1913) und Wiegand (1927 bis 1938) die Ausgrabungen geleitet. Das sind große Namen.

Theodor Wiegand haben wir ja gerade kennen gelernt. Er grub unter anderem 1908 die alte Griechenstadt Myus in Kleinasien aus. »Wiegand verzichtete darauf, ein Grabungstagebuch zu führen, alles seiner Meinung nach Wichtige vertraute er Briefen an seine Frau und Hans Schrader an.« Die müssen nun mühsam gesichtet werden, wenn man rekonstruieren will, wie damals gegraben wurde (Dr. Martin Miller).

Der Ingenieur und sehr begabte Forscher und Kartograph Humann (1839–1896) wurde durch seine Entdeckung von Pergamon zum Doktor ehrenhalber von der Universität Greifswald ernannt und Direktor des Berliner Museums, das er mit seinem Fund 1886 an die Seite der besten Museen Europas stellte. In dem extra dafür erbauten Pergamonmuseum auf der Spreeinsel wurde der Fries ab 1901 aufgestellt, 1908 aber wieder entfernt. Von 1930 an konnte man die Marmorblöcke in dem wieder eröffneten Pergamonmuseum bis zum Kriegsausbruch 1939 besichtigen. Zwei Jahre später wurden sie ausgelagert, zuerst in den Bunker der Reichsmünze, dann in den flakgeschützten Tiefbunker am Bahnhof Zoo. Die kostbaren Marmorfiguren wurden 1945 nach Russland geschafft und erst 1958 an die DDR zurückgegeben (Müller, 1973, S. 28). Die Restaurierung 1994/95 veränderte die Anordnung einiger Blöcke und mancher Ergänzungen.

In einem Antiquariat fand ich kürzlich »Götter und Giganten« von Heinrich Stoll. Obgleich dieses dreiteilige Buch über den Pergamon-Altar ein Roman ist, enthält es doch so viele gut erforschte Einzelheiten (bis auf die manchmal ungenauen Jahreszahlen), dass ich mich in den kommenden Absätzen daran orientiere.
Im Jahr 1869 nahm Humann in Angriff, was er sich schon vor einigen Jahren vorgenommen hatte: den alten Burgberg der Attaliden, Pergamon, genauer zu untersuchen und die marmornen Reste vor der Zerstörung durch die Kalkbrenner zu retten.
Keiner der großen Altertumswissenschaftler hatte sich bisher um diesen gewaltigen Burgberg gekümmert, das persisch-griechisch-byzantinische Pergamon (das heißt Burg-Berg) war so gut wie unbekannt. Humann hatte außer seiner Gymnasialzeit keine weitere Vorbildung in dieser Richtung genossen, als Ingenieur und Straßenbauer war ihm nur die Vermessungstechnik bei dieser selbstgewählten Aufgabe behilflich. Deswegen nahm man es in der Fachwelt auch nicht wichtig, als er begeistert von seinen ersten Funden berichtete.

Etwa zu jener Zeit hatte ein anderer Nichtfachmann, Heinrich Schliemann, seine Suche nach Homers Troja im selben nordwestlichen Winkel Anatoliens begonnen, und niemand, der sich von höchster Stelle aus mit den alten Griechen beschäftigte, fand Freude daran, dass ein weiterer Spinner ohne akademische Vorbildung die Antike ausgrub. Im Herbst 1871 fuhr eine Delegation deutscher Archäologen unter Führung des berühmten Ernst Curtius (1814–1896, »der unfehlbare Papst der Altertumswissenschaft«, sagt Stoll, S. 174) nach Kleinasien, um die wichtigsten antiken Stätten in Augenschein zu nehmen. Humann konnte sie dafür begeistern, »seinen« Burgberg zu besichtigen. Er führte ihnen zwei Reliefplatten vor, die noch tief in der byzantinischen Mauer drinsteckten. Man zeigte Interesse. Humann versprach, alle Funde dem Berliner Museum zu schenken, und schickte zahlreiche Kleinfunde sowie einige Reliefstücke.

Aber zurückgekehrt nach Berlin versuchte man, Humann mit anderen Aufgaben von Pergamon wegzulocken, denn die Geschenke wurden nur teilweise gerne angenommen. Der Direktor der Skulpturenabteilung in Berlin, Karl Bötticher (geb. 1806), war nicht erfreut über die Reliefbruchstücke aus Pergamon, denn die Kellerräume seines Museums quollen schon über von dergleichen minderwertigen Fragmenten der Griechen. Vielleicht hat er auch geahnt, dass hier nicht alles stimmte, aber da Curtius sich persönlich für Humann einsetzte, schwieg er. 1876 wurde er in den Ruhestand versetzt, und damit wendete sich das Blatt zugunsten Humanns.

Wie Schliemann ging es auch Humann zuvorderst um wissenschaftliche Anerkennung, und beide setzten ihr Vermögen dafür ein, wenn auch die Geldmittel Humanns bedeutend geringer waren. Tatsache ist jedenfalls, dass Humann seine Funde dem Staate Preußen schenkte und schließlich sogar erkennen musste, dass er sich damit wirtschaftlich ruiniert hatte. Auch sein Ruf hatte gelitten, denn einige Kleinfunde hatten sich als Fälschungen erwiesen.

Erst in einem zweiten Anlauf gelang es ihm, erneut Interesse bei hohen Beamten Preußens zu wecken. Gustav Hirschfeld machte auf seiner Anatolienreise 1874 einen Abstecher nach Pergamon, konnte aber in so kurzer Zeit keine Ausgrabungsbewilligung von der Hohen Pforte erwirken. Später wandte er sich wieder Curtius und der Ausgrabung von Olympia zu, die Erfolg versprechender waren.

Als 1876 Alexander Conze (1831–1914) zum neuen Direktor der Skulpturen-Abteilung ernannt wurde, kam frischer Wind in die verstaubte Berliner Archäologie. Conze war ein Befürworter von Schliemanns Vorgehensweise und damit auch dem Amateur Humann nicht so abgeneigt wie sein Vorgänger. Stoll (S. 219 ff) beschreibt sehr bildhaft, wie Conze die beiden Marmorreliefs, die Humann vor sechs Jahren geschickt hatte, aus dem tiefsten Keller, wo sie neben wirklich wertlosen Resten gestanden hatten, ans Licht holen ließ und dann einen Brief an Humann schrieb, in dem er sein Interesse (als Privatmensch, nicht als Beamter!) zum Ausdruck brachte. Conze schrieb Humann auch von dem Wunderbuch des Ampelius und schickte Bücher mit Abbildungen von mythologischen Kunstwerken der Antike.

In der Folgezeit erhielt Humann den offiziellen Auftrag, den großen Altar von Pergamon auszugraben. Da die Größe und Gestalt des zu findenden Figurenfrieses aus dem Ampelius-Text erkennbar wurde, redete Humann von nun an nicht mehr von einem Tempel, sondern von einem Altar, der einst unter freiem Himmel stand. Tatsächlich barg die 300 m lange byzantinische Mauer so viele Bruchstücke des Altarfrieses, dass man eine übersichtliche Zusammenstellung vornehmen konnte.

Am 9. September 1878 hatte die Ausgrabung begonnen. Humann stellte – anders als Schliemann, der 160 Arbeiter beschäftigte – nur 14 Arbeiter an, aber schon nach drei Tagen hatte er elf Reliefs, deren jedes mehr als eine Tonne wog, freigelegt, und am 24. September lagen insgesamt siebzehn ganze Platten auf dem Rasen (Stoll, S. 256). Das Herauslösen der Reliefplatten aus der byzantinischen Mauer gestaltete sich ungemein schwierig, da die Mauer mit sehr hartem Mörtel – hergestellt aus gebranntem Marmor – errichtet worden war. Am 30. September, genau drei Wochen nach Grabungsbeginn, waren 24 Gigantenplatten und zwei kleinere (vom Telephos-Fries) transportbereit. Ein »Wunder«, sagt Stoll (S. 258). Im November schließlich zählte Humann 39 große Reliefplatten, 800 Bruchstücke davon, 4 kleine Reliefs (Telephos), 10 Statuen, 30 Inschriftenplatten usw. Für die Inschriften, von denen Humann nichts verstand, hatte er einen Helfer, einen Dr. phil. Lolling aus dem Emsland, bekommen.

Am 20. April 1879 erstieg Conze, der erstmals aus Berlin nach Pergamon kam, den Burgberg und erlebte, wie gerade eine ganze Gruppe von zusammengehörenden Platten gefunden wurde, wie Stoll lebendig beschreibt (S. 278). Der Archäologe Schuchhardt berichtet in seinen Lebenserinnerungen (1944, S. 129) jedoch etwas anderes: Conze, der sich sieben Jahre lang um die Ausgrabungen in Pergamon kümmerte, war vor Ort allerdings »immer nur ein paar Herbstwochen«. »Als Humann nun die Feststellung des Altarfundaments meldete, welcher andere wäre da nicht spornstreichs hingefahren, um den Ruhm der Ausgrabung für sich selbst zu erwerben! Conze hat das nicht getan, er ist in Pergamon erst erschienen, als Humann 27 Reliefplatten auf dem Rasen liegen hatte und alles zum Abtransport bereit war.« Conze hat sich stets den Anordnungen des Ingenieurs Humann gefügt, und »so war aus der Tatkraft auf der einen und der Mäßigung auf der anderen Seite die schöne Harmonie erwachsen«. Das letztere wird aus vielen Geschehnissen deutlich. Aber ob Schuchhardt sich richtig erinnerte, wird man wohl nur aus

Conzes eigenen Aufzeichnungen »Ergebnisse der Ausgrabungen zu Pergamon« (ab 1880) rekonstruieren können.

Am 21. Juli desselben Jahres wiederholte sich ein ähnlicher Vorgang: Der aus Berlin angereiste Dr. Boretius wurde Zeuge, wie vier zusammengehörige Platten gefunden werden, darunter ausgerechnet die wichtigste, auf der der Göttervater Zeus abgebildet ist. Einige Zeit später konnte es jeder Berliner in der Tageszeitung lesen. Stoll (S. 287 ff) schreibt dazu, dass Humann an den vorherigen Tagen seine Arbeiter mit unwichtigen Dingen beschäftigt hatte, um diesen Fund groß in Szene setzen zu können.

Im Herbst desselben Jahres begann der Architekt Richard Bohn, der jahrelang mit Curtius in Olympia gearbeitet hatte, seine Arbeit neben Humann in Pergamon. Als Conze am 2. Oktober wieder an der anatolischen Küste eintraf, nahmen gerade 26 Kisten mit Reliefstücken ihren Weg über die Ägäis in Richtung Deutschland. Geschicktes Timing?

Später übernahm der junge Architekt Wilhem Dörpfeld (1853–1940), Sohn des berühmten Initiators der freien Schulbewegung, diese Aufgabe. Er war Mitarbeiter von Schliemann in Troja und Tiryns, und wie großzügig man da mit dem »Finden« war, ist ja kein Geheimnis mehr.

Das besagt natürlich nicht, dass in Pergamon alles erfunden oder gefälscht wurde. Aber manche Sätze wirken immer wieder wie Signale. Von den Reliefs schrieb Humann in seiner ersten Begeisterung – und dieser Satz wurde gerne zitiert, weil er stimmt: »Wir haben eine ganze Kunstepoche gefunden!« Die Friese sind nämlich neu für die Kunstgeschichtler, da sie Einzelzeugnisse sind, es gab keine ähnlichen Stücke in dieser Stilform (Müller, 1973, S. 12, 13 und 23). Das kann auch ein Mangel sein, zumindest beim Telephos-Fries. Deshalb wird der Fund einer Bronzemünze aus dem Hafen bei Pergamon hervorgehoben. Sie zeigt eine Szene, die recht ähnlich im Fries wiederkehrt: Auge, die Mutter des Telephos, entsteigt ihrem Nachen und tritt auf den Strand, wo sie von freundlichen Fischern empfangen wird. Die Münze wurde 1885 veröffentlicht und hat sicher die Echtheit des Frieses unterstützt. Aber wie echt diese Münze ist, bleibt wohl noch offen, denn Humann schuf selbst Bronzemedaillen, indem er »die nichtssagenden kleinen Bronzestücke der Ausgrabung« einschmolz und neu goss, wie Schuchhardt (1944, S. 129) anschaulich erzählt.

Bei einem späteren Besuch des Pergamon-Altars in Berlin, dessen Hauptstück auch noch auf Jahre hinaus in Rekonstruktion sein wird, wie die Hinweistafeln dort besagen, stellte ich fest, dass auch hier die hinter den abgeschlagenen Beinen ausgearbeiteten Figuren beweisen, dass diese Beine nie vorhanden waren. Es gibt zwar hier kein Problem mit den Abständen zwischen den Platten – sie passen alle gut zusammen – aber viel zu oft fehlen die Hintergrundplatten. Es sind häufig nur die vordergründigen Figuren erhalten geblieben, während die Marmorgrundlagen, aus denen diese Figuren herausmodelliert wurden, fehlen. Umgekehrt würde es mehr Sinn machen: Die Figuren wären zerschlagen und nicht mehr auffindbar, die schweren Grundplatten selbst müssten überlebt haben. Nun würde ich einem Ausgräber wegen der mit dem Gewicht verbundenen Transportkosten zugestehen, dass er den Untergrund der Figuren einfach abschlägt, aber das ist in diesem Falle weder bekannt noch nachträglich einzuführen. Auch das Problem des hinter abgeschlagenen Beinen oder Armen durchmodellierten Hintergrundes, z. B. der Schlangenleiber, tritt hier krass hervor. Aber genauer konnte ich mich noch nicht mit dem großen Fries beschäftigen, da viele Stücke noch auf Jahre hinaus in Arbeit sind.

Wenn man einen Beweggrund für die Fälschung sucht, der ist leicht zu finden: Ruhmsucht des Orientabenteurers Humann und gläubige Abnahme seitens der Staatslenker von Preußen, die durch fehlende koloniale Eroberungen mit Minderwertigkeitskomplexen belastet waren, verbanden sich hier in einzigartiger Symbiose. Eine bewusste Geschichtsfälschung, wie sie in der »Großen Aktion« der katholischen Kirche vorgenommen wurde, liegt hier sicher nicht vor.

Dennoch hat dieser Betrug natürlich – genau wie der mit der Persephone und allen anderen gefälschten Figuren dieses Museums – unser Geschichtsbild umgeprägt und unrealistische Schlussfolgerungen entstehen lassen. Wenn nun durch die Aufdeckung nur der Ruhm dieses Museums ruiniert würde oder das Ansehen einiger großer Männer der preußischen Kaiserzeit in Misskredit geriete, dann wäre das später wohl noch zu verschmerzen, solange wir dadurch ein bereinigtes Geschichtsbild gewinnen würden. Das ist jedoch schwer möglich, denn die geschichtswissenschaftlichen Verflechtungen sind dermaßen dicht, dass es wohl mehrere Generationen dauern wird, um die kunsthistorischen Fehlbezüge auszutilgen, die durch diese Fälschungen verursacht wurden. Nur ein offenes Neudenken, eine kritische Untersuchung unserer Vorstellung von der Antike, kann hier Abhilfe schaffen. Insofern hatte Margit Jakob Recht, als sie feststellte: »Mein Weltbild ist zerstört.«

Heinrich Schliemanns Beweis für Troja

Erst vor wenigen Jahren haben die Russen – unter allgemeinem Druck – zugegeben, dass sie den weltberühmten Schatz des Priamos, den Schliemann in Troja gefunden und dem Deutschen Reich geschenkt hatte, als Beutegut 1945 aus dem Flakbunker am Zoo in Berlin entführt hatten und seitdem in Moskau aufbewahren. Er wurde kürzlich dort ausgestellt und kann nun auf seine Echtheit geprüft werden. Eine Reise nach Moskau war mir jedoch nicht möglich, und außerdem: Was kann man schon erkennen, wenn man so ein einmaliges Goldgehänge in der Glasvitrine vor sich sieht? Es fehlen außerdem die Vergleichsstücke, die einen Fälscher überführen würden. Kürzlich sah ich die Nachbildung von Teilen des Schatzes, die ein Goldschmied nach Fotografien für das kleine Schliemann-Museum in Ankershagen in Mecklenburg angefertigt hat. (Ach, übrigens: In diesem Dörfchen Ankershagen mit der uralten, halbheidnischen Pfarrkirche, in der Schliemanns Vater gepredigt hatte, lebte für einige Zeit ein armer Hauslehrer, der uns den deutschen Homer schenkte: »Singe den Zorn, o Göttin, des Peleiden Achilleus ...«, der junge Johann Heinrich Voß, dessen schwungvolle Verse Schliemann ein Leben lang bewegten.)

Seltsame Vermutungen drängten sich mir auf, als ich den blitzenden Schatz vor mir sah, die filigrane Feinheit des Schmuckes, die eleganten Formen des Zubehörs. Dieses Schwert mit seinen überaus feinen eingravierten Szenen berührte mich ganz besonders, da mir als Künstler die Darstellung nicht in den archaisch-griechischen Rahmen zu passen schien. Ein Kollege, Dr. Christoph Pfister, äußerte später im Brief ebenfalls Verdachtsmomente: Das Trinkgefäß mit zwei Ausgüssen und zwei Henkeln ist für ihn ganz klar einer Sauciere des 18. Jahrhunderts nachempfunden. Der Feingehalt des Goldes mit 23 Karat übersteigt das in der Antike übliche Höchstmaß von 22 Karat.

Aber in dieser Weise über die Echtheit zu urteilen, dürfte selbst einem Fachmann unmöglich sein. Ohne chemophysikalische Altersbestimmung des Originals können uns in diesem Fall nur die Fundumstände weiterhelfen.

Die Auffindung des Priamos-Schatzes in Troja ist durch die ganz seltsamen Begleitumstände in ein zweifelhaftes Licht gerückt worden. Schliemann hatte angeblich wenige Tage vor Beendigung seiner dreijährigen Ausgrabungskampagne im

Juni 1873 diesen Schatz am Vormittag im Beisein seiner Frau Sophia in einer Mauernische entdeckt und sofort für alle (über hundert) Arbeiter den Tag als arbeitsfrei ausrufen lassen, damit niemand zugegen sei, wenn er den Schatz bergen würde. Nachträglich gesehen wäre das Gegenteil besser gewesen: die öffentliche Ausgrabung des Schatzes.

Schliemann brauchte nämlich diesen Schluss-Stein als Beweis für seine Behauptung, der Hügel von Hissarlik sei Troja gewesen. Selbst engste Vertraute, wie z. B. der Konsul Frank Calvert, waren enttäuscht, als sie die geringen Ausmaße der ausgegrabenen Mauern von Ilion vor sich sahen, die fast nur Steinwaffen enthielten. Diesen Schwachpunkt hatte Schliemann nicht beheben können, wie seine Biografen stets betonen. Er soll zu seiner Frau etwa so gesprochen haben (ich zitiere nach Brustgi, S. 78 f):

»Ob dieses Troja, das Troja der zweiten Schicht, das wirkliche Troja ist...? Und wenn ich auch seine Mauern gefunden habe, wer auf der Welt wird mir Glauben schenken, wenn ich nicht auch das *goldreiche* Troja, von dem Homer spricht, durch Funde belegen und nachweisen kann? ... Nein, ich habe das Ziel nicht erreicht, das ich mir steckte ... noch ging mein Knabentraum nicht in Erfüllung.«

Ein anderer Biograf, Stoll (1983, S. 293 ff), drückt sich ganz ähnlich aus: Schliemann erkannte selbst, dass ihm nach dreijähriger äußerst anstrengender und kostspieliger Ausgrabung die Beweise für sein Troja fehlten.

Doch dann endlich, als das Ende der Grabung für den 15. Juni und die Abreise feststand, sah Schliemann plötzlich am Morgen des 14. Juni, als er sich mit seiner Frau allein an der Ringmauer beim Palast des Priamos befand, Gold aus dem Gemäuer schimmern und legte sogleich den »Schatz des Priamos« frei, während seine Frau den über hundert Arbeitern, die an anderer Stelle beschäftigt waren, um 8 Uhr morgens Feierabend verkündete.

Schliemann erkannte auch sogleich, dass dies keine Grabbeigaben waren, sondern ein Schatz, der einst in einer Truhe
verwahrt gewesen sein musste und bei der Flucht aus dem
brennenden Troja einem Mitglied der königlichen Familie
aus den Händen entglitten und von den Trümmern der ein-
stürzenden Stadtmauer begraben worden war. Der Schlüssel
der (verbrannten) Truhe war übrigens auch dabei.

Da lagen prunkvolle Waffen sowie Tafelgeschirr bunt durcheinander und vom Feuer fast zusammengeschmolzen. In
einer großen Silbervase befand sich der eigentliche Schatz:
kostbarer Frauenschmuck, bestehend aus drei Stirnbändern,
sechzig Ohrringen, sechs Armspangen und vielen kleinen
Einzelteilen, die vom Feuer zusammengebacken waren.

Die heutige Gestalt des Schatzes lässt nicht mehr erkennen, in
welcher ungeordneten Form er aufgefunden wurde, weshalb
ein Besucher im Museum fragte, ob Schliemann das alles so
restauriert habe, denn die Stücke sind an Schnüren aufge-
hängt. Nur eine Trinkschale aus Goldblech ist leicht verbeult,
die Armreifen sind etwas verbogen. Wenn man die vielen
hundert feinen Goldplättchen des Kopfschmuckes betrachtet, wird einem klar, dass der Restaurator ein Goldschmied
gewesen sein müsste.

Der wertvolle Goldhort sei dann aus Furcht vor den Regie-
rungsbeamten des Sultans durch treue Diener heimlich zur
Küste transportiert und in nächtlicher Fahrt über die Ägäis
nach Athen gebracht worden, wo Schliemann ihn sofort in
seinem Wohnhaus versteckte und später bei Verwandten seiner Frau unterbrachte. (Das Absegeln von der anatolischen
Küste mag unbemerkt zu bewerkstelligen sein, das Landen
bei Athen gestaltet sich dagegen sehr viel schwieriger; es gibt
darum auch andere Varianten dieser Geschichte.)

Auf Anfrage bei einem Juristen erhielt Schliemann die Antwort, dass der Schatz sein Eigentum sei und niemand Anspruch erheben könne. Schliemann veröffentlichte darum

diesen für seine Theorie so überaus wichtigen Fund, indem er seine junge Frau damit schmückte und das Foto weltweit herumschickte. Nun war endlich bewiesen, dass er das wahre Troja gefunden hatte.

Die Griechen waren natürlich erpicht auf diesen Goldschatz und durchsuchten Schliemanns Wohnung, ohne etwas zu finden.

Der Sultan verlangte per Gerichtsbeschluss eine Wiedergutmachung, da das Beiseiteschaffen des Schatzes gegen die Abmachung verstieß. Laut Vertrag musste Schliemann nämlich die Hälfte aller gefundenen Gegenstände dem Sultan übereignen. Da der Schatz nicht geteilt werden sollte, wurde sein Wert geschätzt. Man einigte sich – wohl nach Goldgewicht – auf 20 000 Franken, sodass Schliemann verurteilt wurde, 10 000 Franken an die Kasse des Osmanischen Reiches zu zahlen. Er tat dies gern, denn der Beweis für die Richtigkeit seiner Theorie war ihm viel mehr wert. Schliemann entschuldigte sich beim Sultan und zahlte großzügig 50 000 Franken in die Kasse. Damit war der Fall erledigt.

Nicht jedoch für die Wissenschaftler, die diesem »Beweis« nicht ganz trauten. Conze drückte sich noch höflich aus, als er Schliemann riet, mit seinem Geld lieber wissenschaftlich überschaubare Ausgrabungen zu finanzieren. Angesehene Archäologen wie Ernst Curtius konnten ihre Zweifel weniger gut verstecken. Zum Glück hatte Schliemann eine Zeugin des Auffindens: seine eigene Frau. Wir wissen ja, wie wenig so ein Zeugnis vor Gericht gilt. Was ich aber erst kürzlich im Schliemann-Museum in Ankershagen während der Führung hörte, lässt einem die Haare zu Berge stehen: Es sei nun sichergestellt, sagte der Direktor Dr. Bölke, dass Schliemanns Frau, die bildschöne Griechin Sophia, sich zum Zeitpunkt der Auffindung nicht in der Türkei, sondern in Athen befand, wo sie die Beisetzung ihres gerade (Ende Mai) verstorbenen Vaters vorbereitete.

Damit ist eigentlich schon alles gesagt: Wenn Schliemann es nötig fand, eine Zeugin seines Fundes zu benennen, und diese einzige Zeugin sich als erlogen erweist, dann bricht die Beschreibung der Fundumstände in sich zusammen. Vermutlich hat Schliemann die Herstellung des Schatzes gar nicht in der Türkei in Auftrag gegeben, sondern gleich bei einem Goldschmied in Athen, womit sich die recht unmögliche »Nacht-und-Nebel-Aktion« per Boot erübrigte und auch die Restaurierung.

Die Römerreliefs auf dem Donon in den Vogesen

Auf der Grenze zwischen Elsass und Lothringen liegt der höchste Gipfel (1009 m) des Wasgenwaldes (Vogesen), der Donon, französisch auch Rougemont (Roterberg) genannt. Von der Felskuppe aus hat man einen fantastischen Ausblick über die Wälder und Ortschaften des linksrheinischen Gebirges. Am Nordhang entspringt die Weiße Saar.
Der Gipfel ist mit einem Merkurtempel und anderen Resten aus klassischer Zeit geschmückt, außerdem mit Andenken an die Kämpfe zwischen Franzosen und Deutschen in den letzten Kriegen. Während uns die Motive für das erbitterte Ringen junger Männer um den Gipfel heute nicht mehr nachvollziehbar sind, ist die Errichtung des römischen Tempels durchaus verständlich: Es gibt wenige Orte, die in so ausdrücklicher Weise Kräfte in sich gebannt haben und zu religiöser Scheu anregen wie diese Sandsteinklippe über dem weiten Meer der Wälder. Hier kann man Naturgewalt und Entstehungsgeheimnis fast mit Händen greifen.
Die Quelle, die auf dem Gipfel entspringt, ist heute verschlossen, aber ein alter gemauerter Brunnen zeugt noch von der ehemaligen großen Wassermenge, die hier hervorquoll. Der geografische Messpunkt ist auf einer großen Metalltafel

genauestens angegeben: 24° 49' 55",75 östlicher Länge, genau auf demselben Meridian wie Köln, und 48° 30' 49",04 nördlicher Breite.

Die Bezeichnung Donon ist keltisch und hängt mit Dunum (= Stadt, englisch town) zusammen. Ein umwallter Ort, ein Heiligtum zumindest, krönte diese Naturschönheit in der Frühzeit. Aber nur die Reste des Merkurtempels sowie einige Reliefs deuten das noch an.

Die 21 frei stehenden großen Steinreliefs, die hier gefunden wurden, befinden sich in den Museen von Epinal und Straßburg. Auf dem Gipfel stehen acht Abgüsse der besten Reliefs. In einer Felswand ist – als Stein eingelassen – ein Relief mit lateinischer Inschrift erhalten. Neben der Szene, die einen Löwen mit einem Eber (nach anderen mit einem Stier) in Kampfhaltung zeigt, sind etwa folgende Buchstaben lesbar: BELLICO V(otum) S(olvit) SURBUR (also etwa: Dem Gott Bellicus hat Surbur sein Versprechen eingelöst).

Der Merkurtempel soll 103 n. Chr. erbaut worden sein, wie durch die Ausgrabung von Bédel von Schirmeck 1869 festgestellt wurde. Damals wurde auch ein neuer Tempel an der höchsten Stelle errichtet, der wie ein kleines Museum die römischen Altertümer beherbergte, bevor sie aus Sicherheitsgründen in die Städte geschafft wurden. Ein anderer Tempel, dessen Grundmauern noch sichtbar waren, soll dem Gott des Landes, VOGESUS, geweiht gewesen sein. Die Jupitersäule steht heute nicht mehr hier. In den 30er Jahren fand eine Ausgrabungskampagne unter der Leitung von Fanny Lacour statt.

Heute ist zwar der neoklassische Tempel kein Museum mehr, aber immerhin zeigt ein Lehrpfad in mehreren Stationen dem interessierten Publikum die wichtigsten Ergebnisse archäologischer Bemühungen um diesen Ort.

Was mich wunderte, waren die Flachreliefs, die schon 1692 durch den Pfarrer Hyacinthe Alliot aus Montmoutier entdeckt worden waren. Sie gelten als typische Zeugnisse gallo-römischer Kunst, tragen allerdings die üblichen Anzeichen von Fälschung dermaßen gehäuft, dass kein unbefangener Kenner sie für echt halten könnte. Da gibt es absichtlich als Fragmente hergestellte Figuren, sogar eine männliche nackte Gestalt ohne Kopf. Dieser Kopf ist nicht etwa später abge-schlagen worden, sondern hat offensichtlich nie existiert, denn in Schulterhöhe endet das Bild durch einen deutlich ge-meißelten Rahmen.

Die Herstellung »römischer« Reliefs wäre als naives Wunsch-denken des frühen Barock einzustufen und könnte uns heute immerhin noch einen Eindruck von jener Zeitströmung ver-mitteln, die sich eine noble Vergangenheit schuf. Wir müssten uns nicht unbedingt schämen für diese Marotten unserer Vorfahren. Aber für die sture Aufrechterhaltung der »Echt-heit« dieser »römischen« Reliefs sollten sich die Verantwort-lichen wirklich schämen!

Diese Schöpfung einer römischen Vergangenheit entsprang gewiss einem Bedürfnis. »Römische« Altertümer wie Theater und Wasserleitungen standen im Mittelmeergebiet und am Rhein in großer Zahl, auch Statuen und Mosaike waren vor-handen. Wer sie wirklich geschaffen hatte und wann das war, wusste man nicht, man konstruierte es. Das geschah schritt-weise und Hand in Hand, wie auch bei heutiger Archäolo-genarbeit. So entstand ein »Römisches Reich« mit entspre-chender Kunst und Literatur. Jeder schuf ein Stückchen mehr. Der Pfarrer Alliot war nur einer der Vielen, und ein rechter Stümper.

Ein Geheimnis wird es also noch lange bleiben, wer hier oben tatsächlich anbetete und wie diese Gottheiten hießen. Je-doch – der Berg birgt noch ein weiteres Geheimnis, über das ich nichts in den Büchern fand: Der höchste Felsblock ist in Kreuzform gespalten, und die vier Einzelteile sind um mehr als Handbreite auseinander gerückt. Ein Erdbeben kann nicht der Urheber dieser Titanentat gewesen sein, denn durch Erdbeben entstehen zwar Spalten, aber stets nur in einer Richtung, nicht gleichmäßig in Kreuzform. Und wenn sich die Erde bewegt, dann rutscht so ein abgesprengter Felsblock zu einer Seite, nicht in vier Richtungen gleich weit auseinander. Wenn Menschen nicht durch Sprengung mit Dynamit das Zauberwerk verursachten, dann – überlege ich – kann es nur der Blitz gewesen sein. Wenn zum Beispiel im Mittelpunkt des großen Sandsteinblocks eine eiserne Säule errichtet war und in diese eines Tages der Blitz einschlug, dann wäre es denkbar, dass vier gleich große Teile auseinander gesprengt wurden. Nur einige Schritte hinter dem Gipfel liegt ein weiterer kreuzgespaltener länglicher Block, dessen Teile noch stärker auseinander klaffen. Ein echtes Geheimnis!

Um den nachdenklichen Wanderer zu versöhnen und ihm die Heiterkeit zurückzugeben, die der dem Himmel so nahe Ort vermitteln sollte, findet er am Beginn des Abstiegs eine Eisentafel mit der Aufschrift: »En ce lieu le V Floréal an IX fut concue Victor Hugo.« (Hier wurde am 5. Floréal des Jahres 9 Victor Hugo gezeugt.) Man stelle sich bildlich vor, wie hier im Blütenmonat Mai 1801 sein Herr Papa, der General Graf Sigisbert Hugo, mit seiner Gattin, der reichen Reedertochter Sophie geborene Trébuchez, im Schatten des herrlichen Felsens ein Schäferstündchen verbrachte, das dem französischen Volk den genialsten Romantiker schenken sollte. Wer möchte angesichts so blühender Fantasie noch von Geschichtsfälschung sprechen?

Christliche Franken im 5.–8. Jahrhundert?

Es ist eine schamlose Frechheit, mit der in der Wanderausstellung »Die Franken – Les francs 5.–8. Jahrhundert«. (Paris, Mannheim, Berlin) Fälschungen als Dokumente vorgestellt

wurden! Hauptquelle für alle folgenden Zitate ist der zwei-
bändige Katalog: »Die Franken. Wegbereiter Europas. 5.–8.
Jahrhundert n. Chr.« Reiss-Museum Mannheim, Musée du
Petit Palais, Paris und Museum für Vor- und Frühgeschichte, Berlin. Hrsg. Alfried Wieczorek, Patrick Périn, Karin
v. Welck, Wilfried Menghin. (Mainz 1996, 2. Aufl. 1997, 2 Bde.,
braunes Deckblatt.)
Dieser Katalog ist jedoch labyrinthartig aufgebaut, man findet Erklärungen meist nur nach langem Suchen, da Querverweise vielfach fehlen, Nummern falsch sind – nicht mal in der
2. Auflage in der mehrere Seiten starken Corrigenda vermerkt
– und ohne Angabe der Vitrinen oder des Saales. Vom Gewicht her allein schon »untragbar«, vom Inhalt noch mehr.

Der Berliner Geschichts-Salon (»BGS«) hat zwischen seiner
11. und 12. Sitzung erstmals eine Ausstellungsbegehung
durchgeführt. Anlass war die von mir beim 11. BGS ge-
äußerte »skandalöse« Behauptung, dass ein enorm großer
Teil der von Paris über Mannheim nach Berlin gewanderten
Exponate der Franken-Ausstellung nicht nur falsch datiert,
sondern plumpe Fälschungen seien.
Mein Angriffspunkt war direkt und global und entsprach den
vorher schon im BGS diskutierten Ideen, darum konnten die
zusammengekommenen zehn Interessierten an diesem Sonntag (5. Oktober 1997) meinen Ausführungen mühelos folgen.
Das Ergebnis war katastrophal – für die Franken wie für deren Organisatoren.
Wir begannen in Saal 1 an der Tür:
»Leider können Sie nicht eintreten, weil durch einen bedau-
erlichen Fehler die Türen geschlossen sind«, sagt der Tür-
hüter. Prof. Dr. Niemitz wirft einen Blick durch die Glas-
türen, die tatsächlich verriegelt sind, und weist auf die darin
befindlichen Besucher hin. »Die werden wir wieder be-
freien!«, wird er vertröstet.

So ist Toppers Konzept, das er seit Wochen mit Literatur und am Objekt im Ausstellungssaal erarbeitet hat, erst einmal durcheinander gebracht. Den Grund kann man nur ahnen. Wir beginnen den Rundgang daher am Ende, in Saal 3.

Da haben wir als erstes Objekt ein wunderhübsches Holzmodell einer doppelten Schiffmühle aus dem Rheintal, rekonstruiert nach Teilen, die bei Gimbsheim (Worms) in einer Kiesgrube gefunden wurden (Kat. S. 786 ff). Durch dendrochronologische Analysen sowie durch zwei kalibrierte C14-Bestimmungen ist die Datierung gesichert: »760 n. Chr.« Die Rekonstruktion aus den winzigen Reststücken erfolgte aber eher aufgrund unserer Kenntnisse dieser Art von Schiffmühlen, die bis 1929 auf dem Rhein noch funktionierten. Vor allem scheint eine im Katalog abgebildete Zeichnung des 15. Jahrhunderts (Abb. 638, 8) als Vorbild gedient zu haben. Tatsächlich müssten statt der kleinen Holzrädchen echte Eisenzahnräder verwendet worden sein, erklärt Niemitz, wenn diese Mühle längere Zeit arbeiten sollte, was sie auch tat: Man fand abgenützte Mühlsteine. Das Modell bringt aber – dem »8. Jahrhundert« angepasst – nur Holzritzel, die, da sie die um 90 Grad versetzte Kraftübertragung bewerkstelligen mussten, sicher in kürzester Frist verbraucht gewesen wären.

Dann wandten wir uns den Mauerresten der Kirche des heiligen Willibrord zu, Missionar seines Zeichens und wallfahrtheimgesucht in Echternach in der Eifel, und mussten überrascht feststellen, dass der prachtvolle Sarkophag des Heiligen und das steinerne Lesepult der Kirche trotz bewundernswerter Dekoration nicht ein einziges christliches Merkmal aufzuweisen haben. Die Datierung – »738 n. Chr.« – dürfte aus kirchlichen Texten entnommen sein und hat wenig Chancen auf Verifizierung. Unzumutbar ist allerdings die völlig heidnische Gestaltung einer angeblich christlichen Wallfahrtskirche.

Denselben Fehler konnten wir dann an einer ganzen Reihe von Denkmälern, besonders Grabsteinen, feststellen: Die ausdrücklich als christlich ausgewiesenen Grabsteine tragen seltenst irgendwelche christlichen Zeichen.

Als herausragendes Beispiel sei der Grabstein von Niederdollendorf angeführt, der als Beweis für fränkisches Christentum im 7. Jahrhundert gilt (Kat. IX, 1.12, Abb. 608 und 609, Eigentum des Rheinischen Landesmuseums in Bonn). Die sehr flach eingeritzten Reliefs sind ohne handwerkliches Können flüchtig hergestellt und sollen den Eindruck primitiver Arbeit vermitteln, zum Beispiel indem Ritzlinien über das Ziel hinausschießen oder verdoppelt werden. Wir wissen allerdings, dass die Franken – oder wer immer damals in Deutschland lebte – sehr gute Handwerker waren, in Gold oder Holz oder Stein. Zumindest waren sie sich bei den Ornamenten durchaus sicher, wie solche verschlungenen Linien aussehen müssen, denn diese Drachenmäander hatten sie ja – von der Steppenkultur der Skythen beeinflusst – selbst entwickelt.

Auf der Vorderseite sieht man den Toten selbst (ich folge Menghin, dem besten Fachmann germanischer Kunst, 1985, S. 182 f), »wie er sich das lange Haar, Sinnbild der Lebenskraft, kämmt und mit der Linken die Spitze seines Langsaxes umfasst. Um sein Haupt legt sich schützend ein doppelköpfiges Schlangentier, der Kopf eines gleichartigen Wesens öffnet sich zum Saxgriff. In der linken unteren Ecke ist eine Pilgerflasche dargestellt. Auf der Rückseite des Steins ist die früheste germanische Christusdarstellung eingemeißelt. Der Heiland ist in einer beiderseits von rechtwinkligen Strahlen durchbrochenen Lichtaureole dargestellt, wobei das Haupt von einem Strahlennimbus umgeben ist.«

Das ist keineswegs ironisch gemeint, auch nicht die Pilgerflasche. Schließlich weiß der Mann, wie man mit einem Kamm umgeht, den Sax dagegen weiß er nicht so recht zu handhaben.

Er wird sehr fromm gewesen sein. Und auf der Rückseite der speerbewaffnete nackte Mann mit der Sonnenscheibe auf der Brust und dem Strahlenkranz um das edle Haupt, die Füße auf Schlangengewürm wie auf Wasserwogen – das war gewiss kein »Heliand«, zu dem jedes Vorbild fehlen würde, auch kein Baldur oder Froh, sondern ein unverdauter Traum von germanischer Primitivität und Barbarei.

Auf der Oberkante des Steines sieht man Strichdekors in X-Form und leitet hiervon – da Chi = Christus – den Beweis ab, dass dieser speertragende Krieger Christus ist. Leider haben diese Ritzungen nichts mit einem griechischen Chi zu tun, das zeigt der Augenschein. Aber schlimmer: Der Fälscher wollte gar keinen christlichen Grabstein herstellen, sondern einen heidnischen, was ihm fast gelungen wäre, wenn man nicht an der stümperhaften Ausführung und zahlreichen Details – Gesicht, Händen und Füßen, besonders aber dem dreiköpfigen »Drachen« – sofort erkennen würde, dass es sich um eine äußerst naive moderne Nachahmung handelt. Nachdem der Stein im 19. Jahrhundert für die damals noch recht unbekannten heidnischen Germanen als visueller Hinweis herhalten sollte, ist er nun christlich vereinnahmt worden, was absurd erscheinen muss.

Nicht besser geht es uns mit dem danebenstehenden Grabstein der Leutegund (IX, 1.11, Abb. 186), »datiert ins 6./7. Jahrhundert« Die in seltsamen Abkürzungen und unüblichem Schriftbild verfasste Inschrift wird im Katalog mit einiger Fantasie folgendermaßen gelesen: »*Es bedeckt hier der Stein die sterbliche Hülle der Leutegund, die im Taufgewand uns entrissen wurde und deren Seele im Frieden Christi ruht. Es bestatteten in diesem Grab Vater und Mutter liebevoll ihre Gebeine.*« Darin atmet der katholische Geist des 14. Jahrhunderts oder noch späterer Zeit, jedoch nicht der Franken. Das XPI für Christus lässt auf Kennerschaft beim Fälschen schließen, nur eben falsche Kennerschaft, denn die Verwendung dieses griechischen Kürzels im 7. Jahrhundert mitten in einer lateinischen Inschrift ist einfach stilbrechend. Wird hier auf die Kindstaufe angespielt?

Der dritte dieser schön präsentierten Grabsteine, die speziell fränkisches Christentum beweisen sollen, stammt aus der Merowingerzeit in Luxemburg und schießt den Vogel ab (IX, 1.10, Abb. S. 1024). Er sei »eigens« aus einer »römischen Götterstele« herausgeschnitten und zeige auf der Vorderseite »Fische« und »Instrumente, die an fränkische Äxte erinnern«, aber »eher selten« in jener Zeit seien; überhaupt sei die Gesamtkonzeption einmalig, es handele sich um ein einzigartiges Kunstwerk der jüngeren Merowingerzeit. Die rückseitige Götterstele zeigt Unterkörper mit Beinen von zwei Personen, deren eine durch herabhängende Flügelspitzen als Engel zu bezeichnen wäre. Leider hängen die Flügel gar zu tief herab, und die ungelenke Beinstellung lässt sofort erkennen, dass es sich um eine späte Fälschung handelt, vielleicht im 19. Jahrhundert angefertigt. Diese Rückseite fällt als Beweis aus, aber die Vorderseite könnte ja immer noch für christliche Franken zeugen. Die »Fische« haben höchstens Ähnlichkeit mit Delfinen, wenn nicht sogar mit Vögeln, während die »Äxte« gar nicht fränkisch aussehen, sondern Messer zur Lederverarbeitung darstellen; sie wären demnach nur falsch interpretiert, wenn nicht Äußerlichkeiten allein schon die Fälschung erkennen ließen. Es wundert einen dann jedoch, dass auch hier kein einziger Hinweis auf Christlichkeit vorkommt, sodass der Hauptbeweis, den diese Fälschungen *heute* antreten sollen, ohnehin ausfällt. Im vorigen Jahrhundert hatte man ja noch nicht so hochfliegende Pläne mit diesen Fälschungen, sondern nur finanzielle Interessen, um »heidnische Grabstelen« verkaufen zu können.

Verdacht erregt auch die Grabinschrift des Moldaldus auf einem Stein aus Trier (»7. Jahrhundert«), die nach dem Katalog auf Deutsch etwa so lauten würde: *Hier ruht der eh-*

renwerte Mann und Jüngling namens Modoal(d), der etwa 16 Jahre lebte. Er starb in Frieden, was geschah im Monat Februar am 8. Tag. Dessen Vater und Mutter haben in Liebe seiner den Stein gesetzt.

Eigentlich steht es etwas anders auf dem Stein, der Name müsste eher Odoal oder Numodoal lauten, wenn man richtig liest. *Auch der Stein* wurde »in Frieden« gesetzt, ein bisschen viel Frieden, wenn man weiß, dass man damals nicht in Frieden starb, sondern in Frieden ruhen sollte. Und das Datum ist völlig ungewöhnlich, denn einen 8. Februar kannte man damals noch nicht, nur den soundsovielten vor den Nonen oder den Iden des Februar.

Die dilettantische Rundreliefdarstellung Karls d. Gr. aus Mustair, die mit ihrem Reichsapfel und der Bourbonen-Lilie, der falschen Krone und dem unförmigen Wanst eine Zumutung ist, hat Heribert Illig (1996, S. 196/8 und 328) schon vom angeblichen 9. ins 12. Jahrhundert verschoben. Meine Behauptung einer noch viel späteren Herstellung ließen wir mitsamt der Statue im Raum stehen und wandten uns ins Treppenhaus, wo wir dem Reiter von Hornhausen gegenübertraten (VI, 1.5, Abb. 237, Text S. 928), der uns ja aus den Schulbüchern sattsam bekannt ist. Die anfängliche Überraschung, ein aus der »1. Hälfte des 7. Jahrhunderts« stammendes so fern von Franken (nämlich bei Halle a. d. S., heute im dortigen Museum) gefundenes Relief in diesem Zusammenhang wiederzusehen, wurde noch übertroffen durch die Bezeichnung als »christlichen Reiterheiligen« »mit Helm, Schild und Lanze«. Ein Helm ist nicht zu sehen, sondern langes wallendes Haar, und den meist als Wotan oder anderen heidnischen Heros bezeichneten Reiter als »christlichen Heiligen« zu deklarieren, bedarf doch einer gewissen Frechheit, zumal sich unter dem Reiter die Midgard-Schlange windet, die nur als heidnisches Sinnbild eingeordnet werden kann. Weitere Anhaltspunkte bringen das Relief und die winzigen Bruchstücke, die dazugehören, leider nicht. Trotzdem nimmt sich der Katalogschreiber heraus, den Stein als Fragment einer sechsteiligen merowingerzeitlichen Kirchenchorschranke zu bezeichnen, wozu ein Hinweis auf das dabei ebenfalls ausgegrabene »sächsisch-fränkische Gräberfeld« mit »drei Pferdebestattungen des 8./9. Jahrhunderts« bestens geeignet scheint. Kann ein traditionell arbeitender Wissenschaftler anhand dieses Reiters ernsthaft eine christliche Kirche im 6./7. Jahrhundert bei Halle postulieren und die 200 Jahre später erfolgten heidnischen Pferdegräber als bestärkenden Hinweis darauf?

Unter Zeitdruck konnten wir in Saal 2 nur einige Stichproben vornehmen, die aber dermaßen bezeichnend sind, dass die untersuchten Absonderlichkeiten das Bild vervollständigten. Auch dort stießen wir wieder auf zwei christliche Chorschranken (VI, 1.4 und VII 2.2), die aus dem 7. Jahrhundert stammen sollen und so plump gefälscht sind, dass es einem Zahnschmerzen verursacht. Beide täuschen Primitivität vor und zeigen doch nur, dass andere Falsifikate mit mehr Können ausgeführt sind. Die erste der beiden, einen bärtigen Mann mit Buch (»Johannes«) und zwei flankierenden Tauben darstellend, ist *schon als Fragment* hergestellt worden, wie man unschwer an der Gestaltung der Hand sieht, d. h. man machte sich gar nicht erst die Mühe, ein ganzes Relief neu zu gestalten und dann zu zerschlagen, wie es bessere Fälscher tun.

In Vitrine 43, 3 sahen wir ein Reliquienkästchen aus Essen (VI, 1.7), »frühes 7. Jahrhundert«, mit Beschlägen aus Bein, dessen »Bildprogramm... im Mittelalter durch eine Restaurierung verändert wurde«. »Ursprünglich trugen Vorder- und Rückseite drei Felder mit figürlichen Darstellungen« (S. 928), und zwar »auf der Frontseite Christus mit erhobenen Armen, der beidseitig von Engeln flankiert wurde. Auf der Rückseite wurde das Bild des gekreuzigten Christus von

zwei zurückblickenden Vierfüßlern gerahmt.« Sie »kenn-
zeichnen das Kästchen als einheimische Arbeit der jüngeren
Merowingerzeit« (S. 646) und beweisen »Einflüsse fränkisch-
aquitanischer Tradition« (S. 651). Diese figuralen Stücke, die
schon im Mittelalter entfernt wurden, sind leider heute nicht
zu sehen, dafür aber handwerklich sehr schlechte Nachahmungen, die nur eins zeigen: dass das Kästchen vor dieser
misslungenen Restaurierung wahrscheinlich nichts Christliches vorzuweisen hatte.

Die daneben liegende Schnalle (VI, 1.13) mit den Propheten Habakuk und Daniel ist eine hübsche jüdische Arbeit des
19. Jahrhunderts, von der sein Hersteller vermutlich nicht
träumte, dass sie dereinst in dieser Musterschau deutsch-
französischer Freundschaft auftauchen würde.

Wir werfen nur einen flüchtigen Blick auf das Reliquiar der
Heiligen Mumma (VI, 1.11; um 680) und die elfenbeinernen
Buchdeckel, die vor allem im Katalog so schön Chlodwigs
Taufe oder die Namen der Herrscher von Austrasien zwischen 575 und 662 belegen oder die nach 1659 wieder ver-
schwundenen Namen posthumer Bischöfe des 6. Jahrhunderts, und schauen uns den bronzenen Thron von Dagobert
an, dessen Hauptteile im 7. Jahrhundert verfertigt sein sollen, während Rücken- und Seitenlehnen angeblich aus dem
9. Jahrhundert stammen. Beim Anblick der flankierenden
Löwen mit ihrer typisch maurischen Fellmusterung und der
hochmittelalterlichen Ornamentik der Lehnen sowie den
antik anmutenden Dekorteilen wird einem der ganze Synkre-
tismus der Kunsthändler bewusst, die ja ihre Klientele nicht
aussuchen konnten, sondern möglichst vielseitig arbeiten
mussten. Dieser Thron ist ein Musterbeispiel für Stilmischmasch, wie ihn fantasievolle Handwerker seit der Renaissance hervorbringen. Da er *einzigartig* und *einmalig* für seine
Zeit ist, löste er bei Niemitz den Merkspruch aus: »Einzelstücke sind in der Technikgeschichte undenkbar.«

Über die zahlreichen Manuskripte und Diplome des 6. Jahrhunderts, die nach Meinung der Fachleute meist in Abschriften des 9. Jahrhunderts vorliegen, können wir uns kurz fassen, denn darüber hat Kammeier ein abschließendes Wort gesprochen. Schon Pertz (1872) und ihm folgend Bresslau (1914) und besonders Bruno Krusch (1938) haben schrittweise immer mehr von diesen Diplomen als Fälschungen aussortiert, sodass fast nichts mehr übrig blieb. Zahlreiche dieser Fälschungen sind, wie Krusch sagt, so jämmerlich, dass jede Diskussion zu viel wäre; da gibt es »erfundene Pfalzen, Kuckuckseier im Stil, falsche Daten ...«

Einige der sehr schön geschriebenen Bücher, z. B. das des Gregor von Tours, das aus dem 7. Jahrhundert (!) stammen soll, wurden von Humanisten verfasst und könnten – richtig eingeordnet – durchaus unsere Bewunderung auslösen, wie z. B. ein Pharmakopeion (Arzneimittelbeschreibung, A 13), das im 6.–7. Jahrhundert niedergeschrieben sein soll und als Prachtstück des 14. Jahrhunderts nichts an Glanz verlieren würde. Andere sind allerdings dümmlich auf archaisch oder barbarisch getrimmt, um besser in die Frankenzeit zu passen, und damit völlig wertlos, ja Widerwillen erregend, wie die Lex Ribuaria (»9. Jahrhundert«), die einen hingekrakelten »König beim Schatzwurf« zeigt (siehe Abb.). Kritzeln und Schmieren auf Pergament war selbst einem Kopisten ein Gräuel, derartige Geschmacklosigkeit ist erst Menschen zuzutrauen, die Papier in Fülle zur Verfügung haben.

Ein Grabstein (Abb.) zeigt das in aller Deutlichkeit: Der Stein des Victorinus, der bei Krefeld gefunden wurde und exakt ins Jahr 259/260 datiert wird. Der Text besagt in plumpem Latein: »Der Beschützer Viktorin kämpfte dreißig Jahre, er fiel im Barbarenland gerade vor Deutz durch einen Franken. (Unterschrift:) Stellvertreter von Deutz.« Köln-Deutz liegt übrigens von Krefeld ein beachtliches Stück entfernt, dreißig schrieb man auf Grabsteinen mit 3 X (statt TRI-

GINTA), das IN BARBARICO klingt doch sehr ausgedacht, der Begriff Franke für Krieger kommt 260 um einige Generationen zu früh, Unterschriften in kleineren Buchstaben sind auf Grabsteinen mit ihrem streng festgelegten Formular nicht möglich, und – jetzt wird es ernst –: Eine derartig krakelige Schrift würde niemand auf Stein verewigen, nicht einmal ein einfacher römischer Soldat, sondern nur jemand, der es gewohnt ist zu kritzeln. Man beschriftete Grabsteine nicht wie Notizpapier!

Wir nahmen uns anschließend schönere Grabsteine vor, wie etwa den des Presbyters Badegisel (VI, 5.10), der die »typischen« Grammatikfehler des 7. Jahrhunderts aufweist, als Ornament aber *nur* heidnische Pfeilrunen bringt, oder die beiden »Schlüsselfunde«, die Steine von Ludino und Pauta aus Worms (IV, 4.2 und 3), die 1844 veröffentlicht wurden und seit 1862 im dortigen Museum stehen. Der letztere trägt wundersame Namen, die zu »zahlreichen sprachwissenschaftlichen Untersuchungen« Anlass gaben, ohne dass man die Namen einwandfrei als germanisch ansehen könnte; man spricht lieber von »Koseformen«. Auch die Inschrift für Rignedrudis (Abb. 606) hat diese archaisierenden Fehlschreibungen, die bedeuten sollen, dass man damals eben nicht mehr so richtig Latein konnte und ja auch schließlich ethnisch fremd war. Einschließlich der Steinmetzen, wohlgemerkt.

Den großen Lacher erntete der Germanenkopf von Welschbillig bei Trier (IV, 2.2), der zwar bei seiner »Entdeckung« vor rund 120 Jahren echt gewirkt haben mochte, aber mit unserem heutigen gewandelten Stilempfinden eben als typisches Produkt seiner Zeit auffällt. Erhaltungsform, Bartkoteletten und Haartracht müssten den Ausstellern zumindest verdächtig vorgekommen sein, wenn sie schon nicht darüber staunten, dass mit diesem Kopf noch weitere Hermen von »Göttern, Griechen, Römern und Barbaren« gefunden wurden.

Ein komplizierterer Fall von Täuschung sind die beiden Gräber unter dem Kölner Dom, die 1959 ausgegraben wurden. Der Spangenhelm des Prinzen ist mit einem Nackenschutz aus modernen Stahlringen versehen, die angeblich so gefunden und nur gereinigt wurden, wobei jeder Hinweis auf deren komplette Neuherstellung fehlt. Im Grabinventar der Prinzessin, die unbedingt als Christin in die Geschichte eingehen muss, befindet sich ein als Amulettbehälter bezeichnetes Gefäß aus vergoldetem Silber, das durch seine Gestaltung und sein Dekor als barock einzustufen ist. Es handelt sich demnach um ein Reliquiengefäß, allein schon der Größe wegen; außerdem fällt es als unpassend auf, wenn man es mit den als echt anzunehmenden Amulettkapseln von Vitrine 76 (IX, 2.21, 22 und 23) vergleicht. Wenn ein derartiger »Irrläufer« in einem absolut verschlossenen Grab auftaucht – die Kleidungsreste konnten sich nur unter *völligem* Luft- und Feuchtigkeitsabschluss erhalten, heißt es im Katalog –, ist das Vertrauen in die »Fundumstände« zerbrochen.

Das dazu mitgelieferte Märchen vom Prinzen und seiner Braut, die frühzeitig starb, ist äußerst publikumswirksam, dagegen ist nichts einzuwenden. Dieses mit Geschichtsfakten gleichzusetzen, wie es die Aussteller tun, ist naiv. Aber fremde Gegenstände ins Fundinventar einbringen, wie den silbernen Reliquienbehälter im Grab der Braut, ist Fälschung. Da stellt sich dann die Frage für den Laien wie mich: Kann ich den Ausgräbern nicht mehr trauen? Oder wurden auch sie hintergangen? Und wer hat die Hand im Spiel – Geschäftemacher oder Kirchenfürsten? Schließlich: Wie offensichtlich ist den für die Ausstellung Verantwortlichen der Sachverhalt?

Damit soll nicht gesagt werden, dass sämtliche Ausstellungsgegenstände fragwürdig sind; aber ein viel zu hoher Anteil ist erkennbar gefälscht, wodurch für einen Laien auch die anderen Prachtstücke in seltsames Licht gerückt werden. Und einige Gegenstände sind vielleicht aus Unkenntnis falsch bezeichnet. Da gibt es mehrere Kristallkugeln aus Frauengräbern (6. Jahrhundert), mit Gold- und Silberbändern gefasst, zum Aufhängen gedacht, die einfach als Amulettanhänger notiert sind. Weiß man nicht mehr, dass sie zum Leuchten oder Übermitteln von Lichtzeichen dienten, wie G. Geise seit 1996 mit einsichtigen Argumenten erklärt?

Was wir dann in Saal 1 endlich zu sehen bekamen, steigerte zunächst die gute Laune, machte am Ende aber nachdenklich. Es waren vor allem die Grabsteine, die als Fälschungen sofort ins Auge sprangen, sowohl wegen ihres Inhalts als auch wegen der Gestaltung. Einer, der des Aldualuhus, kann nur als gelungener Scherz eines gelangweilten Mönchs durchgehen, auf anderen Grabsteinen gibt es schwülstige Texte mit eingeschalteten Runenbuchstaben, z. B. bei Druktacharius (IV, 4.7), »gebettet am Fuße der eigenen Burg«, oder unmögliche Wendungen, wie bei Abt Pertrammus (IV, 4.8), »der 36 Jahre in Frieden lebte«. (Man ruht erst nach dem Sterben »in Frieden«.) Allen drei Steinen fehlt jegliches christliche Dekor, das man bei einem Abt oder Presbyter zumindest erwarten sollte. Dafür haben wir andere Steine, die *nur* Kreuze aufweisen, allerdings solche, die stilgeschichtlich ins 19. oder 20. Jahrhundert einzuordnen sind.

Für Glas oder Schmuck war leider niemand von unserer kleinen Gruppe zuständig. Aber die Schwerter, Helme und sonstigen Eisenwaffen boten auch Laien einige Angriffspunkte. Da liegt neben Grabbeigaben (III, 3.10) wie Wollschere, Vorschlagpunze, Messerfragment und Feuereisen ein modernes Stahlbeil, wie es aus einem heutigen Bauhandwerkermarkt stammen könnte. Man kann den Unterschied in Form, Material und Bearbeitung deutlich erkennen, vor allem wenn man sich die Mühe macht, sämtliche ausgestellten Äxte, die so genannten Franzisken, genau zu betrachten. Eine Täuschung ist ausgeschlossen. Da helfen die Fundumstände nicht mehr, ebenso wenig wie bei dem »tauschierten Messer« im Männergrab III, 3.6, in dessen (von der Form her schon unkorrekten) Klinge Messingzahnrädchen einer modernen Taschenuhr eingelegt sind. Hübsch anzusehen und durchaus stilvoll angeordnet, aber handwerklich unmöglich. Da ist es gar nicht nötig zu zitieren, dass (ungeachtet der ganz anders gearteten Tauschierung von Schmuckgegenständen der Völkerwanderungszeit) Benvenuto Cellini in der Renaissance erstmals *diese* Technik des Tauschierens in Europa verwendete, nachdem sie ein gehütetes Geheimnis der Damaszener Werkstätten gewesen war; es reicht der Hinweis, dass man Messing (»Gelbguss« bzw. eine entsprechende Legierung) per Hand nur so genau stanzen kann, wie eine Lupe gerade noch sichtbar machen kann, nicht aber mit der Präzision von Bruchteilen von Millimetern, wie sie moderne Zahnrädchen aufweisen.

Unter den vielen aus Zeitmangel übergangenen Objekten zweifelhafter Herkunft wäre noch ein Spangenhelm aus Burgund zu erwähnen (V, 2.11 in Vitrine 23,3), dessen Stirnband in Kupfer einen getriebenen Bilderfries zeigt, mit Jagdszenen und heidnisch-antiken Büsten. Es ist unglaubwürdig, dass der fränkische Krieger selbst diesen heidnischen Reif an seinem (»christlichen«) Helm anbrachte; man möchte lieber einen findigen Antiquar oder seinen Handwerker damit belasten.

Nun handelt es sich ja bei dieser Ausstellung nicht um eine Messe der Antiquare, sondern um eine höchstpolitische und religionsgeschichtliche Propagandaschau, für die Chirac und Kohl mit ihrer Unterschrift bürgen. Wie auch einige Besucher spontan anmerkten, geht es um Millionen von Steuergeldern. Und ob Volksverdummung nicht ebenso strafbar wäre wie Volksverhetzung, wurde auch angetippt.

Der für die Franken-Ausstellung in Berlin hauptverantwortliche Direktor Prof. Dr. Wilfried Menghin, äußerst sympathisch und kontaktfreudig, folgte uns auf unsere Bitte willig zu vier Objekten und musste bei dreien unumwunden zugeben, dass die vorgebrachte Kritik berechtigt sei.

War das Aufstellen der Peutinger-Tafel als »Straßenkarte des Röm. Reiches im 4. Jahrhundert« gleich am Eingang zur Ausstellung (im Katalog, S. 55 »spätrömische Straßenkarte« und Abb. 38) nur eine Falschdarstellung oder eine bewusste Irreführung? Abgesehen von der falschen Deklarierung dieses Objektes, die ja nur den Laien verwirrt, wäre nämlich noch zu fragen, warum die Peutinger-Tafel heute als Originalabschrift des 13. Jahrhunderts (von einer »Vorlage des 3. bis 5. Jahrhunderts«) angesehen wird, wo doch schon seine Zeitgenossen annahmen, dass Conrad Celtes sie (nach 1491) persönlich erfunden hat, wie er auch den »Berosos« und den »Hunibald« (beide gemeinsam mit Abt Tritheim), die Chronik von Friedrich I. und das Werk der Hroswita von Gandersheim hergestellt hat? Übrigens hat der ehrsame Peutinger mit der Tafel nichts zu tun, sie wurde erst 1714 (wieder)gefunden und 1824 gedruckt.

Oder der Stadtplan von Köln (»Vogelschau, 4. Jahrhundert«), der ganz sicher *nach* der Renaissance gezeichnet wurde und gravierende Fehler aufweist? Prof. Menghin konstatierte dasselbe und datierte ihn ohne zu zögern ins 18. Jahrhundert

Oder der Spangenhelm des Prinzen aus dem Grab unter dem Kölner Dom? Hätte man nicht wenigstens darauf hinweisen sollen, dass der Nackenschutz aus feinstem Stahl erst kürzlich angefertigt wurde? Aber ganz sicher doch, war die Antwort.

Bei dem vierten Objekt zögerte der Fachmann – obgleich der Augenschein für sich spricht –, weil er seinen jungen Kollegen Prof. Dr. Knaut nicht bloßstellen wollte, der gerade behauptet hatte, das tauschierte »fränkische« Messer mit den vermeintlichen Uhrzahnrädchen sei durch die Fundumstände als echt gesichert. Diese »Fundumstände« konnten in mehreren Fällen so handfest angezweifelt werden, dass sie als Argument ausgedient haben.

»Geschichte« oder Dichtung?

Unser gesamtes Geschichtsbild von den Franken beruht auf zwei lateinischen Texten: den »Geschichtsbüchern« des Gregor von Tours und dem Werk des Dichters Venantius Fortunatus (530–600), »Weggenosse und Freund« von Gregor (S. 1125, außerdem Text zu VII, 2.1 und Ms. A 21). In dessen Dichtung wird der riesige Palast auf einem Berg bei Breitenstein (?) über der Mosel beschrieben, eine Befestigung mit 30 Türmen. Doch wurde der Palast, »der im Stil der antiken Portikusvillen an der Eingangsfront von Säulen gesäumt war«, trotz dieser genauen Beschreibung nie gefunden. Vielleicht hatte ein Trierer Klosterbruder Kenntnis von einer Ruine in seiner Umgebung und mischte mit ebenfalls vorhandener Kenntnis antiker Bauweise diesen Palast zurecht, um seiner Dichtung einen Glanzpunkt aufzusetzen. Darüber brauchen wir heute nicht schamrot zu werden. Aber die erstaunlichen Schlussfolgerungen, die Wissenschaftler aus dem Gedicht des Venantius ziehen, machen einen Laien sprachlos: Im Katalog liest man von der Anwerbung von »Fachleuten aus dem Inneren oder dem Süden Galliens« zur Errichtung des Palastes. »An den Arbeiten werden aber auch Steinmetzen der Mosel- und Rheinregion beteiligt gewesen sein.« Wird hier die aktuell schwierige Lage unserer einheimischen Bauarbeiter durch das geschichtliche Vorhandensein angeworbener Gastarbeiter aus dem fernen Gallien wieder abgemildert?
Ähnlich *zeitnah* wie dieser moderne Katalogtext nimmt sich das angebliche Geschichtswerk des Gregor von Tours aus,

das die verworrenen Vorstellungen spiegelt, die man in der Frührenaissance von der Spätantike bzw. dem beginnenden Mittelalter hatte. Leider ist diese Chronik unsere »Kardinalquelle« für das 6. Jahrhundert (nämlich die einzige schriftliche, auch wenn Gregor nicht Kardinal, sondern Erzbischof war) und bildet »die ideologische Grundlage der fränkischen Königsherrschaft« (so die Überschrift S. 381). Abschrift A 22 soll sogar aus dem 7. Jahrhundert stammen!

Die detaillierte Baubeschreibung von St. Denis (von »798–99«) macht einer Dombauhütte alle Ehre und müsste einmal exemplarisch untersucht werden. Der Grund für deren Falschdatierung ist leicht zu durchschauen. So wie der mächtige Abt Suger von St. Denis (gestorben 1151) dem Dagobert einen Thron zuschrieb, auf dem jener selbst nach offizieller heutiger Ansicht wohl nie gesessen hat, so hat man auch zahlreiche Grabsteine gefälscht oder den eindeutig heidnischen Reiter von Hornhausen als christlich bezeichnet, in Helme und Schwerter nachträglich Kreuze geritzt oder »Amulettkästchen« in Gräber eingefügt, um ein anders nicht belegbares Christentum in fränkischer Zeit vorzutäuschen.

Ein weiteres Tatmotiv kommt hinzu: Man fälschte aus Geldgier im 19. Jahrhundert in großen Mengen für Museen, wobei man deren Geschmack für Germanentum nachkam; dieselben Fälschungen werden heute für ein angebliches Christentum missbraucht, was jedoch völlig hoffnungslos ist, angesichts des Fehlens jeglicher christlicher Ornamente. Offensichtlich hat man dergleichen Fälschungen nötig, denn von einer katholischen Kirche in Mitteleuropa vor dem 11. Jahrhundert kann kaum die Rede sein. Jedenfalls nicht in der Weise, in der sie uns heute glaubhaft gemacht werden soll. Sowohl in Paris als auch in Mannheim könnte ich mir die Notwendigkeit zu derartiger Propaganda vorstellen, in Berlin kommt sie mir völlig deplatziert vor.

III Archäologen müssten dieses Durcheinander klären können!

Wenn die Fundumstände nicht mehr zuverlässiger Maßstab sind, wenn Schichtenfolgen nicht mehr Zeitabfolgen begründen, und wenn Kunstfälscher jeden Museumsdirektor um den Finger wickeln – bleibt uns dann irgendein Halt in diesem Durcheinander? Natürlich – die heutigen Archäologen! Sie müssten anhand ihrer Ausgrabungsberichte ein treues Bild der Vorgeschichte zeichnen können.

Tun sie das auch?

Als junger lernbegieriger Mensch fuhr ich einmal zu einer großen Ausgrabungsstätte in Deutschland und ließ mich von dem Chefausgräber, einem berühmten Professor, herumführen. Die Wissenschaftler bildeten mit den vielen Studenten und Arbeitern eine große Gemeinschaft, die sich auf Jahre hinaus diesem Platz verschrieben hatte. Da wurden dreistellige vorchristliche Jahreszahlen aufgesagt, als wäre man damals dabei gewesen. Fast wusste man das Jahr, in dem die Siedlung erbaut und wieder verlassen worden war. Man war tief eingetaucht in die Vorgeschichte und wühlte genüsslich darin herum.

Der Chef war allerdings leicht irritiert und gelangweilt. Nach mehreren Jahren am selben Ort zog es ihn zu neuen Aufgaben. Dieser Platz hatte sein Möglichstes gegeben – er war zum Monopol dieses Mannes geworden, nur *er* kannte sich wirklich auf dem ganzen Gelände aus und hatte das Recht, darüber zu schreiben. Zum Glück hatte sich die Fundlage auf eine einzige knappe Kulturstufe beschränkt.

Während wir einer Gruppe von Ausgräbern zuschauten, kam einer der Studenten auf den Professor zu und reichte ihm mit bedeutsamer Miene einen kleinen Stein. Dieser stammte ganz gewiss nicht aus der gleichen Kulturstufe, sondern gehörte einem anderen Zeitraum an, das sah man aus dem Augenwinkel. Der Professor natürlich auch. In seiner Verlegenheit steckte er den Mikrolithen in den Mund. Dann drehte er sich zur Seite und ließ die kleine Silexklinge in der Westentasche verschwinden. Den Studenten schickte er ärgerlich fort.

Später fragte ich eine Assistentin, die dabei gewesen war, nach dem seltsamen Verhalten des Professors. »Weißt du nicht, was das für ihn bedeuten würde, wenn man jetzt eine zweite Kulturstufe hier finden würde?«

– Nein, ich war neugierig.

»Dann müsste er noch einmal fünf Jahre hier graben, wo es ihn jetzt schon verdrießt. Bis zu seiner Pensionierung käme er nicht mehr fort von diesem Platz.«

Ach so, ja natürlich. Auch Archäologen sind Menschen.

Einen hübschen Eindruck von den Irrungen und Täuschungen der Vorzeitforscher bekommt man durch Adolf Rieths erfrischendes Buch »Vorzeit gefälscht« (1967). Da werden falsche Urmenschenfunde vorgestellt, falsche Kunstwerke der Eiszeit, die gefälschte Jungsteinzeit, falsche Bronzen und natürlich darf Glozel nicht fehlen. Besonders krass ist der Fall der Adlerfibel von Königsberg beschrieben, weil hier die politischen Motive vorangestellt sind. Aber es gibt auch falsche Runeninschriften oder gefälschte Fresken in mittelalterlichen Kirchen (die Truthähne im Schleswiger Dom), und sogar die »Uralinda-Chronik« bzw. der »*naive*« Herman Wirth werden nicht geschont. Zum Schluss verrät der Autor humorvoll, wie er selbst auf eine vermeintliche Hundepfote hereinfiel, die sich als Damenfuß entpuppte, wodurch er angeregt wurde, dieses lehrreiche Buch zu schreiben.

Bei meiner Auswahl dieser – oft kriminellen – Fälle will ich nicht die Irrtümer jener Kaste von Geisteslenkern betonen, auch nicht die Wandlungen in den Schulbüchern hervorheben, sondern deutlich machen, wie stark die wissenschaftlichen Erkenntnisse von den menschlichen und politischen Absichten unserer Zeit abhängig sind. Dabei greife ich möglichst solche Fälle auf, die auch heute noch Probleme verursachen.

Mit dem Wort ›Täuschungen‹ sind beide Aspekte gemeint: Die Wissenschaftler wurden getäuscht und haben getäuscht. Das Ausmaß der Täuschungen ergibt am Ende, dass wir alle getäuscht wurden.

Der Fall Glozel

Die Entwicklung des Falles Glozel ist in knappen Strichen schnell skizziert, da die Einzelheiten weltweit bekannt sind und immer noch diskutiert werden. Es soll sogar heute noch Fachleute geben, die Glozel für echt halten. Ein echter Schluss-Strich wurde nie gezogen, darum muss man die einzelnen Schritte nacharbeiten. Eine Durchsicht der Schriften, die über den »Fall Glozel« verfasst wurden, ist aber fast eine Lebensaufgabe, zumindest eine Habilitation wert. Rieth hat fleißige Arbeit geleistet, uns einen Eindruck von der Bedeutung dieses Vorkommnisses zu geben.

Am 1. März 1924 entdeckte der Bauer Emil Fradin auf seinem Acker in Glozel in Südfrankreich beim Pflügen einen alten Glasbrennerofen und meinte, diese Entdeckung den Behörden nicht vorenthalten zu dürfen. Eine Lehrerin und später ein Mitglied einer kulturellen Gesellschaft der Gegend bestätigten den Fund und gaben dem Bauern Anregungen zur weiteren Aufmerksamkeit beim Pflügen.

Der Bauer war zunächst enttäuscht, hatte er doch geglaubt, etwas ungemein Wichtiges entdeckt zu haben. Um sich Ansehen zu erwerben, fälschte er wild drauflos: Rentiere und Schriftzeichen in rohem Ton und in Kieselsteinen, die jedoch allzu leicht als Arbeiten mit Metallwerkzeugen und nach Vorbildern entlarvt werden konnten. Da aber ein Bedarf an diesen Erfindungen bestand, und ein Kundiger aus der Nachbarschaft, der Arzt Dr. Morlet, ihn darin bestärkte, wurde der Bauer Fradin immer klüger und konnte jeweils passend die geforderten Nachweise für die Echtheit seiner Funde bringen. Er versteckte vorgefertigte Teile im Erdreich und ließ sie dann durch Journalisten oder sogar Archäologen finden. Gewisse Kreise der Intellektuellen Frankreichs (und der Nachbarländer) waren begeistert.

Graf Bégouen (den ich als junger Mann in seinem Schloss noch persönlich kennen lernen konnte) hatte sich ebenfalls positiv geäußert über diesen lange erwarteten Beweis für die Entwicklung der Schrift in Westeuropa, die sich ja in einigen Felsbildern schon andeutete. Als Entdecker zahlreicher steinzeitlicher Malereien in Westfrankreich war er zu einer Autorität geworden, die man gerne in Anspruch nahm.

Ganz besonders aber nahm sich Professor Salomon Reinach der Entdeckung an und entwickelte eine neue Kulturschicht nach dem Vorbild der schon bekannten Stufen der Steinzeit in Frankreich.

Andere Persönlichkeiten wie Henri Breuil äußerten die Meinung, dass einige Funde von Glozel echt, andere gefälscht seien. Wie sie sich das erklärten, bleibt mir unerfindlich. Die Kritiker nahmen im Laufe der Jahre zu.

Man merkte nämlich bald, dass hier eine Mischung aus orientalischen Schriftzeichen und erfundenen Runen in sehr ungelenker Form vorgelegt wurde, die höchstens zum Lachen reizte. Da aber die Presse und zahlreiche oberste Verwaltungshüter der europäischen Kultur, vom Chefkonservator des Louvre bis hin zu den Felsbilderfachleuten die Entdeckung begrüßten, setzte sich Glozel als steinzeitliche Kulturschicht in der Wissenschaft fest.

Die Gegenbeweise waren jedoch knallhart: Die Tontäfelchen waren nicht einmal richtig gebrannt, sondern ließen sich zwischen den Fingern zerdrücken. Sie konnten nicht Jahrtausende überstanden haben. Die Knochenwerkzeuge waren mit Eisengeräten hergestellt worden.

1927 untersuchte eine internationale Kommission den Fundort Glozel und kam zu negativem Ergebnis. Von nun wurde der Streit zu einem ideologischen Kampf mit persönlichen Feindseligkeiten, weit jenseits aller Wissenschaftlichkeit. Im nächsten Jahr kam die Sache vor Gericht: Die prähistorische Gesellschaft beschuldigte den Bauern Fradin des Betruges, und der hinzugezogene Gerichtschemiker legte die Beweise vor: Die Tontafeln waren ungebrannt und kaum mehr als fünf Jahre alt. Die Ritzungen wiesen keine Patina auf. Ein Täfelchen, durch das eine Wurzel hindurchgewachsen war und damit als besonderer Altersbeweis dienen sollte, wurde zum Gegenbeweis: Man erkannte, dass das Loch gebohrt und die Wurzel hindurchgezogen worden war.

Damit war die Fälschung erwiesen, aber Fradin wurde freigesprochen, da das Gericht in seinem Verhalten keine betrügerische Absicht sah. Merkwürdig.

Rieth (S. 93) weiß noch eine ganz besonders aufschlussreiche Anekdote aus diesem makabren Spiel: Auf dem Höhepunkt des Streites um Glozel, im November 1927, erhielt das Leipziger Heimatmuseum eine grob gearbeitete Tondose, in die einige Zeichen eingeritzt waren, die denen von Glozel ähnelten. Auf der Tagung der Altertumsforscher wurde die Dose in die jüngere Bronzezeit datiert. Dr. Morlet, der eifrige Verfechter von Glozel, veröffentlichte das Stück als Beweis für die weite Verbreitung der Glozel-Kultur. Bis sich ein Studienrat aus Dresden meldete, der beweisen konnte, dass er die Dose als Schüler aus Jux hergestellt hatte.

Konnten die mitteldeutschen Altertumsfachleute das nicht selbst sehen?

Offensichtlich nicht.

Ob der Glasbrennerofen, den Emil Fradin 1924 auf seinem Acker auspflügte, hundert oder tausend Jahre alt ist, spielt bei der Betrachtung dieses Problems keine Rolle. Er war sicher echt. Ohne einen solchen Zufallsfund wäre dieser Bauer nie auf die Idee gekommen, die gesamte Zunft der Wissenschaftler Europas an der Nase herumzuführen. Es kamen nicht nur die Koryphäen der Archäologie auf seinen Acker, um das Wunder dieser Entdeckung zu würdigen, sondern auch Politiker und sogar der König von Rumänien (am 19. August 1926); seine Majestät waren »enchanté« (bezaubert). Übrigens hat man später besonders auf rumänischem Boden die ältesten Schrifttafeln der Menschheit entdeckt, wie Marija Gimbutas schreibt.

Aber in Glozel ging es um viel mehr als um ein mögliches Neolithikum mit Schriftkenntnis in Südfrankreich. Es ging um die These, ob die Kultur aus dem Orient oder dem Okzident stamme. Wenngleich beide nach Goethes Ausspruch nicht mehr zu trennen sind, so ist doch fatal für unsere Wissenschaft, dass durch eine vorher festgelegte Chronologie eine ganze Geschichtsschreibung eingeführt wurde, die das Primat der orientalischen Entwicklung durchzusetzen versucht. Selbst wenn Felsmalereien von höchst künstlerischem Niveau (noch dazu mit vermuteten Sinnzeichen) in Frankreich gefunden werden, muss Jericho eben um einige Jahrtausende älter gemacht werden, um die Priorität Palästinas aufrechtzuerhalten. Das hört sich nach einem Witzblatt an, ist aber fast heute noch akzeptierte Lehrmeinung.

So schreibt auch Rieth in seinem Kapitel »Tagebuch der Fälschung von Glozel« (S. 86):

»Ist es nicht seltsam, dass ausgerechnet ein so bedeutender Gelehrter jüdischer Abkunft (Salomon Reinach) in die Nachfolge Gobineaus und Chamberlains trat, die eine arische Eliterasse verherrlichten und damit dem späteren Reich Adolf Hitlers die Grundlagen zu seinem Rassendogma lieferten?« (Das Buch erschien 1967 bei Ernst Wasmuth in Tübingen.) Nun, Hitler hatte nicht auf den Bauern von Glozel gewartet und auch diesen Streit nicht gebraucht. Aber die Haltung Reinachs ist typisch für das Dilemma: Man weiß aus Tausenden von Indizien, dass diese Kultur an der nordwestlichen Atlantikküste Europas entstand, und kann dennoch die falsche Chronologie nicht umstürzen, die seit Jahrhunderten in die Köpfe eingetrichtert wurde. Dann muss eine so banale Fälschung wie Glozel als Strohhalm dienen.

Wer aber diesen imaginären Strohhalm gegen die massive Fälschungsarbeit der orientalischen Clique benützt, macht sich lächerlich. Der Einsatz des großen Reinach war ein Schlag ins Wasser.

Graf Bégouen hatte seinen ersten Irrtum eingesehen und sich später kritisch zu Glozel geäußert. Auch anderen gelang der Absprung. Nicht dem Professor Salomon Reinach. Er vertrat bis ans Lebensende die Echtheit der Funde von Glozel. Das war angesichts der gerichtlichen Untersuchungen nicht mehr sinnvoll. Zwar zitiert man heute noch Reinach, wenn es brauchbar ist, ansonsten ist sein Eintreten für Glozel unter den Tisch geworfen worden. Und eigentlich auch die Hauptthese seines Lebens: Die Hochkultur der modernen Menschheit mit Schrift und Metallurgie entstand im Westen Europas, nicht in Palästina oder Mesopotamien oder Ägypten. Das müsste nach allen Entdeckungen dieses 20. Jahrhunderts selbstverständlich sein, ist es dennoch nicht.

Vielleicht gerade deswegen nicht, weil Reinach oder Wirth oder andere Wissenschaftler auf Fälschungen hereinfielen.

Ob ihnen diese Fälschungen als Köder vorgeworfen wurden? Oder zumindest als solche benützt wurden? Darüber kann man nur mutmaßen.

Gefälschte Vorzeit

Immer wieder wurden Fälschungen der Vorgeschichte des Menschen aufgedeckt, aber meist nur Einzelstücke, während das Gros – ganze Serien – weiterhin zum Grundstock unserer Erkenntnisse über die Frühzeit gehören. Die Betrugsmöglichkeiten sind ja auch ungemein zahlreich, wie Rieth in seinem lehrreichen Buch ausführt.

Vom Piltdown-Schädel war in der Einleitung schon die Rede. Der Skandal ist allgemein bekannt. 40 Jahre wurden die Wissenschaftler der ganzen Welt zum Narren gehalten. In so einer langen Zeit – mehr als eine Generation von Professoren und Museumsdirektoren – schleicht sich viel in die Theorien ein, was nachher nicht mehr herausgelöst werden kann. Wem die Schuld zuschieben? Fossiles Knochenmaterial ist tatsächlich nicht so leicht zu datieren. Dennoch kann man mit chemisch-physikalischen Methoden zumindest feststellen, ob ein Knochenfund aus unserer Lebenszeit stammt oder einige Jahrtausende alt sein muss. Zum Beispiel verschwindet der Leimgehalt aus den Knochenporen, was man mit gewissen Lichtmessungen erkennen kann. Der Piltdown-Schädel wurde im Tresor verwahrt und ausgewählten Wissenschaftlern nur gezeigt, sie durften ihn nicht einmal anfassen, schreibt Rieth (S. 38).

Bei Feuersteinwerkzeugen ist die Altersbestimmung noch weitaus schwieriger. Hier kann man z. B. auf die Patina achten. In Ägypten sind die vordynastischen Feuersteinwerkzeuge häufig mit der typischen Wüstenglasur überzogen. Wenn sie fehlt, ist das noch kein Gegenbeweis. Aber wenn sie bei Stücken vorkommt, die auf einer Insel vor Marseille »gefunden« wurden (1905) und den lebhaften Handel zwischen dem frühen Ägypten und Gallien belegen sollen, dann ist das zu viel des Guten. Dann hat ganz sicher ein gerissener Ägyptologe echte Stücke aus dem Niltal nach Frankreich gebracht und den Fundort gefälscht, denn auf der Insel konnten sie ihren »Wüstenlack« nicht bekommen haben (Rieth, S. 73).

Das Modell ist ganz einfach: Man kann z. B. ein echtes wunderschön gestaltetes Steinbeil der Schnurkeramiker aus Thüringen dort nicht mehr teuer verkaufen, denn in Thüringen liegen sie zuhauf herum und füllen die Depots der Museen. Aber im Elsass, das 1941 wieder deutsch geworden war, sind solche Steinbeile eine Besonderheit und darum wertvoll. Der Kunsthändler brauchte für das echte Beil nur einen falschen Fundort anzugeben – nahe bei Straßburg – und schon war ihm hoher Lohn sicher. Und dem wissenschaftlichen Bearbeiter winkte ebenfalls eine Ehre: Er konnte nun nachweisen, dass diese Schnurkeramiker auch im Elsass ihr Unwesen getrieben hatten. Das war eine Doktorarbeit wert und außerdem zu jenem Zeitpunkt politisch korrekt. Rieth, der damals am Straßburger Museum arbeitete, roch den Braten und kombinierte den Rest. So blieb den Archäologen diese Schmach erspart.

Bei wie vielen Gegenständen in den europäischen Museen, die zwar echt sind, aber nicht offiziell ausgegraben, mag der Fundort stimmen? Die daran angeknüpften Theorien über Ausbreitung und Entwicklung einer »Kultur« können allesamt lächerlich werden, wenn man die Herkunftsnachweise kritisch betrachtet.

Wenn ich im Museum für Frühgeschichte im Berliner Schloss Charlottenburg an einem Gegenstand die Bemerkung lese: »Herkunft unbekannt«, und das ist gar nicht so selten, dann denke ich mir den Rest. Bevor ich Überlegungen über die Besonderheit dieses Stücke anstelle, erkundige ich mich nach der Anschaffung des Stückes.

Bei einigen derartigen »Späßen« ging es nicht so glimpflich ab wie bei dem von Rieth rechtzeitig erkannten Steinbeilfund im Elsass. Da gibt es zum Beispiel die Feuerbestattungen der Bandkeramiker in Südhessen. Hier war kein geldhungriger Kunsthändler und kein naiver Bauer am Werk, sondern ein Fachmann mit Ehrgeiz. Er wusste, dass die Körperbestattungen der Bandkeramiker zum festen Bestandteil jungsteinzeitlicher Vorgeschichtsrekonstruktion gehören und wollte eine neue Kultur kreieren, was ihm meisterhaft gelang. 1907 veröffentlichte der Archäologe Dr. Gustav Wolf aus Frankfurt die ersten Funde dieser hochinteressanten Besonderheit: bandkeramische Gräber mit Asche und Schmuck aus Steinen oder Tonperlen. In wenigen Jahren förderte der Vorarbeiter Bausch über hundert solcher Gräber zutage, bis zum Ende seiner Tätigkeit 1920.

Die daraus resultierenden Erkenntnisse nahmen ihren Weg in der Fachliteratur und veränderten das bisherige Bild (das ohnehin durch massenhafte Fälschungen belastet ist). Da man nach 1930 bei Dutzenden von Grabungen in Hessen keine Brandgräber dieser Kulturgruppe mehr fand, wurde man vorsichtiger. Zunächst stellte man fest, dass die Steinperlen mit einem Stahlbohrer durchbohrt waren, es fehlte den Bohrungen nämlich die typisch konische Form. Aber erst 1954 veröffentlichte Gudrun Löwe ernste Zweifel an der Echtheit der Gräber. Zum Skandal kam es nie. Man vermied einfach, die Brandgräber weiterhin anzuführen. Gar mancher Wissenschaftler hat kaum gemerkt, dass hier ein groß angelegter Betrug vorlag, den der ehrgeizige Ausgräber Bausch begangen und sein nicht weniger ehrgeiziger Chef verbreitet hatte. Dieses Verhalten ist gar nicht so selten in der Branche, wie man meinen sollte. Wenn es sich nicht gerade um ein

spektakulär teueres Einzelstück handelt, das auf die Front-
seiten der Tageszeitungen gelangt, vertuscht man gerne den
»Irrtum«. Und verschleppt damit die Tilgung der inzwischen
getroffenen Schlussfolgerungen.

Rieth berichtet auch (S. 63) humorvoll von der »Venus von
Alderstedt«, die auf einem Lastwagen mit Zuckerrüben aufgetaucht und deutlich nach der berühmten Statuette von Willendorf hergestellt war. Die Venus von Willendorf gilt ihm
aber noch als echt, ja als Maßstab für die Entscheidung zwischen »echt oder gefälscht«. Dennoch: Die seltsame Pudel-
mütze der Willendorfer Venus, eine stilisierte Frisur, kann
nur mit Eisenwerkzeugen in den Stein geschnitten sein.
Wahrscheinlich ist auch diese beliebte Schulbuchfigur ein
Erzeugnis der Neuzeit.

Was Rieth aus eigener Erfahrung und Lebenszeit berichtet,
sollte wirklich zur Kenntnis genommen werden. Und das ist
nur die Oberkante des Floßes, das ja größtenteils unter Wasser schwimmt. Es gibt genügend Gründe, um Fälschungen
und Falschberichte weiter mitzuschleppen gegen besseres
Wissen: um die Ehre lebender Personen nicht zu verletzen,
um eigene Dummheiten zu beschönigen, um Klagen gegen
Missbrauch und Veruntreuung staatlicher Gelder zu vermeiden, um ideologisch wichtige Thesen aufrechtzuerhalten, um
Konkurrenz auszuschalten usw. usf.

Am krassesten hat sich dieses Karussell aus Eitelkeit und Ge-
winnsucht, Starrsinn und Weltanschauung wohl im Paris der
Jahrhundertwende gedreht, als die so genannte »Tiara des
Saitaphernes« aus einem Skythengrab der Ukraine zum Gegenstand von Fanatismus und Hohngelächter wurde. 1896
kaufte das Museum des Louvre für 200 000 Franken diesen
goldenen Kopfschmuck über zwei österreichische Zwi-
schenhändler von einem russischen Händler und präsentierte
ihn am 1. April dem staunenden Volk (Rieth, S. 102 ff). Das
war durchaus nicht als Aprilscherz gedacht. Salomon Rein-

ach, der schon mehrere Stücke skythischen Goldschmucks aus der Ukraine als Fälschungen aufgedeckt hatte, ließ sich von dem Prachtstück blenden und stand für dessen Echtheit gerade. Fast ein halbes Kilo Gold, aus einem Stück getrieben, mit den herrlichsten Reliefs verziert, deren Themen ausschließlich aus der Ilias stammten – da konnten die Fachleute nicht widerstehen. Nur der deutsche Archäologe Adolf Furtwängler (1853–1907) erkannte sogleich den Schwindel. Und nach einigen Wochen meldeten sich auch russische Kenner wie Professor von Stern aus Odessa zu Wort und machten auf die Fälscherbande aufmerksam. Der Streit schlug hohe Wogen, aber alle sachlichen Urteile konnten die französischen Verantwortlichen nicht dazu bewegen, ihren Irrtum zuzugeben. Da das Geschäft gut gelaufen war, wurde nun in der Ukraine gefälscht, was das Zeug hergab. Sieben Jahre später, 1903, kam dann der Umschwung: Der Hersteller dieses prachtvollen Kopfschmucks, ein gewisser Ruchomowsky, meldete sich persönlich in Paris und zeigte seine noch viel bessere Fälschung eines Silbersarkophags. Mit genauer Detailkenntnis bewies er, dass er die Tiara in acht Monaten geschmiedet hatte und erklärte den verblüfften Fachleuten, dass sie keineswegs aus einem Stück getrieben war, sondern an zahlreichen Stellen gelötet, wobei er sogar antike Goldmünzen als Material verwendet hatte. Die Lötstellen hätte auch jeder französische Goldschmied erkennen können, leider werden Handwerker bei derartigen Ankäufen nicht zu Rate gezogen. Hätte nicht die Presse einen Riesenskandal daraus gemacht – wer weiß, vielleicht würden wir heute noch die Goldtiara unter den echten Funden der Antike führen.

»Ein lehrreiches Beispiel«, sagt Bernheim (S. 333), »ist die berüchtigte Fälschung *Moabitischer Altertümer*, durch welche namhafte deutsche Gelehrte in die Irre geführt wurden. Nachdem im Jahre 1868 die unschätzbare Inschrift des Königs Mesa von Moab aus dem 9. Jahrhundert vor Christus im Gebiete von Moab aufgefunden worden war, tauchten bei dem Antiquitätenhändler Schapira in Jerusalem zuerst etliche althebräische Inschriften ähnlich denen des Mesasteines auf, dann im Frühling 1872 einzelne Stücke von Thonwaren, im Sommer und weiteren Laufe des Jahres Vasen, Urnen, alle möglichen Geräte von Thon mit und ohne Inschriften und Zeichnungen, allmählich bis zu 2000 Stück.« Zweitausend Stück!

Natürlich wurde Schapira bald verdächtigt, konnte sich aber auf gewohnte Weise aus der Schlinge ziehen. Vier Jahre später erschien dann die Schrift von Kautzsch und Socin, die mit systematischer Analyse dem Spuk ein Ende bereitete. Tatsächlich ein Lehrbeispiel erster Güte. Denn wer vor allem aus dieser methodischen Untersuchung gelernt hat, das sind die Fälscher.

Auf die berühmte Dame von Elche kann ich hier nur kurz hinweisen. Sie ist so etwas wie ein spanisches Nationalidol und soll aus iberischer Zeit stammen, also rund 2500 Jahre alt sein. Inzwischen häufen sich die Indizien, dass sie eine moderne Fälschung ist. Wegen des enorm großen Prestiges dieser Kalksteinfigur und entsprechenden Gesichtsverlustes der spanischen Altertumsforschung wird die Dame – obgleich keine Notre-Dame – sogar von der katholischen Kirche als echt propagiert.

Besonders eifrig sind die Fälscher bei beweglichen Kunstwerken vorgegangen, das ist selbstverständlich. Es wurden indes auch massenhaft Felsbilder gefälscht, wenn dies nur Ruhm und Ehre einbrachte. Ich kann von einem kleinen Vorfall berichten.

Moderne Felsmalereien

Auf dem weltweit besuchten Altamira-Symposium der Universität (Complutense) von Madrid veröffentlichte das belgische Ehepaar Lya und Marcel Dams einen Beitrag, der 1981 in den Berichten des Symposiums (Herausgeber: Kulturministerium Spaniens) auch gedruckt erschien:»La roche peinte d'Algodonales.« Sie hatten nämlich während ihrer archäologischen Arbeit an den Malereien der berühmten Höhle La Pileta (Málaga) Ausflüge in die Umgebung gemacht und den in der nahen Provinz Cádiz gelegenen Ort Algodonales aufgesucht, wo sie eine große Zahl farbiger Felsmalereien entdeckten, die in jeder Hinsicht aufsehenerregend waren: Es gab dort Frauendarstellungen vom afrikanischen Typ, Tiere und Schriftzüge, und das in mehreren verschiedenen Farben, die sonst in Andalusien nie gesehen wurden, in Gelb, Grün und Blau neben dem bekannten Rot, Weiß und Schwarz, die in andalusischen Malereien der Vorzeit üblich sind. Die Autoren stuften die Bilder auf 3500 bis 3200 v. Ztr. ein und betonten den nordafrikanischen Einfluss.

Nun muss ich erst einmal erklären, warum mich das so interessierte. Seit 1970 habe ich mit meiner Frau eine auf Vollständigkeit bedachte Aufnahme der Felsbilder der Provinz Cádiz angelegt, die 1988 endlich durch die Provinzregierung gedruckt wurde. Ein Vorbericht war schon 1975 im Jahrbuch des Deutschen Archäologischen Instituts in Madrid erschienen. Wir hatten uns ein sehr spezielles Wissen über die Technik, das Alter und die Ästhetik der gaditanischen Felsbilder angeeignet und mehr als die Hälfte der in unserem Katalog enthaltenen Felsbild-Stationen selbst entdeckt, was oft mit enormen Anstrengungen – Klettertouren in wilder Gebirgsgegend – verbunden war. Wir waren darum nicht wenig erstaunt, als uns 1982 ein Freund von den neuen Entdeckungen in Algodonales berichtete. Als Fachmann – Restaurator am Museum – kannte er allerdings die beiden Entdecker und dämpfte gleich unsere Freude:»Sie sind für unredliche Vorgehensweise bekannt.«

Und der Vater des Freundes, ein »alter Hase«, urteilte schon von der Veröffentlichung her, dass es sich um einen Jux handeln müsse. Das hätte ich vielleicht auch selbst merken können, war aber befangen, da das Ehepaar Dams seit Jahren mit höchststaatlichem Auftrag in der Felsbilderforschung tätig war.

Außerdem war mir bekannt, dass der von uns so genau untersuchte Typ der andalusischen Malereien auf der anderen Seite des Mittelmeers, in Marokko und Algerien, ebenfalls vorkommt, teilweise schon seit 1940 entdeckt. Afrikanischer Einfluss lag also nahe. Und schließlich war es für mich von besonderer Wichtigkeit, weitere Beispiele von Frauendarstellungen zu sehen, da ich 1972 in der Provinz Cádiz wunderschöne – fast kretisch anmutende – Frauenbilder gefunden hatte, die wegen ihres schlechten Erhaltungszustandes von der Wissenschaft nur schwer angenommen wurden. Gründe gab es also genug.

So fuhren wir unverzüglich nach Algodonales und erstiegen in der Sonnenglut eines frühen Nachmittags den schrägen Abhang über dem Ort, um die Felsbilder an der steilen Wand zu besichtigen. Auf unsere Fragen im Ort nach der genauen Lage der Felsbilder hatte uns jemand gesagt: »Ach, das ist Unsinn, das waren Jungs aus dieser Gegend.«

Darauf gab ich nie etwas, selbst anschauen war stets mein oberstes Gebot. Die Enttäuschung war entsprechend groß. Grellbunte Graffiti von Jugendlichen in Kalkbinder und Lackfarben, tatsächlich in Gelb, Rot, Blau, Grün und Schwarz, nur zum Teil flüchtig an vorgeschichtliche Felsbilder erinnernd.

Da lagen sie tatsächlich vor uns, die afrikanischen Frauen, sexy und bunt, mit hübschen Sprüchen in Hippie-Manier. Der »nordafrikanische Einfluss« wurde mir auch sofort klar: Dort im Rif wächst ja die Pflanze, die man auch auf dieser Seite der Meerenge gerne raucht. Verdutzt verglich ich die Bilder an der Felswand mit den Abbildungen in der Veröffentlichung des Ehepaars Dams im Altamira-Symposium. Kein Zweifel – es handelte sich um genau diese Malereien!

Nachdem ich einige Fotos gemacht hatte, stiegen wir wieder hinab und wollten den Scherz vergessen. Das war gar nicht so einfach. Ich wurde nämlich – da ich als Fachmann für diese Kunstgattung in Andalusien galt – im Laufe der Jahre mehrfach von Kollegen nach den neuen Bildern von Algodonales gefragt. Meine lakonischen Antworten – Hippie-Graffiti – reichten allerdings nicht aus. Darum stieg ich sieben Jahre später noch einmal hinauf und verfasste dann einen kurzen Bericht in Spanisch und Deutsch, den ich an die zuständigen Veröffentlichungsorgane in Madrid, Deutschland und Österreich schickte.

Meine Argumentation lautete folgendermaßen:

Da die Autoren M. und L. Dams in ihrer Veröffentlichung bekräftigten, dass sie nach mehrfachen (!) Besuchen der Felsbilder von Algodonales den Eindruck gewonnen hatten, dass diese von großem Interesse für die Entwicklung der schematischen Felsmalerei der (Iberischen) Halbinsel seien, und dieser Entdeckung bisher – nach acht Jahren – von anderer Seite noch nicht widersprochen wurde, sehe ich es angezeigt, meine Zweifel vorzubringen.

Die angeblich prähistorischen Felsbilder von Algodonales weichen in mindestens sieben Punkten deutlich von den echten Malereien der Provinz Cádiz ab und lassen sich eindeutig als moderne Schmierereien bezeichnen:

1. Die Felsbilder liegen weit außerhalb des von Breuil und Burkitt sowie von uns als Verbreitungsgebiet in der Provinz Cádiz festgestellten Bereiches;

2. sie befinden sich nicht unter Felsüberhängen, sondern an senkrechten Felswänden, und haben in den wenigen Jahren seit 1982 schon erheblich durch die Witterung gelitten;

3. zahlreiche Figuren sind drei- bis viermal so groß wie die echten gaditanischen Felsbilder;

4. ein Teil der Bilder ist in Strich- oder Umrisstechnik gemalt, ungewohnt für den gaditanischen Stil;

5. die Farbtöne reichen von Signalrot über Ultramarinblau, Hellgrün und Echtgelb bis Weiß und Schwarz, während Bilder im klassischen Rotocker fehlen;

6. die verwendeten Farbpigmente sind leicht als synthetische Lacke und Kalkleimfarben erkennbar, wie sie im Ort erhältlich sind;

7. die dargestellten Themen sind teilweise eindeutig neuzeitlich: Madonna mit Kind (Dams, S. 479, Fig. 2, III und V), Mädchen in Minirock (Dams, S. 488, Fig. 9, III), ein Herz und dazu die Worte in lateinischen Großbuchstaben LOVE und EL MORTE, auch AVE MARIA (Dams, S. 487, Gruppe 6), alles in gleicher Technik und Farbe wie die angeblich echten Bilder. Zwar haben die Autoren »zwei vulgäre Frauenakte mit betonten Sexmerkmalen und ein Frauenprofil, alles in Gelb gemalt und mit lebhaftem Rot umrandet« (S. 477) selbst als »offensichtlich modern« von den übrigen »prähistorischen« Bildern getrennt, doch unterscheiden sich diese in nichts von den übrigen tanzenden Frauen, Liebespaaren oder Madonnenbildern.

Einige weitere Beobachtungen vervollständigen den Eindruck, dass die Arbeit der genannten Autoren nicht wissenschaftlich ist:

1. Die Größenangaben der Bilder weichen teilweise von den wirklichen Maßen ab, teilweise ist auch der Maßstab der Abbildungen falsch. Die Entfernungsangaben zwischen den einzelnen Gruppen sind erheblich geringer.

2. Die Behauptung, Kalksinter habe einige Bilder oder Teile überlagert, ist einfach falsch. Die Bilder waren darüber gemalt, aber auf der glatten Kalkschicht haftet die Farbe am schlechtesten.

3. Einige Bilder, z. B. von Gruppe 2 der Veröffentlichung, sind in dermaßen frischer Farbe ausgeführt, dass man sie beim Berühren am Finger hat.

4. Nur in wenigen Fällen handelt es sich bei den Bildern um

bewusste Nachahmung bekannter Felsbilder, etwa der Hirsche von Los Letreros (Almería). Eine Fälschungsabsicht kann den Jugendlichen nicht unterstellt werden. Die Wiedergabe volkstümlicher und zeitgemäßer Sinnbilder ist offensichtlich.

Da die von den Autoren Dams vorgetragenen weitreichenden Hypothesen Anlass zu Verwirrung geben könnten, bitte ich um Aufklärung dieses Irrtums.

Dieser klare Bericht wurde nie veröffentlicht. Bei einem der Institute kam ich schlecht an, denn Lya und Marcel Dams waren genau wie ich Mitglied dieser ehrenhaften Institution. Und unter Kollegen macht man sich nicht gegenseitig schlecht.

Aus Madrid erhielt ich gar keine Antwort.

Es gäbe noch eine Menge über gefälschte Felsbilder zu berichten. Die einzige paläolithische Felsgravur in Deutschland, ein Steinbock im Schulerloch im Altmühltal in Bayern, 1937 entdeckt, ist selbstverständlich gefälscht. Auch das ganze Gewicht von Herbert Kühn, der noch 1966 für die Echtheit eintrat, konnte daran nichts ändern. Das ist fachwissenschaftlich seit vielen Jahren bekannt (Rieth, S. 57 f), hat sich jedoch im Volk noch nicht herumgesprochen. Man lässt es einfach dabei bewenden, es kurbelt auch den Fremdenverkehr an.

Mit einem Hinweis auf die Höhle Chauvet in Südfrankreich möchte ich dieses leidige Thema schließen.

Ich habe diese jüngst entdeckten Malereien im Rhonetal nicht gesehen. Dort werden überhaupt nur Präsidenten, Koryphäen oder Journalisten vorgelassen. Es handelt sich um den »Jahrtausendfund«, um Malereien, die um einige Jahrtausende älter sind als die ältesten, die man bisher in Westeuropa kannte. Sie sollen 17 000 bis 30 000 Jahre alt sein. Ein künftiges Nationalheiligtum der französischen Kultur. Die Erwartungen der Fachwelt waren groß, wie sogar Professor Gerhard Bosinski öffentlich verlauten ließ.

Natürlich besorgte ich mir sogleich nach Erscheinen die erste große Monografie – alle Abbildungen in Farbe –, die über die Höhlenzeichnungen berichtete. Ich war entsetzt. Hat da niemand je mit wachem Sinn hingeschaut? Ich bin ja vieles gewöhnt in Sachen Felsbilder. Aber das geht mir über die Hutschnur. So stümperhaft ist selten gefälscht worden.

Es geht mir hier nicht darum, dass die Bilder von Lascaux und Altamira, die ich noch selbst stundenlang im Original betrachten und berühren durfte – ja, als ich jung war, durfte man das noch – keineswegs das hohe Alter haben, das man ihnen zuschreibt. Ich trat mehrfach dafür ein, dass diese fantastisch schönen Kunstschöpfungen in die frühe Metallzeit einzustufen wären. Es geht in diesem Fall (Höhle Chauvet) um das Problem der Fälschung.

Man kann ja nur einen Maßstab anlegen, der an den vielen bisher bekannten Vorbildern geeicht wurde. Ich kann also die Echtheit der altsteinzeitlichen Felsbilder nur an den bekannten als echt bezeugten Bildern ermessen. Hier beginnt das Problem. Stimmt mein Maßstab denn? Die ersten Höhlenbilder, die Ende des 19. Jahrhunderts für die moderne Altertumswissenschaft entdeckt wurden – Felsbilder kannte man seit zweihundert Jahren – sind die Malereien der Höhle von Altamira. Sie wurden jahrelang als Fälschungen bezeichnet. Heute sind sie echt. Andere Bilder sind noch immer nicht völlig vom Verdacht gereinigt, z. B. einige Bilder in Rouffignac oder die Karikaturen von Stieren in Niaux. Dennoch: Es bleibt ein enormer Grundschatz an echten Bildern, die einen Maßstab hergeben. Und nach diesem Maßstab beurteile ich die Bilder der neuen Höhle von Chauvet und stelle fest: Sie müssen gefälscht sein. Auch ohne sie in natura gesehen zu haben, ist dieses Urteil schon von den Fotografien her eindeutig zu fällen. Da die Argumentation rein ästhetischer Art ist, kann ich mir hier die Diskussion ersparen. Stattfinden wird sie ganz gewiss.

Die Zeit als Gummiband

Ein ganz anderer Blickwinkel als der der Unterscheidung zwischen echt und falsch ist in den letzten zwei Jahrzehnten von der »Neuen Historischen Schule«, besonders unter Wortführung des genialen Gunnar Heinsohn, angewandt worden. Er hat die Evidenz-Theorie aufgestellt, die kurz so lauten würde: Schauen wir uns die archäologischen Funde an und betrachten sie unvoreingenommen, also ohne Rücksicht auf nicht-archäologische Vorgaben.
Wenn man das tut – und Heinsohn drückt das auch 1996 im Vorwort zur 2. Auflage seines Buches »Wie alt ist das Menschengeschlecht?« mit aller Schärfe aus –, dann bleibt nur Verwunderung über die Blindheit der Paläoanthropologen. Die schwimmen nämlich in den von ihnen selbst produzierten Jahrhunderttausenden wie winzige Fische in einem lichtlosen Meer herum. Aus einer Handvoll Knochen basteln sie eine über mehrere Millionen Jahre gestreckte Menschheitsentwicklung. Für die fast vier Millionen Jahre vom ersten Menschen bis zum Neandertaler liegen so wenige Knochenfunde vor, dass sie »nicht einmal einen Billardtisch bedecken könnten« (S. 10). Heinsohn berechnet überschlagsmäßig, dass für die seitdem angeblich vergangenen 250 000 Generationen nicht einmal ein Hunderttausendstel der gewesenen Evidenz vorliegt, ganz zu schweigen davon, dass so eine Generation ja nicht nur aus einem einzigen Individuum bestand. Und wo bleiben die Steinartefakte dieser ungeheuren Menschenmenge? Oder ihre Siedlungsplätze, Feuerstellen, Gräber?

Aber auch wenn einmal ein Fundplatz bestens ausgegraben wird, werden in den letzten Jahren die stratigrafischen Befunde fast nie veröffentlicht. Es würde nämlich sogar einem Laien dabei aufgehen, dass das mit den Jahrzehntausenden nicht stimmen kann. Da werden Abschläge einer Steinknolle am obersten und untersten Rand einer Schicht gefunden, die mit ihren 50 cm Stärke für 10 000 Jahre stehen soll. Die Schicht bezeugt also nur eine Bewohnung für Monate oder höchstens Jahre. Dieser »evidenzorientierte« Zeitraum wird nun für ein ganzes Jahrzehntausend als Beleg angesehen.

Das ist völlig unwissenschaftlich und nur durch geologische und darwinistische Vorgaben erzwungen, die mit ihren unbegründeten Streckungen des Zeitmaßes derartige Fehlaussagen verursachen. Heinsohn schlägt dagegen vor, was der gesunde Menschenverstand fordert:

»An der Menge, Mächtigkeit und Fundintensität der archäologischen Schichten in den besten Ausgrabungsstätten, die unterbrechungsfrei vom Homo erectus bis zum Neolithikum und gelegentlich bis ins Mittelalter reichen, sollte diese Orientierung an der wirklich vorhandenen Evidenz ihre Eichung finden.« (S. 7)

Wenn schon an dieser Stelle spätestens jedem Leser klar wird, dass weder Fundschichten noch Fundmenge auch nur für 0,1 Prozent des gewünschten Zeitraumes ausreichen, wird die Lage für die Paläologen noch schwieriger, wenn man den Erhaltungszustand der Funde betrachtet. Alle Fossilien – auch die versteinerten Menschenknochen – müssen nämlich in einem katastrophenartigen sehr kurzen Zeitraum versteinert worden sein, sonst hätten sie sich nicht erhalten können. Ganz entgegen der schulüblichen Meinung, dass so ein Knochen oder Hautstück mehrere Jahrmillionen günstiger Umstände erfordert, um bis heute erhalten zu bleiben, sind alle diese Zeugnisse der Urzeit blitzschnell konserviert worden. Als besonders auffälliges Beispiel führt Heinsohn die Saurierfunde an, die auf 80 Millionen Jahre datiert werden. Da hat man in der Wüste Gobi Saurierskelette freigelegt, und zwar direkt an der Oberfläche, die so gut erhalten waren, dass sie eher wie kürzlich angefallene Überreste einer Tierleiche aussahen. Wir wissen aber, was für Stürme in der Gobi herrschen. »Wenn sandpapierscharfe Stürme 80 Millionen Jahre lang Fossilien schleifen und diesen dennoch kaum etwas anhaben können, ist in der Tat ein Wunder geschehen, oder es sind schlichtweg keine 80 Millionen Jahre vergangen«, sagt Heinsohn (S. 15).

Es gibt sogar Sauriereier, die mitsamt ihrem ganz jungen Embryo (noch vor der Knochenbildung) bestens erhalten sind, ja man hat sogar DNA einiger Saurierknochen, die nicht versteinert waren, isolieren wollen: Und auch diese frischen Knochen sollen 80 Millionen Jahre alt sein.

An verschiedenen Stellen in Spanien und Marokko konnten wir über Saurierstapfen laufen, die direkt an der Erdoberfläche und wie in weichen Schlamm eingedrückt aussahen, zum Glück aber völlig ausgehärtet und dadurch kaum verwittert sind. Sie können nicht sehr alt sein. Zur selben Gesteinsformation gehörend fanden wir auf der Oberfläche ganz in der Nähe von Felsengleisen ebenfalls einige Saurierpfotenabdrücke, die vermutlich zum selben Zeitpunkt erhärtet sind wie die Gleise. In Nordamerika soll es sogar Fußspuren von Menschen neben Saurierstapfen geben (Zillmer, 1998), und damit ist das Problem, das sich den Paläologen jetzt aufgibt, umrissen: Entweder sie geben ihre 120 bis 65 Millionen Jahre für die Saurier auf oder dem Menschen 80 Millionen Jahre dazu. Christian Blöss erklärt in seinem neuesten Buch »Ceno-Crash« (2000) in klarer wissenschaftlicher Analyse, wie der Unfug mit den Jahrmillionen zustandekam und wie dieses chronologische Chaos neu geordnet werden könnte.

Heinsohn hat mit seiner Evidenztheorie einen gewaltigen Sprung nach vorn getan. Er beendet damit 150 Jahre Dunkelzeit, die der seriösen Naturforschung verloren gingen (1996, S. 121). Die Jüngere Altsteinzeit und das Neolithikum schrumpfen bei ihm von offiziell 27 000 auf eintausend »evidenzgebundene« Jahre, die kaum mehr als 3000 Jahre vor unserer Zeit liegen. Homo erectus, Neandertaler und Jetztmensch lebten schon in diesem Zeitabschnitt nebeneinander. Dies ist mehr als eine wissenschaftliche Kontroverse, mehr als die Aufklärung eines akademischen Irrtums. Dies ist die Schöpfung eines neuen Weltbildes, wie es seit Hörbigers Entwurf nicht mehr vorgelegt wurde.

IV Schriftliche Beweise für ein katholisches Christentum im 1. Jahrtausend

Unsere Kenntnis der Vergangenheit teilen wir ein in Geschichte und Vorgeschichte. Der Zeitraum, der durch zeitgenössische schriftliche Äußerungen bekannt ist, wird als Geschichte bezeichnet; wo Schriftdokumente fehlen, spricht man von vorgeschichtlicher Zeit. Das europäische Mittelalter zählt schulgemäß zur geschichtlichen Zeit, denn es ist durch Dokumente, Münzen und Inschriften reichlich belegt. Auch die Zeit vor dem Mittelalter, die klassische Antike, ist geschichtlicher Bereich, ebenso wie das alte Ägypten, Babylonien, Indien und China.

Vorgeschichtliche Kulturen wie z. B. die nordische Bronzezeit oder unsere eigene Großsteinzeit müssen wir mithilfe archäologischer Techniken, etwa Ausgrabungen, rekonstruieren. Kulturen, die mit Erdschichten zugedeckt sind, können zumindest relativ zeitlich eingeordnet werden, offen zutage liegende Reste wie Straßen, Ruinen oder Abdrücke sind schwer einzuordnen und gelten meist als jung.

Im Bereich Mittelalter tritt die Archäologie als Hilfswissenschaft neben die geschichtlichen Dokumente und ergänzt diese. Anfang und Ende des Mittelalters liegen natürlich nicht jahrgenau fest, die Geschichtswissenschaftler haben sich grob geeinigt: Mit der Besiegung der Hunnen auf den Katalaunischen Feldern 451 beginnt das Mittelalter, mit der Erfindung des Buchdrucks 1461 endet es. Wir haben also ein glattes Jahrtausend mittelalterlicher Geschichte, die keineswegs mühsam entdeckt und rekonstruiert werden musste, sondern durch Chroniken und Diplome (das sind gerichtlich gültige Dokumente) in ungeheuer großer Zahl bekannt ist. Soweit das gängige Schema.

Wer dieses Schema in Frage stellt und ihm den Boden entzieht, bereitet eine Revolution in der Geschichtswissenschaft vor und wirft alles um, was bisher als felsenfest gegolten hat, sogar die Zeitrechnung, die als Gerüst den Bau gestützt hat. Bei der Arbeit der neuen Geschichtskritiker geht es um genau diesen Punkt. Ich werde versuchen, in wenigen Worten die vorläufigen Ergebnisse darzustellen, die unser gesamtes Weltbild verändern. Diese Ergebnisse wurden von mehr als einem Dutzend deutscher Forscher in den letzten 15–20 Jahren erarbeitet. Erwähnt sei auch, dass es ähnliche Bemühungen in Russland und in den USA gibt, die ich aber in diese kurze Darstellung nur punktweise einbeziehen kann. Sie weichen teilweise erheblich von unseren Schlussfolgerungen ab. Als wichtigste deutschsprachige Zeitrekonstrukteure nenne ich Christoph Marx und Gunnar Heinsohn, Christian Blöss, Hans-Ulrich Niemitz, Heribert Illig und Eugen Gabowitsch. Die meisten haben mehrere Bücher darüber veröffentlicht, viele Vorträge gehalten und Artikel geschrieben. Die Akademiker sind aufmerksam geworden und beginnen teils, die Flut der neuen Argumente einzudämmen, teils sie einzubeziehen in ihre Überlegungen. Die Umstellung wird allerdings mindestens eine Generation dauern.

Der neueste Stand der Chronologiekritik

Wir haben festgestellt, dass die gesamte Geschichte des Mittelalters eine Erfindung ist. Praktisch alle Dokumente jenes Zeitraums sind später erst hergestellt worden, oft deklariert als so genannte Abschriften, oft aber auch als direkte Fälschungen von »Originalen«. Wenn man streng wissenschaftliche Maßstäbe anlegt, gibt es keine Originalhandschrift von irgendeinem Dokument oder literarischen Werk vor dem 12. Jahrhundert. Für die folgenden drei Jahrhunderte, also das 12. bis 14. Jahrhundert, das so genannte Hochmittelalter, haben wir nur bedingt vertrauenswürdige Texte in der Hand. Erst mit dem Beginn des Buchdrucks um 1460 haben wir Schriften, deren Datierung zweifelsfrei ist. Für die Zeit der »Völkerwanderung«, der angeblichen Christianisierung und der Merowinger und Karolinger liegen keine Dokumente vor – und das betrifft auch die archäologischen Funde, denn selbst die Inschriften in Marmor oder auf Metalltafeln sind großenteils als Fälschungen erkannt worden. In diesem Bereich treten wir also in die Vorgeschichte ein.

Das klingt überraschend für den, der etwa Felix Dahns »Kampf um Rom« oder Friedrich Bluncks »König Geiserich« gelesen hat. Da werden uns ja geschichtliche Ereignisse in dichterischer Verarbeitung auf bester wissenschaftlicher Grundlage serviert. Es sind dennoch alles Romane, nicht wirklichkeitsnäher als die ersten beiden Bände von Gustav Freytags »Ahnen« (1872 und 1874) oder Tolkiens »Herr der Ringe«. Das Besondere ist allerdings, dass bei der offiziellen Geschichtsschreibung weltanschauliche Motive vorherrschen und dass diese deswegen willig geglaubt wird in aller Welt. Der christliche Beitrag bei diesen Erfindungen ist übrigens enorm groß.

Die Mittel und Wege dieser Geschichtsfälschung sind allerdings recht breit gestreut, verschieden für jeden Zeitraum und geografischen Bereich. Ich kann hier nur einige Beispiele herausgreifen, wer sich dafür interessiert, möge die angegebene Literatur durchlesen.

Die Erkenntnis, dass die mittelalterliche und selbst die klassische Geschichte recht junge Erfindungen sind, ist nämlich keineswegs neu. Schon die Zeitgenossen der Fälscher, vor allem einige Humanisten des 15./16. Jahrhunderts, regten sich darüber auf und prangerten schlechte Fabrikate an. Auch in den folgenden Jahrhunderten, vor allem in der Aufklärung und dann wieder in der beginnenden Wissenschaftlichkeit des 19. Jahrhunderts wurden die Fälschungen von vielen Gelehrten erkannt und teilweise mit Skandalgeschrei aussortiert. Nur wenige Theologen gingen jedoch so weit wie Jean Hardouin, der französische Jesuit, der praktisch alle Werke der Klassik und der frühen Kirche als junge Erfindungen einstufte, wobei er sich auf Münzen, Inschriften und die wenigen übrig gebliebenen Originalwerke (wie z. B. die Dichtung des Vergil) stützte. Obgleich man ihn nicht widerlegen konnte, nahm man seine Schlussfolgerungen nicht generell an, sondern wartete bis zu seinem Tod, um im alten Trott fortzufahren. Da aber die großen Chronologieforscher wie Scaliger und Pettau und der berühmte Isaac Newton selbst völlig unzuverlässige Zeittafeln ausgedacht hatten, die seitdem mit wenigen Abstrichen bis heute in den Schulen und Universitäten gelehrt werden, gibt es nur eine Möglichkeit zur Klarstellung: *völlig von vorne beginnen.*

Wenn ich einmal in aller Knappheit die Ergebnisse der kritischen Forschung der Jesuiten und der deutschen Philologen zusammenfasse und mit meinen eigenen Entdeckungen – vor allem im spanischsprachigen Bereich – vereine, sind folgende fünf Punkte hervorzuheben:

1. Die Bibelhandschriften sind sehr spät hergestellt worden als Abschriften einer einzigen Vorlage, vermutlich erst vor etwa tausend oder elfhundert Jahren. Die Schriften der so genannten Kirchenväter sind nicht älter, sondern teilweise erst im 12. und 13. Jahrhundert angefangen, beendet erst in der Renaissance. Auch die Schriftrollen von Qumran und die masoretische Thora sind höchstens tausend Jahre alt.

2. Praktisch das gesamte Schriftgut der klassischen Antike ist erst ab dem 11. Jahrhundert verfasst worden, sowohl in Konstantinopel am Kaiserhof als auch in mitteleuropäischen Klöstern, vor allem in Nordfrankreich, Hessen und in Mittelitalien (z. B. Monte Cassino).

3. In der Renaissance wurde eine große Zahl von Chroniken gefälscht und dermaßen klug in die Geschichtsschreibung eingefügt, dass sie heute nicht mehr daraus zu lösen sind, ohne dass das gesamte Geschichtsbild abstürzt. Ich nenne hier nur die Werke des Tacitus (»Germania« und »Agricola«) oder die Chroniken der Roswitha von Gandersheim als krasseste Beispiele. Die »Germania« wurde um 1420 in Hersfeld oder Fulda im Auftrag von Poggio Bracciolini für den Vatikan geschrieben und durch Nikolaus Cusanus eigenhändig nach Rom verkauft. Die »Roswitha« ist ein um 1500 verfasster Geschichtsroman des auch sonst als Fälscher bekannten Celtes und seiner rheinischen Freunde, die sich Pirkheimers Tochter zum Vorbild nahmen und eine kurz vorher entstandene Novelle benützten. Weitere notorische Beispiele wären der »Goldene Esel« des Apuleius aus dem 15. Jahrhundert oder die »Selbstbekenntnisse« des Marc Aurel, die von mehreren Humanisten mit folgerichtiger Entwicklung im 16. Jahrhundert geschrieben wurden.

4. Auch die frühen Chroniken der Kirchengeschichte, auf denen unsere Kenntnis der Antike beruht, etwa die Texte eines Euseb oder des Berosius, die ja als Grundlage für unsere Datierung der ägyptischen und mesopotamischen Kulturen dienen, sind erst von Humanisten erdacht worden.

5. Schrittweise mit dem Entstehen antiken und frühchristlichen Schriftgutes wurde eine Zeitrechnung erarbeitet, die immer größere Zeiträume umspannte. Die Jahrhunderte wurden wie Gummibänder gedehnt und immer länger. Die Herausbildung des Christentums, die vor höchstens einem Jahrtausend anzusetzen wäre, wurde um ein ganzes Jahrtau-

send zurückversetzt, Moses bekam noch ein Jahrtausend dazu und Abraham ein weiteres. Dieser Erzvater liegt nun nach gängiger Anschauung rund 4000 Jahre vor heute, obgleich die Theologen der Meinung sind, dass er erst nach dem so genannten babylonischen Exil, wahrscheinlich sogar erst in den Kriegen der Makkabäer geschaffen wurde. Da an der Abrahamdatierung auch die Datierung der mesopotamischen und ägyptischen Kultur angeschlossen wurde und an diesen wiederum weitere Kulturen (wie z. B. die minoische oder die indische), haben sie alle ein entsprechend hohes und völlig falsches Alter erhalten.

Zur Entstehung des Christentums

Die Entstehung des Christentums müsste bei Anwendung dieser neuen Thesen ganz anders und viel später verlaufen sein, als wir gemeinhin glauben. In diesem Sinne möchte ich einen vertrauenswürdigen Schriftsteller zitieren, der ganz gewiss nicht zu den Chronologiekritikern gehört und dennoch – ohne die Jahreszahlen anzugreifen – richtig gefolgert hat. Nach Ansicht des großen Seelenarztes Hans Blüher ist es eine völlig dunkle Sache, wie die Franken, Slawen, Germanen und Angelsachsen das Christentum angenommen haben (1921, S. 23). Man kann es sich nur als Wahlverwandtschaft denken, sagt er. Da wird kein fremder orientalischer Kult und schon gar nichts gewaltsam übernommen, sondern eine eigene religiöse Form in Europa gestaltet.

»Das Christentum«, sagt Blüher wörtlich, »ist nicht in geografischer Ausbreitung von Galiläa über Kleinasien und Griechenland nach Italien verkündet worden, sondern es brach fast zu gleicher Zeit in der damaligen Menschheit aus. Dieses Ereignis … war die Epidemie der damaligen Welt.« (S. 184)

Nicht nur so gelehrte Männer wie Spengler und Blüher wussten von diesen Tatbeständen. Allgemeinbildung reichte schon aus, wie folgendes Zitat zeigt: Erich Kästner lässt in der Vorrede zum »Kleinen Grenzverkehr« (1938/1973, S. 8 f) seinen Freund aussprechen, was er und viele damals dachten: »Bei Antike und Christentum handelt es sich um zwei Krankheiten, die an einem Organismus namens Mitteleuropa zehren, sodass ungefähr seit dem Jahr 1000 p. Chr. n. der genannte geografische Bezirk für den Kulturhistoriker ein pathologischer Fall ist.«

Hier ist nicht nur die Datierung beachtenswert, sondern auch die Erkenntnis der Krankhaftigkeit dieses Phänomens, was ja auch Blüher schon deftig ausgedrückt hatte. Nachdem uns die Nachfolge von christlichem Märtyrertum und antikem Heldentum wieder nicht zum Endsieg geführt hat, müssten dergleichen Erkenntnisse eigentlich gängige Münze sein.

Im selben Sinne ist die Erfindung der Kirchenväterschriften ein wirrer Vorgang, der verschiedene unkoordinierte Phasen durchlaufen hat. Manch ein angesehener Theologe der »frühen Kirche« wurde später wieder fallen gelassen und zu den Ketzern gerechnet oder bekam andere Schriften untergeschoben, wenn man ihn nicht mehr völlig ausscheiden konnte (siehe Adolf Harnack, 1893). Andere Texte, auch vollständige Konzilsakten, die nicht mehr in die neue Auffassung von Katholizismus passten, wurden für gefälscht erklärt.

Oder man spaltete den Verfasser in zwei oder mehr Personen auf und behauptete, das Originalzeugnis sei verloren gegangen. An Origenes – »um 400« – wurde das folgendermaßen durchpraktiziert: Rufinus schreibt im Vorwort zu seiner Übersetzung der »Principii« des Origenes, die ehrwürdigen Sätze seien durch Ketzer verändert worden. Die staatliche Kirche besaß also schon wenige Jahrzehnte nach Origenes keine unverfälschte Fassung des Textes dieses ehrwürdigen Kirchenvaters mehr.

Die ältesten ökumenischen Konzilsformeln von Nizäa und Chalcedon müssen sehr spät abgefasst sein, vielleicht erst um 1600 durch die Jesuiten, als man die stark davon abweichenden Kirchenväter nicht mehr umgestalten konnte. So blieb nur noch der Kunstgriff, Tertullian, Origenes u. a. zu Ketzern zu erklären. Euseb wurde dabei zum Arianer abgestempelt, eine fast zu milde Behandlung.

Als krasses Beispiel führe ich in meinem Buch »Die Große Aktion« (S. 155 f) den Areopagiten Dionysios vor, der aus drei Personen besteht, die im ersten, vierten und neunten Jahrhundert gelebt haben sollten. Dieser wichtigste Theologe des Hochmittelalters hat aber – wie ich an der Art seiner Texte recht gut nachweisen kann – in der Hochblüte des Sufismus gelebt, also vermutlich im 13. Jahrhundert, als seine Schriften erstmals im Abendland wirksam aufgenommen wurden. Er konnte Arabisch und las den »größten Meister«, Ibn Arabi. Als Zeitgenosse der gotischen Dombauer hat er sie mit seinen mystischen Visionen beflügelt. Dies hat schon Asín Palacios, einer der besten spanischen Orientalisten, vor einem halben Jahrhundert erkannt (S. 152/3).

Wie Kammeier habe ich diesen Vorgang der bewussten Herstellung der Geschichte als »Große Aktion« bezeichnet, weil tatsächlich eine umfassende Aktivität einer großen Gruppe von Schreibern erforderlich war, um unser heutiges Geschichtsbild zu erzeugen. Damit ist keine negative Kritik verbunden – ich muss es wiederholen –, auch keine Bitterkeit gegenüber dem mächtigen Gegner, der katholischen Kirche und ihren gewissenlosen Dienern, sondern eine Feststellung, die wissenschaftlicherseits bekannt und teilweise auch anerkannt ist. Nach dieser Erkenntnis fragt es sich, welche Schlüsse wir daraus ziehen sollten.

Märtyrergeschichte

Die erste Frage, die ich mir stelle, ist die nach den Beweggründen: Was hat denn die Kirche und die Mönchsorden bewegt, als sie die »Große Aktion« in die Wege leiteten? Sie haben ja ganz unglaubliche Geschichten über die Entstehung des Christentums erfunden. Analysiert man z. B. die Märtyrerlegenden, dann findet sich ein ganzes Bündel wichtiger Motive für deren Erfindung. Denken wir zum Beispiel an die elftausend christlichen Jungfrauen, die zusammen mit ihrer Anführerin, der britannischen Prinzessin Ursula, von den bösen Heiden vor Köln – ebenso wie bei Breslau und in Norditalien – verbrannt worden waren und heute in Form von elf Flammen im Kölner Stadtwappen verewigt sind, so merken wir an dieser wie auch an den meisten anderen Kirchenlegenden, welche Motive hinter diesem offensichtlichen Unsinn der christlichen Märtyrergeschichte hervorscheinen. Als Beweis für die geschichtliche Realität dieser Legende kann man auch nicht die zahlreichen Menschenknochen anführen, die auf dem römischen Friedhof neben der Kölner Stadtmauer gefunden wurden und dort heute in der romanischen Kirche St. Ursula als Reliquien verehrt werden. Ich sehe außerdem davon ab, dass Namen und Zahlen (wie hier Ursula und elftausend) einen mythischen oder kalendarischen Hintergrund haben und von daher eine wertvolle Eigenberechtigung besitzen können.
Übrig geblieben an diesen Legenden ist nur das, was in den Büchern steht, an den Schulen gelehrt wird und selbst von modernen Wissenschaftlern häufig verwendet wird: der geschichtliche Inhalt. Und der ist erfunden.

Als Beweggründe für die erfundenen Märtyrerlegenden habe ich herausgestellt:

1. Wenn so viele Menschen für den Glauben ihr Leben hingaben, dann muss dieser Glaube stark und wertvoll sein. Es adelt eine Religion, wenn sich die Anhänger für sie in den Tod stürzen. Nur für ethisch hochstehende Ideale lässt man sein Leben freiwillig: früher für die Freiheit – wie die Keltiberer –, später für die Sippe und den Stamm, für Volk und Vaterland. Für eine Überzeugung zu sterben ist relativ neu, im Buch der Makkabäer ist dieses Motiv erstmals voll ausgebildet. Die christlichen Märtyrergeschichten sind deutlich im selben Kontext wie die ersten Makkabäerbücher verfasst.

Dieses ist ein ›edles‹ Motiv, im Gegensatz zu den folgenden fünf.

2. Mit der Einführung des Märtyrermythos wurde dem Feind (d. h. den Heiden) die Schuld zugeschoben, den ideologischen Krieg begonnen zu haben. Das ist eine Verdrehung, da ja die Religion Roms gar nicht definiert war und die Einengung auf den Kaiserkult ebenfalls kirchlich erfunden ist. Indem man den Römern himmelschreiende Grausamkeiten und Ungerechtigkeiten gegen friedliebende wehrlose Christen zuschrieb, entehrte man die heidnische Weltanschauung. Dies ist ein verleumderisches Motiv.

3. Die Märtyrer können als Vorwand, ja Handhabe und Rechtfertigung für eine entsprechende Behandlung des Gegners dienen, nachdem man sich durchgesetzt hat: Hexenprozesse oder die Verbrennung von Lehrern wie Giordano Bruno durch die Kirche werden als Normalfall akzeptiert, wenn man damit vertraut ist, dass in der fernen Entstehungsgeschichte der Kirche viele hunderttausend Menschen auf ähnliche Weise umgebracht wurden.

Das ist ein machtpolitisches Instrument.

4. Mit der Erfindung der Hunderttausende von Märty-rern wird Geschichte vorgegaukelt, und zwar Kirchen-geschichte. Ein einzelner »Blutzeuge« wäre wenig wert. Aber die unübersehbare Menge christlicher Glaubenseife-rer, die sich willig hinschlachten ließen, dienen als »Be-weis« dafür, dass es damals eine sehr große Volkskirche gab, die noch viel mehr Menschen zur Verfügung hatte und nicht auszurotten war. Ihre Geschichtlichkeit wird damit zur Tatsache. Dieses Motiv verschafft Ansehen – denn hohes Alter ist stets ehrwürdig – und ist heute unwi-derlegbar geworden.

5. Mit den Gebeinen der ermordeten Christen konnte ein ausgedehnter Reliquienkult getrieben werden. Das Bedürfnis danach muss im Volk vorhanden gewesen sein; Schädelkult und Knochenverehrung sind heidnischen Ursprungs. Man lenkte diese erstarrte Frömmigkeit in neue Bahnen und nutzte sie schamlos aus. Reliquienverehrung wurde zu einem wichtigen Wirtschaftszweig des Mittelalters. Dieses Motiv entblößt die Geldgier der Kirche.

6. Die im Himmel versammelten Märtyrer wurden zu einer großen Mitstreitermacht ausgebaut, ihre Fürbitte wurde auch für die Lebenden unverzichtbar. Es entstand ein geistiges Arsenal, stets einsatzbereit und nach augenblicklichen Be-dürfnissen manipulierbar, das nicht nur Geld und Gut ein-brachte, sondern auch geistige Überlegenheit. Ich möchte dieses Motiv – modern gesprochen – als psychologische Kriegsführung bezeichnen.

Die Beweggründe für die kirchliche Geschichtserfindung waren also von dieser ideellen Art, politisch-ideologisch, sie waren von klugem Verstand und weitblickender Absicht ge-tragen. Im Machtkampf gegen die geistig durchaus nicht schwachen Gegner, die Heiden und »Ketzer«, haben sie sich bestens bewährt.

Im Gegensatz zu der lebendigen und immer wieder neu angepassten Herstellung der Heiligenlegenden steht jedoch die offizielle Lehre von der Weitergabe der antiken Texte. Die Mönche in den mittelalterlichen Klöstern – also von Augustin und Cassiodor bis zu den ersten schöpferischen Dichtern der italienischen Renaissance, Petrarca und Dante und Boccaccio – hätten das geistige Gut der Antike und der Kirchenväter nur abgeschrieben, um es über die Generationen hinweg zu bewahren, ohne sich selbst von den darin enthaltenen Gedanken zu eigenen Schöpfungen bewegen zu lassen. Ich halte das für psychologisch undenkbar und behaupte mit Kammeier: Die Niederschrift der antiken Literatur durch unsere Mönche ist ein schöpferischer Vorgang gewesen, der sowohl in seiner Gewalt wie auch in den Auswirkungen nirgends seinesgleichen findet.

Bei aller Bewunderung und Kritik dieser theologischen Leistung darf nicht übersehen werden, dass damit auch ein chronologisches Problem aufgetreten ist: Es muss sehr viel weniger Zeit zwischen dem Ende der Antike (dem angeblichen Ende originaler schriftstellerischer Tätigkeit) und der Renaissance (ihrer Wiedergeburt) liegen; d. h. das angebliche Jahrtausend zwischen Augustin und Dante, das selbst den Humanisten schon als 700 Jahrspanne vorkam, muss sehr viel kürzer gewesen sein, sonst wird die unfruchtbare Zeit zu einem Monstrum und völlig unerklärbar.

An vielen Bauten lässt sich kunsthistorisch zweifelsfrei erkennen, dass zwischen der Antike und dem Christentum ein fast bruchloser Übergang verläuft, und zwar im 12. und 13. Jahrhundert. Als Beispiele nenne ich gern den Dom zu Syrakus, der durch die Normannen direkt in einem noch brauchbaren klassischen Tempel errichtet wurde, oder die stil- und technikgleichen Mosaiken in Kirchen von Ravenna und Palermo, die um sieben Jahrhunderte auseinander datiert werden. Dieser Wandel ist in ganz Europa, besonders schön auch im westgotischen Spanien, festzustellen; er betrifft eben die von Kammeier und seinen Vorläufern erkannte Entstehung des Christentums im Hochmittelalter. Insofern hat die Kirche zwar Recht mit der Darstellung, dieses Christentum sei in kurzer Zeit – weniger als 300 Jahren – aus der Antike entstanden, nur muss dieser Vorgang, um glaubwürdig zu werden, im 11. bis 14. Jahrhundert vor sich gegangen sein.

Auch ein Anfang des Christentums vor tausend Jahren hat seine Erkenntnislücken, zumindest in Deutschland. Im Hildesheimer Dom stehen zwei mächtige Zeugnisse deutscher Bronzekunst, die rund tausend Jahre alt sind: die Domtüren von 1015 und die Christus-Säule von 1022. Die Türen tragen folgende Inschrift: »Im Jahre der Fleischwerdung des Herrn MXV (1015) ließ Bischof Bernward, der Selige, diese gegossenen Türflügel am Portal der Engelskirche zu seinem Gedächtnis aufhängen.«
Die beiden Türflügel sind enorm groß und schwer und sollen jeweils aus einem Guss sein. Die beiden Löwenköpfe mit den Griffringen sind allerdings später aufgenietet worden.
Wie die Inschrift besagt, gehörten die Türen ursprünglich zur »Engelskirche«, man nimmt St. Michael an, genaueres weiß man nicht. Da sie zum Dom recht gut passen, möchte man denken, dass dessen Portalmaße eigens auf die gewaltigen Bronzetürflügel abgestimmt wurden. 18 Jahre später seien sie hier angebracht worden.
Aber das sind nur kleine Probleme am Rande. Die Inschrift mit der Jahresszahl 1015 ist ja nachträglich eingehämmert worden, als Bernward schon tot war.
Das Hauptproblem besteht wieder einmal darin, dass wir nichts Vergleichbares an Größe und Art aus jener Zeit haben.

Zum angegebenen Zeitpunkt goss man höchstens kleine Bronzefigürchen. Die Türflügel und die etwa gleichzeitige Säule zeugen von einem Bronzegusskönnen, das vorher und nachher fehlt. Und derartige technische Wunder sind eben unmöglich.

Nach kunstgeschichtlichen Kriterien, die natürlich schwach oder gar nicht als Beweise herangezogen werden können, solange die fehldatierten Buchillustrationen oder Kruzifixe nicht neu geordnet wurden, möchte ich auf ›spätgotisch‹ (15. Jahrhundert) schließen, wobei eine bewusst archaisierende Darstellungsweise mit einbezogen werden muss. Die mehrfache Verwendung des griechischen Kreuzes; die Schmuckränder des Kreuzes, an dem Jesus hängt; der Teufel als *fliegender* Drachen, der Teufel am Thron des Herodes, manche Handgesten und vieles mehr nehme ich als Hinweise. Dabei kann es sich nur um Indizien handeln, denn an älteren Vorbildern, z. B. Elfenbeinbuchdeckeln, hat es dem Gießer wohl nicht gefehlt.

Die ersten Christen in Köln

Das »Heilige Köln« war einer der ersten Bischofssitze der Kirche in Deutschland. Im Jahre 346 fand hier ein Konzil statt, zu dem zahlreiche Bischöfe des Rheinlands und der angrenzenden Diözesen zusammengekommen waren. Leider wurden die Akten des Konzils von Köln 1846 als Fälschung erkannt, weil sie denen des Konzils von Sardika widersprachen. Durch neu aufgefundene Akten wurde dann (1867) dieses Konzil von Sardika zeitlich verschoben, und damit das Kölner Konzil gerettet.

Die früheste Geschichte des Christentums in Köln liest sich ganz hübsch (etwa in der Sonderserie des Kölner Stadtanzeigers, 1980, wo der Dombaumeister Arnold Wolff und andere schreiben): Die ersten Christen im 2. und 3. Jahrhundert in Köln benützten für ihre Gottesdienste ein einfaches Haus neben der Stadtmauer, und zwar neben dem römischen Tempel des Merkur-Augustus. Im Jahre 313 rissen sie einige Häuser ab und errichteten dort die erste Kirchenanlage von 130 m Länge (!). Der erste Kölner Bischof, Maternus (»der Mütterliche«, die Namen sind ja immer so schön sprechend), leitete selbst den Bau. Die Gläubigen waren aber mit der Wahl des Ortes nicht einverstanden; die Steinmetze und Maurer rebellierten sogar, denn »da, wo die römischen Heiden ihre Götzen verehrt haben, wo noch so viel verrufenes römisches Bauwerk herumsteht, wo in den Ruinen die heidnischen Teufel und Dämonen hausen, da setzen wir keinen Stein!«, sollen sie gesagt haben. Der Bischof segnete daraufhin den Platz, vertrieb die Dämonen und trieb weiter zum Bau an.

Wie dann die verschiedenen Dome nacheinander im Laufe der Jahrhunderte an dieser Stelle errichtet wurden, bis man den gotischen Bau 1248 begann, erspare ich dem Leser. Bekannt ist nämlich, dass zuerst die Kirche »Maria im Kapitol«, die wohl direkt auf dem Tempel des Jupiter Capitolinum steht, Hauptkirche (Dom) von Köln war, und dass sie frühestens Mitte des 11. Jahrhunderts erbaut wurde. Wenn aber die seit angeblich fünf oder sechs Generationen bestehenden Christengemeinden im Jahr 313 neben den Ruinen heidnischer Tempel ihre Kirche errichten, dann hat sich da wieder einmal ein Chronist geirrt. Die heidnischen Tempel von Köln wurden nach gängigem Wissen nämlich erst durch den heiligen Gallus im ersten Drittel des 6. Jahrhunderts zerstört, also rund 200 Jahre später. Und so sieht es in diesen »Geschichten« ständig aus. Die Kirchen werden immer älter, bekommen ungeahnt viele Vorgängerbauten, sogar mit Gründungsurkunden und Reliquien. Es mag durchaus aufgeschlossene Archäologen geben, die diesen Spuk durchschauen, aber für das gemeine Volk handelt es sich um offizielle Geschichte.

Tatsächlich werden vor 1240 keine Kirchen innerhalb der Stadtmauern von Köln urkundlich erwähnt. Alle alten »Kirchen« Kölns standen außerhalb der Stadtmauer: St. Georg, St. Aposteln, St. Martin (ad Grados, d. h. am Ufer), St. Pantaleon, St. Andreas usw., insgesamt 12 romanische Kirchenbauten. Eine Ausnahme bildet nur Maria im Kapitol, sie steht direkt an der alten Mauer, aber innerhalb. Wir nehmen an, dass diese wirklich archaische Mutterkirche Kölns aufgrund ihrer architektonischen Gestalt älter sein müsste als 1240. Die Schlussfolgerung daraus ist einfach: Das Gebäude war keine Kirche, sondern Tempel oder Gerichtssaal der vorchristlichen Kultgemeinde. Dies nehme ich beispielhaft für alle ähnlichen Rundbauten an, von Terrassa in Katalonien bis zur Hagia Sophia in Konstantinopel. Außer den vielen architektonischen Merkmalen, die generell bei diesen Bauten auf vorchristliche Geisteshaltung schließen lassen, gibt es in Maria im Kapitol weitere Hinweise, dass hier Kirchengeschichte erzeugt wurde: An der linken Wand kann man eine Grabplatte der Königin Plectrudis bewundern, die nur einen Nachteil hat: Diese Königin gibt es nicht in unseren Geschichtsbüchern. Und dann habe ich noch einen besonders klaren Hinweis gefunden: Das Hauptreliquiar dieser Kirche, unter Glas im zentralen Altar zur Anbetung ausgestellt, ist ein Elfenbeinkästchen ohne Schriftzüge, dessen Herkunft wegen seiner Dekorationen aus dem persisch-arabischen Raum festliegt. Aber hier hat kein fremder Handwerker im Auftrag der Kirche gearbeitet, sondern ein Heide seine Weltanschauung zum Ausdruck gebracht. Die beiden Pfauen tragen Krönchen mit zwei Spitzen, während es bei den Christen drei sein müssten. Die vogelgleichen Engel auf dem Deckel sind so abstrakt, wie es die strenge Form der orientalischen Gnosis gerade noch zuließ.

Was glaubte man vor dem katholischen Christentum im Abendland?

Um das Ergebnis der diesbezüglichen Untersuchung, die erst in einem späteren Buch ausführlich dargestellt wird, vorwegzunehmen, muss ich diese Frage mit einem klaren »Wir wissen es nicht!« beantworten. Eins unserer schönsten Denkmäler, das Heiligtum an den Externsteinen, ist durch spätere Eingriffe so stark verändert worden, dass nur noch Mutmaßungen über den Sinn der Anlage angestellt werden können. Auf einem anderen heiligen Berg, dem Staffelberg in Franken, wurde durch archäologische Untersuchung nachgewiesen, dass die laut Geschichtsschreibung von Karl dem Großen 785 hier gegründete Basilika tatsächlich existiert hat, indem man ein 1936 unter dem Kirchenfußboden gefundenes Kapitell in diesem Sinne vorzeigt. Bald merkte man aber, dass damit das deutsche Heidentum benachteiligt worden war und fand 1938 ein Stück von einer Irminsul, passenderweise unter einem Schießplatz. Es steht einträchtig neben Karls Kapitell in der Kirche und beweist, was man gerne hätte: einen germanischen Säulenkult vor der Christianisierung.

Wenn man schon Säulen als Kultpfeiler ansieht, dann wären eher die später als christlich bezeichneten Säulen mit heidnischer Darstellung heranzuziehen, wie zum Beispiel die Hartmannsäule vom alten Portal des Doms zu Goslar, die mit ihren verschlungenen Drachen und dem Dämonenkopf einen guten Eindruck von der Geisteswelt vor dem Katholizismus vermittelt; der über dem geheimnisvollen Bild eingehauene Name nennt weder Christus noch Johannes noch Moses, sondern einen unbekannten »Propheten« Hartmannus. Hier beginnt unsere Vorgeschichte.

In geschichtlicher Hinsicht können wir nur bis zu den Kreuzzügen zurückblicken, und selbst da ist uns das Bild arg verstellt worden.

Der ursprüngliche Orden der Templer, von neun Kreuzrittern in Palästina 1119 gegründet, war zunächst alles andere als katholisch, ja nicht einmal christlich. Er inspirierte sich stark vom Judentum, daher auch die Eigenbezeichnung, die den Tempel Salomons als geistigen Mittelpunkt des Ordens ansah. Durch ihre weiten diplomatischen Beziehungen im gesamten Mittelmeer, ihre enormen Kenntnisse, die sie teilweise dem arabisch-persischen Kulturgebiet verdankten, und ihre fortschrittliche Geldwirtschaft waren sie ein wichtiger Machtfaktor in Europa und Westasien, wobei der religiöse Charakter des Ordens weniger betont wurde. Er dürfte eine Synthese damaliger Vorstellungen gewesen sein, mit orientalischen Ritualen, die nur entfernt den monotheistischen Strömungen verwandt waren. Iranischer Dualismus nach Art der Feueranbeter, Schädelkult nach bester europäischer Tradition und männlicher Eros von gnostischer Schulung können als die Grundmerkmale dieser »Religion« (oder eher Geisteshaltung) angesehen werden. 1310 wurden in Paris nach fünfjährigem Prozess 54 Tempelherren verbrannt, während das Volk für sie bat und vergeblich einzuschreiten versuchte. Dies ist die Entstehungstat der katholischen Kirche, mit diesem Feuer hat sie sich ihre Macht erobert.

Doch die heiligen Männer des Templer-Ordens waren nicht so leicht auszurotten. Ihre Verehrung bestand durch die Jahrhunderte fort, in einigen Fällen bis heute. Heilige werden nämlich vom Volk erwählt. Die kirchliche Kontrolle der weit über zehntausend Heiligen, von denen nur rund 400 kanonisiert sind, begann erst unter Papst Urban VIII. (1623–1644).

Rafael Alarcon Herrera bringt in einem Artikel (Zeitschrift Año Cero 1999) eine ganze Liste von Templer-Heiligen, die der schriftlichen Vernichtung entgangen sind, und beschreibt anschaulich, wie sie schrittweise umgewandelt wurden in katholische Heilige.

Gemeinsam ist fast allen diesen Heiligen, dass ihr Körper im Grab nicht verweste, sondern nach vielen Generationen immer noch vollständig erhalten war, und dass damit die zahlreichen Wunder zusammenhängen, die von den Wallfahrern an den Gräbern berichtet werden. Ob es sich um gediegene Kenntnisse der Einbalsamierung handelt? Das wird zwar nirgends gesagt, wäre aber denkbar.

Einige Beispiele: Der heilige Gerlando von Polen lebte und starb Anfang des 13. Jahrhunderts auf Sizilien, wo er bis zur Vernichtung des Ordens 1307 große Verehrung genoss. 1327 öffnete man sein Grab und fand den Körper intakt und wohlriechend. Die wundertätige Leiche wurde in eine größere Kirche überführt und von den Bischöfen von Syrakus und Agrigent anerkannt. Erst 1590 wurde der Kult verboten. Da das Volk sich nicht daran halten wollte, taufte man den Namen um: Der Heilige hieß nun Gerlando von Deutschland und wurde 1616 zum Johanniter gemacht. Drei Jahre später übermalte man auch sein Bild: Das Templerkreuz auf seinem Mantel wurde durch das Johanniterkreuz ersetzt.

Im selben Jahr 1619 wurde der heilige Isidor Labrador, der Schutzheilige der Stadt Madrid, ein ehemaliger Templer, selig gesprochen, nachdem sein Kult seit 1570 verboten gewesen war. Das ist die allgemeine Regel: Feinde, die nicht auszulöschen sind, werden eingemeindet.

Bruder Bernhard von Toledo war ein Templer, der um 1140 bei Auñón am Tajo in Kastilien lebte. Er verehrte eine »schwarze Jungfrau« (orientalische Statue der Gottesmutter), konnte Geister austreiben und wurde von weither besucht. Auch er verweste nach seinem Tode nicht und fuhr fort, dieselben Wunder zu bewirken wie zu Lebzeiten. Nach Vernichtung der Templer übernahm der Calatrava-Orden das finanzträchtige Grab. Aber erst Anfang des 17. Jahrhunderts traute man sich, den Toten unter dem Namen Miguel Yela y

Rebollo zum Calatrava-Priester umzumodeln, als der er nun heute noch Wunder tun darf.

Die Templer hatten während der katholischen Kreuzzüge gegen die Katharer (1208–1258) stets den Katharern geholfen und ihnen Fluchtwege aus dem Roussillon nach Aragon offen gehalten, und so wurden sie besonders in Aragonien noch sehr lange in ihrer ursprünglichen Form verehrt. Manche Heiligtümer zerstörte erst die napoleonische Barbarei 1809, die letzten erst der spanische Bürgerkrieg 1937.

Die mythischen Vorstellungen der Templer finden sich an vielen Kirchen sowohl außen in Form von Portal- und Dachgestalten als auch innen an den Kapitellen in versteinerter Form. Ihre Ausdeutung ist heute praktisch unmöglich, aber gerade das besagt uns, dass diese Glaubensform uns völlig fremdartig gewesen sein muss, vom katholischen Christentum radikal verschieden, vor allem was ihre Sexualität und ihre Einbeziehung der Tierwelt betrifft. Nur einige Motive wie z. B. die Heiligen Drei Könige, von denen einer zuweilen eine Frau war, oder der lanzendurchbohrte Baumgott am Gabel»kreuz«, sind in mehr oder weniger veränderter Weise ins katholische Christentum übernommen worden.

Ich möchte darum noch einmal auf meine These hinweisen, dass wir zwar einen »gotischen« Kult und entsprechende Kulträume (»Kirchen«) in Europa schon im 11. bis 13. Jahrhundert haben, dieser Kult aber mit dem heute bekannten Christentum fast nichts zu tun hat, auch nicht als dessen Vorläufer (»Arianismus«) angesprochen werden sollte.

Die radikale Änderung der europäischen Religionen – die regional ungeheuer stark verschieden waren – und die Zentralisierung des Kultes sind Vorgänge, die nicht vor 1190 einsetzten und nicht vor 1420 beendet waren. Eigentlich hat uns erst die Reformation eine einheitliche Kirche, auch eine katholische, beschert.

Es wird immer wieder festgestellt (z. B. Schlette, 1976, S. 126), dass die katholische Götterdreiheit deutlich vorchristliche Züge trägt: Dem Teutates (= Taufvater?) wurden Menschen geopfert durch Ertränken, und zwar durch Eintauchen des Kopfes in einen großen Kessel. Dem Esus hängte man sie an Bäumen auf (ans Holz geheftet). Und dem Taranis verbrannte man sie. Das entspräche den drei Heroengestalten des frühen europäischen Christentums: dem Täufer Johannes, dem gekreuzigten Jesus und dem sich als Flammenzunge offenbarenden Pfingstgeist.

Der Hinweis auf Teutates und Esus stammt von Lukan (1. Jahrhundert u. Ztr.), der Hinweis auf Taranis steht im »Gallischen Krieg« Cäsars, wäre demnach noch ein Jahrhundert älter. Vermutlich werden in beiden Fällen unausrottbare vorchristliche Vorstellungen in literarische Form gebracht und somit als »uralte Überlieferung« zur Rechtfertigung der Trinität herangezogen. Und gerade dadurch erweisen sie sich wiederum als Literatur des 15. Jahrhunderts.

V   Isaac Newtons Streit mit den anderen Chronologen seines Zeitalters

Als man in der Renaissance begann, die Chronologie für die entstehenden Geschichtsräume aufzustellen, waren die Möglichkeiten zum Hin- und Herschieben von Ereignissen und Personen noch recht groß gewesen. Pakete von 300, 500 oder gar 1000 Jahren konnten fast noch beliebig eingeschoben oder ausgeschnitten werden. Das änderte sich nach der gregorianischen Kalenderreform Ende des 16. Jahrhunderts drastisch. Man einigte sich recht schnell auf einen Geschichtsfahrplan, der immer festere Gestalt annahm.

Die Kritik an der Gültigkeit dieser Geschichtszahlen, die neuerdings wieder mit viel Aufwand von verschiedenen Seiten vorgebracht wird, wurde damals mit Schärfe und Eifer ausgefochten. Als der Jesuit Pétau 1628 und 1633 in Paris seine im Anschluss an Scaligers chronologische Arbeit aufgestellten Zeittafeln veröffentlichte, und diese die nachträgliche Billigung beider Kirchen erhielten, waren keineswegs alle Zeitgenossen einverstanden mit diesem Zeitmonstrum. Dennoch sind die Tabellen der Regierungszeiten der antiken Herrscher – mit gewissen Änderungen – bis heute gültig und werden an Schulen und Universitäten gelehrt.

Einer der klar denkendsten Männer jener Zeit, Isaac Newton, wehrte sich heftig gegen diese Form der Zeitrechnung. Der bekannte Newton-Forscher Frank Edward Manuel (USA) hat in einem Buch (1963) die ganze Breite des damaligen Streites vorgeführt. Aus der Tragweite der öffentlichen Diskussion im 18. Jahrhundert geht schon hervor, dass die von Scaliger und Pétau aufgestellten Daten ein Kunstprodukt waren und keineswegs für alle Wissenschaftler akzeptabel. Dass sie heute akzeptabel sind, mutet wie eine Groteske an.

Eugen Gabowitsch (1999) hat auf Anregung von Fomenko und der Moskauer Gruppe der Chronologiekritiker Newtons Standpunkt auch in Deutsch wieder zur Sprache gebracht, was eine erneute Debatte über diese rund 400 Jahre alte Kontroverse auslöste.

Sir Isaac Newton schrieb außer seinen weltbewegenden und grundsätzlichen Lehrbüchern zur Mechanik und Astronomie auch ein Buch über die Chronologie, das ihm viele Feinde in ganz Europa einbrachte, die dieses Werk übrigens nur deswegen beachteten, weil es von dem berühmten Newton stammte. Newtons Thesen stießen vor allem bei Theologen auf krasse Ablehnung, weil Newton versuchte, unter Benützung alter Handschriften und sehr früher Druckausgaben des Alten Testaments eine dem ursprünglicheren Text besser angepasste Chronologie der Erzväter usw. zu errechnen.

Moderne Bücher über Newton übergehen dessen chronologische Arbeiten meist völlig oder verachten sogar seine Gedankengänge. Selbst das sonst objektiv urteilende Meyers Konversationslexikon (Bd. 12, Leipzig 1888) drückt sich recht seltsam aus, wo es über die Beschäftigung Newtons mit den Prophezeiungen von Daniel und Johannes spricht: Da »verirrte sich sein klarer Geist in mystische Träumereien; überhaupt waren religiöse Betrachtungen in den späten Lebensjahren eine von Newtons Hauptbeschäftigungen«.

Schon daraus wird deutlich, dass Newton seine Arbeiten zur Chronologie nicht nebenbei betrieben hatte, sondern sie als eins seiner wichtigsten Anliegen betrachtete. Mit Vehemenz kämpfte er in Briefen und Reden gegen die Einsprüche seiner Gegner. Und diese hatten es nicht leicht, Newtons Argumente zu widerlegen, denn er hatte »nahezu vier Jahrzehnte an diesem Thema gearbeitet, das ihn zu umfangreichen und aufwändigen Spezialstudien auf nahezu allen damaligen Wissensgebieten nötigte und ihn, mit dem Fortschreiten der Wissenschaften, ständig zur Korrektur des bereits schriftlich Fixierten zwang.« (Wußing, S. 99) Auf theologischem Gebiet war er nach Ansicht des Philosophen John Locke dermaßen umfangreich gebildet, dass Locke sich von ihm beraten ließ und schließlich feststellte, dass kaum einer sich mit Newton darin messe könne (S. 97).

Worum ging es im Streit Newtons mit seinen Zeitgenossen eigentlich?

Es ging – kurz gesagt – um das Alter der Welt. Vor wie viel Jahren hat Gott die Welt und den Menschen erschaffen? Denn daraus würde sich ergeben, wann das Ende der Welt zu erwarten sei. Kein müssiger Streit also. Aber wie konnte man Gewissheit erlangen?
Der Streit der Gegner entbrannte vor allem um den Wert der benützten Quellen. Konnten die von Newton benützten astronomischen Beobachtungen der alten Griechen als objektive Maßstäbe angesetzt werden? Da saßen viele der damaligen Autoren einem Trug auf. Vermutlich hat man die Daten des griechischen Astronomen Cheiron, des Kentaurs, gefälscht, um sie neueren Erkenntnissen anzupassen, sagte Nicolas Fréret (1758), und hatte damit wohl einen wichtigen Punkt getroffen; nur: Dass Cheiron selbst eine Mythenfigur und – historisch gesehen – erfunden war, hatte bis dahin kaum jemand zugeben wollen.
Newton hatte nicht nur antike Angaben über Sternaufgänge, Finsternisse und Frühlingspunkte ausgewertet, sondern sich auch schon in mathematischer Weise dem Problem der Zeitabfolge genähert. Er nahm für die durchschnittliche Regie-

rungsdauer eines Herrschers einen Zahlenwert von zwanzig Jahren an, was sofort Widersacher auf den Plan rief, denn eine derartig schablonenhafte Aussage für den lebendigen Ablauf der Geschichte entbehrt jeglicher Grundlage. Ein statistischer Wert ist geschichtsphilosophisch nicht vertretbar.

So fielen auch Newtons Änderungen der Chronologie der christlich fundierten Autoren wie Scaliger und Pétau keineswegs einheitlich aus. Er blieb mit den Jahreszahlen teils weit davor, teils auch weit zurück, aber die Zeitgenossen mussten sich bei ihrer Kritik an Newton natürlich auf einen Wert einspielen. Und das war wohl der Abstand der fünfhundert Jahre, die größte Abweichung, die Newton vertrat.

Newton versuchte – wie der kritische Jesuit Hardouin sich in einer Schrift ausdrückte, die 1726 in London erschien – den antiken Griechen 534 Jahre wegzunehmen, was bisher niemand gewagt hatte. Dabei stützte sich Newton auch auf die Festlegung von Cheirons Beobachtung der Koluren, der Mittelsterne des Sternbilds Fische. Hardouin stellte dagegen simpel fest, dass Cheiron eine Erfindung ist. Wenn die Angabe über die Koluren überhaupt verwertbar sei, dann zu einem viel später anzusetzenden Datum. Hardouin setzte sich nicht für ein größeres oder kleineres Alter der Welt ein – das war der Hauptgegenstand des Streites –, sondern focht für die Erkenntnis, dass die Literatur der Antike, die als Grundlage all dieser Berechnungen benützt wurde, zum größten Teil moderne Erfindung ist und für die Festlegung irgendwelcher Jahreszahlen völlig unbrauchbar.

Ein Einwand aus meiner persönlichen Sicht: Die Intervall-Zahl von 534 Jahren, die Newton streichen wollte, zeigt möglicherweise den ganzen Mechanismus, nach dem derartige Geschichtszahlen aufgestellt worden waren: Der Osterkalender rechnet mit 532 Jahren. Deshalb war es ein häufiger Gegenstand chronologischer Debatten, ob im Gesamtgefüge der Weltalterberechnung ein Zyklus von 532 Jahren mehr (oder weniger) anzunehmen sei. Es handelt sich um Pakete von Jahren, die nicht mehr teilbar waren. Sollte es Zufall sein, dass Newtons 534 Jahre so nahe an den üblichen 532 Jahren liegen? Ich möchte eher annehmen, dass sich eine derartige Zahl (vielleicht mit den damals recht häufigen Ungenauigkeiten durch schlechte Schreibweise) in den von Newton benützten Quellen versteckt hatte. Newton stützte sich vor allem auf die Schrift des Klemens von Alexandria (um 200 u. Ztr.), dessen knappe Zitate aus griechischen Astronomiewerken er für bare Münze nahm und daraus seine Zeitrechnung aufbaute. Klemens galt als katholischer Kirchenvater und deshalb verlässlich. Wann er erfunden wurde, stand nicht zur Debatte. Sein Rückgriff auf Osterberechnungen wäre aber schon ein Verdachtsmoment gewesen, ihn genau zu prüfen. In meinem Buch »Die Große Aktion« habe ich dann auch diesen wichtigen Pfeiler der kirchlichen Chronologie als Pappsäule entlarven können.

Zu den Büchern, die Newton als Grundlagen benützte, gehörten nicht nur Werke, denen man heute noch Vertrauen schenkt (wie unerklärlicherweise zwei der Geschichtsbücher des Josephus Flavius), sondern auch solche, die leicht als Fälschungen zu erkennen sind, etwa Sanchoniatons »Phönizische Geschichte«, die er in der Ausgabe von Richard Cumberland (London 1720) benützte (siehe Manuel, 1963). Sie war aufgrund einiger Angaben in Euseb, die einem gewissen Philo von Byblos entstammen sollten, erfunden worden; inzwischen steht fest, dass dieser Teil in Euseb ebenfalls ausgedacht bzw. aus anderen Bruchstücken zusammengesetzt war (siehe Bernheim, S. 366, der dann erzählt, wie 1836 wieder ein Versuch unternommen wurde, einen »Sanchuniathon« in die Geschichtsschreibung einzuschleusen, was Grotefend noch im selben Jahr verhindern konnte).

In der Hauptsache stützte Newton sich jedoch auf die Angaben im Alten Testament, die er äußerst kritisch auswertete.

Demzufolge war die Welt genau 4004 Jahre vor Christi Geburt erschaffen worden, und die Sintflut hatte sich im Jahre 2348 v. Chr. ereignet. Aus diesem festen Zahlengerüst ergab sich, dass er die meisten Angaben der Griechen korrigieren musste, wenn er – was ihm besonders wichtig war – die Bibel als unerschütterliche Wahrheit zu Ehren bringen wollte. Daher auch der Titel seines Hauptwerkes zur Chronologie, der auf deutsch lauten würde: »Das Zeitmaß der alten Königreiche verbessert, nebst einer kurz gefassten Chronik von den Uranfängen der Geschichte in Europa bis zur Eroberung Persiens durch Alexander den Großen.« Erst gegen Ende seines Lebens wurden Teile daraus gedruckt, erst 1728 das ganze Werk. In jedem der sechs Kapitel widmet er sich der Geschichte eines der sechs bekannten Kulturvölker der Antike: den frühen Griechen, den Ägyptern, Assyrern, Babyloniern, Persern und Juden. Dabei wendet er eine Technik an, die auch heute von den Zeitrekonstrukteuren gerne herangezogen wird: Ähnlich klingende Namen und parallele geschichtliche Umstände lassen darauf schließen, dass hier von einem einzigen Herrscher die Rede ist, wie etwa bei Minos und Monos; die beiden regierten nicht hintereinander, sondern sind ein und dieselbe Person. Dadurch gewinnt Newton die Möglichkeit, überflüssige Jahrhunderte auszuschneiden.

Jedenfalls waren sich die meisten europäischen Wissenschaftler darin einig, dass Newtons Annahmen, die auf derartigen Quellen, wie zum Beispiel den Daten des griechischen Astronomen Cheiron, beruhten, einfach lächerlich seien. Der hellste Kopf der Aufklärung, Voltaire, fand zwar Genialität in Newtons Werk, glaubte aber selbst nicht, dass irgendeine Chronologie über die alte Geschichte aufgestellt werden könne. Wie seine Analyse des Nestorianersteins von Sian-Fu in China zeigte, hatte er einen klaren Blick für Fälschungen, auch ohne das Objekt selbst in Augenschein genommen zu haben (Näheres in: »Die Große Aktion«, Kap. 12). Er sah darum auch im Chronologiestreit, dass das Problem jenseits von Äquinoktialberechnungen und Kolurenbestimmung lag. Eine Sichtung der Quellen wäre Grundbedingung vor jeder weiteren Arbeit gewesen.

Newton kämpfte vor allem gegen den ›Giganten der Zeitrechnung‹, Pétau, dessen Tabellen sich durchgesetzt hatten. Tatsächlich verwenden wir bis heute noch Teile von Pétaus Zahlengerüst, obgleich wir recht gut wissen, dass dieses mit rein theologischen Überlegungen aufgerichtet worden war.

An einigen Stellen in den Streitschriften ging es um einen Unterschied von 500 Jahren: War die Welt vor 5500 oder vor 6000 Jahren erschaffen worden? Das scheint uns heute lächerlich, wogegen Newtons mechanische Gesetze (zumindest im Alltag) noch Gültigkeit haben. Wie lächerlich nun die Jahrmillionen oder gar Milliarden sind, die unsere Geologen heute als Alter der Erde ansetzen, ist allerdings auch noch niemandem so recht zu Bewusstsein gebracht worden. (Zu diesem Thema erschien kürzlich: Christian Blöss, »Ceno-Crash«, Berlin.)

Der Hauptantrieb für alle diese Forschungen über das Weltalter war demnach völlig irrational. Auch Newton errechnete nicht das tatsächliche Alter der Welt aus reiner Neugier. Er wollte das Ende der Welt berechnen, das ja direkt von der Altersbestimmung abhängt. Es ging um die Frage: Wann kommt das Jüngste Gericht?

Wenn für die gesamte Menschheitsgeschichte nur 7000 Jahre zur Verfügung stehen – nach anderen vielleicht auch nur 6000 Jahre – dann ist es vordringlichst wichtig festzustellen, wann der Herr der Welt diese Sanduhr umgedreht hat, aus der nun unaufhaltsam der Sand ausläuft. Es war also keine müßige Frage für Newton, und erst daraus erklärt sich, warum er mit solcher Heftigkeit den Kampf gegen seine Zeitgenossen aufnahm.

Dies geht vor allem auch aus Newtons Schrift über die Weissagungen im Buch Daniel und der Offenbarung des Johannes hervor, die zwar erst postum (1736) gedruckt wurde, aber durch regen Briefwechsel schon seinen Zeitgenossen bekannt war und diskutiert wurde.

Eugen Gabowitsch (1999) betont in seiner Erwiderung auf meinen ersten Aufsatz über Newtons Chronologie-Versuche die große Bedeutung, die Newtons Arbeit für Morosow, den Gründer der modernen russischen Geschichtskritik, und seine Nachfolger gehabt hat. Nikolaj Morosow hatte nämlich von Newtons Buch während seiner mehr als 20-jährigen Inhaftierung erfahren und sich sofort nach seiner Entlassung (Ende 1905) beeilt, das Buch zu lesen. Eine Würdigung der chronologischen Verdienste von Isaac Newton findet sich fast in jedem Buch der russischen Chronologiekritiker Fomenko und Nosovski.

Die Entdeckung des großen Mathematikers Newton, dass statistisch errechenbare Werte in der Geschichtsschreibung erkennbar sein müssten, ist tatsächlich erst im 20. Jahrhundert wieder aufgegriffen worden.

Morosow begründete – wie Newton – seine statistischen Überlegungen mit der Unmöglichkeit einer mittleren Regierungszeit von 33,3 Jahren. Er betonte insbesondere, dass dann die ägyptischen Pharaonen fast immer ihre Enkel und nicht ihre Söhne als Nachfolger auf dem Thron gehabt hätten, was ja mit der Geschichtsschreibung nicht übereinstimmt. Die Annahme einer durchschnittlich zwanzigjährigen Regierungszeit, die beide Chronologiekritiker vorschlugen, entspringt wohl denselben (naturwissenschaftlich-mathematischen) Voraussetzungen. Ich halte sie für unorganisch und daher unbrauchbar für die Neuschreibung des Geschichtsablaufs, wie es Newton so hoffnungsvoll angestrebt hatte.

Fomenko betont mit Genugtuung, dass Newton viele wichtige Daten der ägyptischen Geschichte um ca. 1800 Jahre verjüngte, was der von Fomenko entdeckten Verschiebung um ca. 1800 Jahre in der alten Geschichte ziemlich gut entspricht. Auch Newtons Verschiebung einiger griechischer Daten um 300 Jahre kommt bei Fomenko oft vor und gehört in der heutigen Geschichtskritik zu einem der am besten erkannten Chronologie–Fehler.

Damit entpuppt sich auch das Chronologie-Problem als ein rein literarisches Phänomen, dessen Aufhellung wohl nie aufgrund der so genannten »Quellen« gelingen kann.

Scaligers Zeittafel

Wie es zu unserer jetzigen Datentabelle der Geschichte gekommen ist, möchte ich punktmäßig kurz darstellen. Der Vater der neuen Chronologie war Joseph Scaliger, dessen erstmals 1583 in Frankfurt am Main erschienenes Werk »De emendatione temporum« (zu Deutsch etwa: Verbesserung der Zeitrechnung) als Grundlage für alle späteren Chronologien der Antike und des Abendlandes akzeptiert wurde. Mit seinem abschließenden Werk, »Thesaurus temporum« von 1606, das fünfzig Jahre später Allgemeingut der Geschichtsforschung wurde, liegt unsere heutige Vorstellung fest und ist nur noch in winzigen Details verbesserungsmöglich. Die Tabellen am Schluss seines Buches werden praktisch heute noch in den Schulen gelehrt.

Scaliger galt schon zu seinen Lebzeiten als ein »Höherer«, dessen Arbeitsergebnisse kaum noch angezweifelt wurden. Seine Gespräche wurden in zwei Bänden gedruckt, 25 seiner Briefe ebenfalls, weitere Briefe und Notizen liegen in der Leidener Bibliothek. Er hat 37 Bücher und Aufsätze veröffentlicht, darunter zahlreiche lateinische Erstausgaben von Klassikern und die Lebensbeschreibungen des Homer, Empedokles, Hermes Trismegistos, Apuleius und anderer Sagengestalten, die wir heute als Romane einstufen müssen. Scaliger eignete sich auch Griechisch an, sprach und schrieb leidlich gut Hebräisch und beherrschte Arabisch, verfasste sogar selbst ein arabisches Buch über Sprichwörter, das »Kitab al-Amthal«, Buch der Gleichnisse.

Ganz erstaunlich aber sind seine Übersetzungen lateinischer Texte ins Griechische, auch umgekehrt, also griechischer Texte ins Latein, wobei er absichtlich altmodische Wörter schuf. Dies mag heute befremdend anmuten, wäre aber als literarische Marotte durchaus bewundernswert. Dumm ist nur, wenn wir heute diese so genannten Erstausgaben klassischer Werke für bare Münze nehmen.

Eins seiner Hauptanliegen war die Verbindung zwischen biblischer und griechischer Geschichte, denn diese zwei Romanserien waren fast unabhängig voneinander geschrieben worden und kaum miteinander vereinbar. Zunächst einmal musste ein Datengerüst für die griechische Geschichte erstellt werden, das man dem der biblischen Erzväter gegenüberstellen konnte. Zu diesem Zweck fand Scaligers Freund Casaubonus, der schon andere antike Manuskripte »entdeckt« hatte, 1605 in Paris eine Olympionikenliste, auf der alle Sieger von Olympia von Anbeginn bis zur 249. Olympiade verzeichnet waren. Zu diesen Olympioniken ordnete Scaliger nun die Königslisten der Peloponnes, Attikas und Makedoniens, daran anschließend die bei Euseb enthaltene Königsliste des Manetho sowie weitere Herrscherlisten des Orients. Da die Olympionikenliste über einen Zeitraum von praktisch genau 1000 Jahren reichte und man den Beginn der Olympiaden ins 8. Jahrhundert v. Ztr. ansetzte, müsste eine so lange Liste eigentlich ausreichend sein, zumal man das Ende an eine entsprechende Konsulnliste der Römer anschließen konnte. Man hatte sogar Sorge getragen, dass die Olympionikenliste schon anderweitig benützt worden war, etwa bei dem Kirchenlehrer Julius

Africanus, womit sie ihre Echtheitstaufe erhielt. Aber auch der Africanus und vor allem der Euseb, den Scaliger so prachtvoll »emendierte«, d. h. nach eigenen Vorstellungen ausbesserte und ergänzte, sind ja im selben Fälscherkreis geschaffen worden. Inwieweit man sich dabei orientalischer Vorlagen, etwa armenischer oder syrischer Texte, bediente oder diese erst später durch die Kirche dort eingeschleust wurden, wäre eine Untersuchung für Kriminalisten. Die Inhalte sind jedenfalls so naiv erfunden, dass heute eigentlich kein Zweifel mehr über diese geniale Literatur besteht. Dennoch: Das Gesamtgerüst der Chronologie der Weltgeschichte beruht auf diesen Erfindungen und ist insgesamt nicht mehr umstürzbar, zumindest so lange nicht, bis ein neues verlässliches Gerüst an diese Stelle gestellt werden kann. Und das ist derzeit unmöglich.

Wiederum dürfen wir das Datum der Ersterscheinung von Scaligers Werk nicht übersehen: Kurz nach der gregorianischen Kalenderreform, im Sommer 1583! Es ist eine direkte Antwort des evangelischen Philosophen auf die einschneidende Maßnahme des Papstes, die Scaliger ablehnte.

Eine wichtige Quelle Scaligers und seiner Nachfolger war der byzantinische Patriarch Photius, dessen Buch, die so genannte »Bibliothek«, bis ins 10. Jahrhundert zurückverfolgt wird. Im Jahre 855 wurde Photius auf eine Gesandtschaftsreise zum Kalifen von Bagdad geschickt und lernte dort klassische griechische Texte kennen, die es in Konstantinopel nicht gab. Er machte Auszüge von diesen Texten, darunter auch von den Geschichtsbüchern des Herodot, und schenkte sie bei seiner Rückkehr seinem Bruder. Unklar bleibt, ob er Originale vorgefunden hatte oder nur »Rückübersetzungen« aus dem Arabischen verfasste. Möglich ist auch, dass er frei geschrieben hat unter Verwendung orientalischer Traditionen. Dies ist vor allem in seiner »Geschichte der Manichäer« spürbar.

141

Eine andere Quelle der Humanisten, die reichlich ausgeschlachtet wurde, war ein Autorenlexikon mit dem Namen »Suida«, das vermutlich schon von Konstantin dem Purpurgeborenen im 10. Jahrhundert erstellt worden war. Aus den darin enthaltenen knappen Hinweisen zu einzelnen Gestalten der Antike und ihren Schriften wurden im Laufe des 15. und 16. Jahrhunderts zahlreiche klassische Werke geboren, die heute meist als echt gelten.

Das Problem der Datierung

Wann und wie war man eigentlich dazu gekommen, die Jahreszahlen nicht mehr nach den jeweiligen Herrscherjahren anzugeben, also nicht mehr zu schreiben: Im Jahre 10 seit der Krönung von Alexander (oder Diokletian oder Jesdegird usw.)? Oder noch einfacher, wie es die Römer taten: Im Jahr der Konsuln X und Y …

Der römische Schriftsteller Titus Livius hatte eine Zeitrechnung ›nach der Gründung der Stadt Rom‹ eingeführt (= ab Urbe condita, abgekürzt: UC), die außer in der Literatur nirgends verwendet wurde. Manche Griechen sollen nach Olympiaden gezählt haben, jedoch fast alle Dokumente, die davon zeugen, sind erst in der Renaissance geschrieben worden und darum auch entsprechend widersprüchlich. Die Angaben darin unterscheiden sich oft um mehrere Jahrhunderte, wie man inzwischen herausgefunden hat. Als früheste Handschriften tragen einige Pergamente mit Chroniken des Isidor derartige Jahreszahlen, doch die Handschriften reichen wohl kaum 900 Jahre zurück.

Die jüdische wie auch die etwa gleichalte byzantinische Rechnung »seit Erschaffung der Welt« ist ebenfalls recht jung, vielleicht 700 Jahre alt, und hat über tausend verschiedene Ansätze, wie in den Lexika steht. Das bedeutet wohl, dass sie hauptsächlich in der Literatur existiert und kaum praktische Anwendung fand, sonst hätte man sich auf einen einzigen Ansatz pro Herrschaftsbereich geeinigt.

Die erste literarische Anwendung einer Berechnung der Jahre seit Christi Geburt wird von den heutigen Akademikern höchstens bis zu Regino von Prüm im 10. Jahrhundert zurückverlegt (Topper, 1999, S. 19 ff). Ein aufmerksames Studium dieser Untersuchungen lässt den Schluss zu, dass vor dem 13. Jahrhundert keine praktische Benützung dieser Jahreszählung zu bemerken ist. Die Kirche verwendet diese heute übliche Zählweise (»seit der Fleischwerdung des Herrn«) offiziell erst seit 1443.

Gerne feiert man im Abendland alle möglichen Hundertjahrerinnerungen, sogar tausendjährige. Vor einigen Jahren zelebrierte man in Frankreich den 900. Jahrestag des Aufrufs zum 1. Kreuzzug durch Papst Urban (»II.«), der angeblich auf dem Konzil von Clermont 1096 erfolgt sei. Wir haben sogar einen genauen Wortlaut dieser Papstrede in der »Geschichte« des William von Malmesbury, die auf 1143 angesetzt wird, aber erst ein Jahrhundert später überliefert ist; 1144 rief Bernhard von Clairvaux zum nächsten Kreuzzug auf, was vermutlich den Datierungsansatz für Williams »Geschichte« bestimmte. Abgesehen von geografischen Gemeinplätzen, die eher aus anderen Schriften übernommen sind, geben die chronologischen Ungereimtheiten darin zu denken: Nach Syrien, Armenien und Kleinasien hätten die Moslems 1096 gerade Jerusalem erobert, sagt der Papst und macht daraus den Anlass zum Ersten Kreuzzug. Nach heutigen Geschichtsbüchern wurde Syrien – einschließlich Jerusalems – ab 638 in wenigen Jahren erobert, nicht jedoch Armenien, das immer christlich blieb.

»Sie haben auch Afrika, den zweiten Teil der Welt, mit Gewalt in Besitz genommen seit mehr als 200 Jahren.« Ägypten wurde nach heutigen Lexika 640 islamisch, der Rest in wenigen Jahrzehnten (außer Äthiopien, das christlich blieb). Der Papst irrte sich hier um 200 Jahre.

»Vor 300 Jahren eroberten sie Spanien und die Balearischen Inseln, jetzt trachten sie nach dem Rest.« Spanien wurde 711 erobert, haben wir gelernt. Der Irrtum beträgt fast ein Jahrhundert. (Zitate nach Kuhn, 1993, 1, S. 45 f)

Nun stört mich weniger, dass irgendein Papst im 11. Jahrhundert eine so schlechte Geschichtskenntnis besaß, denn es gab damals noch keine Päpste. Mich wunderte, als ich diese Zitate las, dass William von Malmesbury, dem wir den Wortlaut dieser Rede verdanken, sich das nicht korrekter ausdenken konnte. Auch wenn er zum höheren Ruhme Gottes diesen Aufruf erfunden hat, hätte er dann nicht wenigstens die richtigen Zeitangaben machen können?

Meine Schlussfolgerung: Nein, das konnte er nicht, denn damals besaß man noch keine fortlaufende Zeitrechnung, mit deren Hilfe man die Abstände hätte ablesen können.

Die älteste europäische »durchzählende« Jahresbezeichnung war die ERA, die von der katholischen Kirche bis 1443 als einzige offizielle Datierungsweise benützt wurde und dann schrittweise auslief. Der Beginn der Benützung der ERA wird »um 500« (ERA) angesetzt. Die Einführung soll durch König Geiserich erfolgt sein. Über die ersten fünfhundert Jahre liegen deswegen keine Dokumente vor. Warum Geiserich eines Tages mit dem Jahr 500 neu zu zählen anfing, bleibt rätselhaft. Das Jahr 1 der ERA würde nach heutiger Sicht 38 v. Ztr. liegen, also recht nahe dem rückerrechneten Datum der julianischen Kalenderreform (44 v. Ztr.). Tatsächlich benützt die ERA das julianische Jahr.

Auch aus den auf Geiserich folgenden 500 Jahren haben wir kaum Resthinweise auf eine Benützung dieser Ära. Die vielen gefälschten Steininschriften konnten leicht entlarvt werden (siehe Topper, 1999, Kap. 8; ich füge hier zwei weitere Beispiele aus dem Nationalmuseum Madrid bei: Abb. 28

Die thronende Göttin (Persephone) von Tarent im Pergamonmuseum, Berlin, twa 2500 Jahre alt, Glanzstück griechischer Bildhauerkunst.

1

2

2 Die Persephone von Tarent,
Seitenansicht: Wo hätte hier eine
Armlehne stehen können?

3 Die Persephone von Tarent:
Seitenansicht, um den Sägeschnitt am
Rücken zu zeigen.

4 Die Terrakottafigur »von Tarent«:
Beweisstück für die Echtheit der
Persephone, aber an technischen
Details ebenso als Fälschung erkennbar

4

5 Der Kopf der Berliner
Persephone mit dem
Jugendstil-Lächeln:
Jetzt sitzt er wieder so,
wie ihn Dossena 1911
geschaffen hatte.

6 Ein freier Sonntag vor
dem Berliner Pergamon-
museum. Auch bei strömen-
dem Regen bilden sich
Schlangen von Leuten, die
den berühmten Fries sehen
wollen.

5

6

7

7 »Alexandersittich«, Fußbodenmosaik aus Pergamon (2. Jahrhundert v. Ztr.), heute im Museum in Berlin.

8 Ein knabenhafter kleiner Marmorkopf aus Pergamon, der nicht zu den erhaltenen Friesplatten passt; das Ohr ist unverhältnismäßig klein.

9 Teil des Telephos-Frieses im Berliner Pergamonmuseum: gefallener Krieger mit ausgekugeltem Arm.

8

10

10 Telephos-Fries von
Pergamon: Zwischen zwei
Gestalten wird abstrakte
Landschaft sichtbar.

11 Telephos-Fries von
Pergamon: Links fehlt
das Standbein, weil es nirgendwo Platz hätte, rechts
das Stützbein des Sarges,
damit man dahinter das
Männerbein sehen kann.

11

12

12 *Das fehlende Bein des Telephos gibt den Blick auf den bearbeiteten Hintergrund frei – Überraschung am Pergamon-Altar in Berlin.*

13 Der Telephos-Fries von Pergamon
war nie ganz fertig geworden, wie dieses
Teilstück deutlich zeigt: Die Figuren sind
endgefertigt, der Himmel nicht.

14 Reste des Gigantenfrieses vom
Pergamon-Altar in Berlin. Die Figuren
sind ohne die Platten, aus denen sie einst
herausmodelliert waren, aufgestellt.

13

14

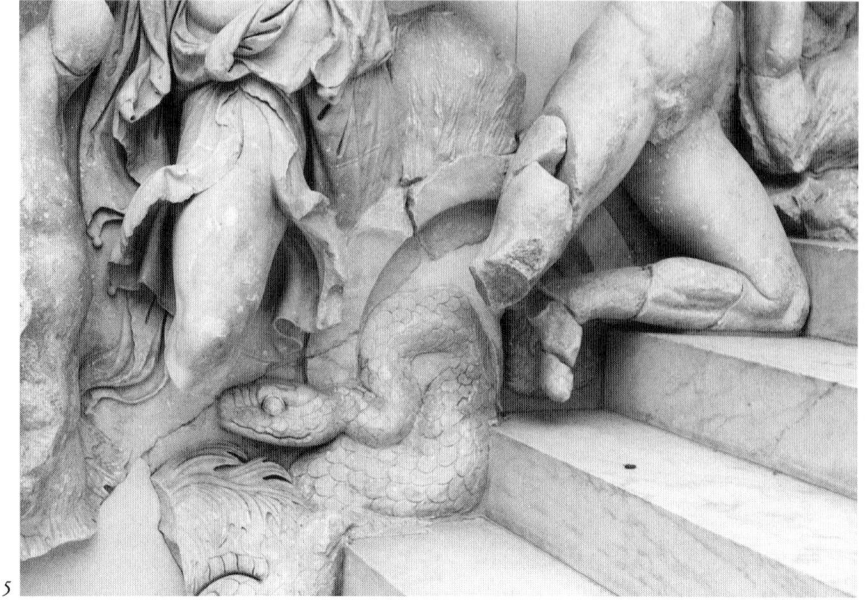

15

16

15 Gigantenfries von Pergamon: Das Bein des Kämpfers müsste die Schlange verdeckt haben.

16 »Römische« Stele eines Kopflosen auf dem Donon (Vogesen).

17 Herkules mit Axt und Hirsch. Stele vom Donon in den Vogesen. Zeichnung: U. Topper.

18, 19 Fränkischer Grabstein von Niederdollendorf aus dem 7. Jahrhundert, Vorder- und Rückseite (19) sowie Oberseite (18). Rheinisches Landesmuseum, Bonn. Zeichnung: U. Topper nach Fotos (Menghin, 1980).

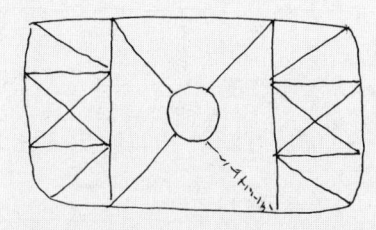

18

19

20 Gruppe 7 von
Algodonales nach der
Veröffentlichung von
Dams (1981, S. 488):
eine Frau im Dirndl,
umgeben von Hirschen.

21 Frauendarstel-
lungen spanischer
Felsbilder im Vergleich:
a. Algodonales (ver-
öffentlicht von Dams),
b. Cogul,
c. Cueva de la Vieja,
d. Los Grajos,
e. Cueva de las Vacas
(nach Breuil),
f. La Sierpe
(nach Breuil).
Abbildung aus Dams,
1981, S. 490.

22 Bunte Felsbilder
von Algodonales,
angeblich fünftausend
Jahre alt.

23 Das beliebte Fegefeuer, heute
noch Schreckensbild zum Eintreiben
von Geld:

Rettet, o fromme Leute,
die armen treuen Seelen!
Denkt daran, dass in Kürze
ihr selber im Feuer schmort!

24 Kuppelmosaik der Taufkapelle
der Arianer in Ravenna (»etwa 490«):
Der knabenhafte Jesus wird in
Anwesenheit des Flussgottes
Jordan von Johannes getauft.
So dachte man sich frühchristliche
Kunst in der Renaissance.

23

24

25

25 Linker Flügel der bronzenen Domtür von Hildesheim mit dem aufgenieteten Löwenkopf als Türgriff. Darüber in der schmalen Leiste ist der Text mit der Jahreszahl MXV eingeritzt.

26 Grabplatte der Königin Plectrudis in der Kirche St. Maria im Kapitol in Köln. In unseren Geschichtsbüchern hat sie nie gelebt.

27 Reliquienschatulle im Altar von St. Maria im Kapitol in Köln: tatsächlich alt und aus dem Orient, aber nicht christlich.

27

28, 29 Auf dem heiligen
Staffelberg in Oberfranken.
Links: 1936 fand man endlich
den Beweis für die Kirchen-
gründung durch Karl d. Gr. 785:
ein Bruchstück von einem
Kapitell, sinnvollerweise unter
der Kirche. Rechts: Damit die
Heiden nicht leer ausgingen,
fand man 1938 ein anderes
Bruchstück, das als Nachbildung
einer Irminsul gelten darf.
Es lag entsprechend unter
einem Schießplatz.

30 Die Hartmanns-Säule vom
Dom zu Goslar: Für den christlichen Gottesdienst geschaffen?

31

31 Grabstein der Maria aus dem Jahr 518. Leider hieß diese Dienerin Gottes nur *Maria*, womit der Stein nicht nur aus optischen, sondern auch aus inhaltlichen Gründen zu den Fälschungen gerechnet werden muss. Archäologisches Nationalmuseum, Madrid.

32 Zweisprachiger Grabstein im Archäologischen Nationalmuseum, Madrid. Der Mann, der nur *Johannes* hieß, starb an einem Sonntag (umgerechnet), den 18. Februar 1109. Leider wäre das ein Donnerstag gewesen…

33 Marmorne Dachplatte vom Tempel in Olympia, die heute im Pergamonmuseum die Olympiadenrechnung beweist: Am Ende der ersten Zeile steht CKG = 223.

33

34

34 Poggio Bracciolini (1380–1459),
der geniale Schöpfer von Tacitus,
Plautus und vielen anderen
Lateinern. Deckengemälde in
den Uffizien in Florenz.

35 Geheimnisvoll und unkenntlich
gemacht worden: die Gnomonsäule
im Heiligtum der Externsteine.

35

36

36 Inmitten der gigantischen
römischen Ruinen von
Hierapolis stehen die Grundmauern einer winzigen
christlichen Kirche (links) –
Neuanfang nach einer
Katastrophe?

37 Erdbebenschäden oder
Ereignisse, die ein ganzes
Land entvölkerten?
Monumentale Ruinen von
Termessos (Türkei).

37

und 29). Erst ab etwa 1250 AD dürfte die ERA wirklich gebraucht worden sein.

Die Umschaltung von der ERA auf die christliche AD-Zählung erfolgte keineswegs einheitlich, sondern zog sich über mehrere Generationen hin. In Deutschland war die ERA allerdings selten benützt worden, schreibt Ginzel (III, S. 176): König Alfons der Weise von Kastilien (1252–1284) habe in seiner Eigenschaft als deutscher König (ab 1257) einige Urkunden deutscher Städte nach ERA datieren lassen, sonst gibt es kaum Hinweise darauf. Das wiederum mutet seltsam an, denn die katholische Kirche benützte die ERA in allen offiziellen Schriftstücken bis ins 15. Jahrhundert.

Ein Beispiel aus dem 14. Jahrhundert, das die ganze Verwirrung ahnen lässt, ist die Datierung eines Sendschreibens des Papstes an den chinesischen Kaiserhof, nachdem dort die Mongolenherrschaft durch die Ming-Dynastie abgelöst worden war, ein Ereignis, das (durch genügend Dokumente bestätigt) ins Jahr 1368 AD datiert wird. Papst Johannes XXII. ernannte Nikolaus von Bentra als Nachfolger von Johannes von Monte Corvino zum Erzbischof von Cambalu (= Peking). Der Brief, den er dem neuen Bischof mitgab, ist ins Jahr 1333 datiert und war noch an den Mongolenherrscher gerichtet, denn dessen Fall war wohl in Rom noch nicht bekannt. Der neue Mingkaiser empfing den päpstlichen Gesandten und übergab ihm einen Antwortbrief, in dem er auf diesen Umstand hinwies, wie in chinesischen Annalen verzeichnet ist: »Beim Ende der Yüan-Dynastie (das heißt: der Mongolen) kam ein Eingeborener des Landes Ta-ts'in (= Syrien, d. h. Land der Christen) namens Nieh-ku-lun (offensichtlich Nikolaus) nach China, um Handel zu treiben. [...] Im Jahre 1371 (umgerechnet vom chinesischen Jahreszyklus) befahl ihn der Nachfolger der Mongolenherrscher zu sich und gab ihm einen Brief mit, der vom Fall der Mongolen berichtete.« (Zitiert nach Hirth, 1885, S. 65)

145

Gewiss war Nikolaus nicht 38 Jahre unterwegs, um von »Syrien« (oder Rom) nach Peking zu gelangen; der Seidentransport benötigte für diesen Weg nur einige Monate, und wenn man per Schiff reiste, wie die arabischen Händler, dann dauerte es auch kein Jahr. Das Intervall von 38 Jahren ist typisch für Umrechnungsfehler zwischen ERA und AD. Man war also bei der späteren Abschrift des Briefes im Vatikan wohl der Überzeugung, das im Brief genannte Datum 1371 sei nach ERA aufzufassen und zog einfach die obligatorischen 38 Jahre ab, um es auf AD zu trimmen.

Durch Ginzel u. a. wissen wir recht gut, dass zahlreiche Dokumente bis zur Renaissance noch ERA-Daten trugen, obgleich man sich in Spanien schon sehr früh um die Umstellung bemüht haben soll. Schon auf dem Konzil von Tarragona in Katalonien (angeblich 1180 AD, wiederum nach Ginzel, III, S. 176, aber nicht zu bestätigen) wurden Stimmen notiert, die eine Einführung der christlichen Zeitrechnung forderten, doch offiziell wurde sie in Katalonien erst etwa 170 Jahre später eingeführt, im Nachbarland Aragon durch König Pedro IV. im Jahr 1349, nebenan in Valencia 1358, in Kastilien und León 1383 unter Juan I., und in Navarra schrittweise Anfang des 15. Jahrhunderts. In Portugal, so liest man allgemein, beschloss man unter König João I. im Jahr 1422 AD (oder 1415, siehe hierzu Topper, 1999, S. 241) die Umstellung auf AD-Jahre.

Bei diesen Umstellungen von ERA auf AD passierten häufig Fehler, nicht nur hinsichtlich des 38-Jahr-Abstands, sondern auch durch fehlende Kennzeichnung, welche der beiden Ären verwendet worden war, wie eben in dem Beispiel aus dem Vatikan.

Ein Hinweis findet sich überdies in dem »Gebetbuch von Tarascon«, das Ginzel (ebendort) erwähnt: Es trägt zwei Datierungen, nämlich die zu jenem Zeitpunkt normale, 1529 (das ist sicherlich AD), und ausdrücklich das ERA-Jahr,

1273. Der Abstand beträgt zwar drei Jahre weniger als bei ähnlichen Umrechnungen, nämlich 294 Jahre (statt 297), aber so kleine Fehler sind üblich. Zumindest besagt diese Doppeldatierung, dass hier abseits der offiziellen Umstellung noch bekannt war, dass die ältere ERA ohne Unterbrechung weitergezählt worden ist.

Ein Blick in frühe spanische Chroniken (Deyermond, S. 150) zeigt uns den Wirrwarr der noch ungeordneten Datierungen im vollen Umfang: Eine Chronik aus Navarra (um 1200) bringt für König Artus das ERA-Datum einer Schlacht: ERA DLXXX (das wäre 580, minus 38 = 542 AD), dazu das Todesdatum von Carle Magne, ERA DCCCLXXXVI (= 886, minus 38 = 848 AD, 34 Jahre zu spät). Beide Helden sind erfunden, aber ihre Daten lassen schon die künftige Struktur der Zeittafel ahnen.
Die französische »Chronik des Mainet« (geschrieben wohl im frühen 13. Jahrhundert) bringt Fakten des 11. Jahrhunderts ins 8. Jahrhundert versetzt, wobei Alfons VI. von León durch Karl d. Gr. ersetzt wird. Hier ist der Sprung über drei Jahrhunderte schon festgelegt! (Deyermond, S. 74)
Das gilt auch für das Gedicht des Fernán González (1250 oder wenig später verfasst). Es berichtet unter Missachtung historischer Fakten Ereignisse von 932 bis etwa 970, die also durch unsere Umrechnungsweise um 300 Jahre zurückverlegt wurden, mit volkstümlichen Einschlüssen und zeitgenössischen Ereignissen, die unsere heutigen Historiker verwirren (Deyermond, S. 75).

Wie man sich leicht vorstellen kann, rutschten bei diesen Umschichtungen geschichtliche Personen (wie etwa der schottische Philosoph Eriugena) drei Jahrhunderte in die Vergangenheit, was heutigen Schriftstellern wie z. B. der hoch geschätzten – kürzlich gestorbenen – Sigrid Hunke, die von diesen Verschiebungen nichts wusste, enorme Probleme bei der Einordnung der Ideen bereitet und zu falschen Schlussfolgerungen geführt hat.

Wie kann man nun aus diesem Labyrinth wieder herausfinden? Gibt es eine Ariadne, die uns das Fadenknäuel zuwirft? Ich bin bei Nikolaus Cusanus darauf gestoßen. Er forderte nämlich zusammen mit einem Kollegen auf dem Konzil zu Basel im Jahr 1432 den Papst auf, endlich einen einheitlichen Kalender und eine sichere Zeitrechnung einzuführen, weil – so argumentierte er – die Kirche zum Gespött der Heiden wird, die den Christen in diesem Punkt nämlich weit überlegen sind. Die Kirche begann nun schrittweise mit einer neuen Geschichtsschreibung, die aber erst durch Papst Gregor (den »XIII.«) im Jahre 1582 mit der berühmten Kalenderreform ihre feste Gestalt erhielt. Die ungeheuren Probleme, mit denen mehrere Generationen von Theologen und Astronomen dabei zu kämpfen hatten, lassen sich z. B. am Lebensweg des Johannes Regiomontanus ablesen, der wohl als einer der brillantesten europäischen Astronomen gelten kann. Vermutlich musste er sein zu großes Wissen mit dem Tode büßen.

Was wusste er und was wussten Cusanus und die anderen, was uns heute verborgen ist?

Ihnen war wohl klar geworden, dass es zu ihrer Zeit nur *eine* verlässliche Jahreszählung gab, die über Jahrhunderte hinweg benützt wurde, nämlich die islamische, die mit Jahren seit der Hedschra, d. h. der Flucht des Propheten Mohammed von Mekka nach Medina, rechnet. Da diese Hedschra-Zählung durch Münzen von etwa 100 Hedschra an recht gut belegt ist und auf Dokumenten auch von 300 Hedschra an vorkommt, hat sie für uns gegenüber der christlichen Jahreszählung einen enormen Vorsprung an Vertrauenswürdigkeit. Diesen Vorsprung aufzuholen, ja zu übertreffen, hatten sich die Papstgünstlinge wie Nikolaus Cusanus vorgenommen.

Man schaffte es christlicherseits auf zwei Wegen: Einmal wurde der Anfang der beiden Zeitrechnungen, ihre so genannte Epoche, willkürlich – unter Benützung symbolträchtiger Zahlen – festgelegt, und zum anderen wurden die leeren Jahrhunderte der christlichen Zeitrechnung künstlich mit Ereignissen aufgefüllt, wodurch diese ein festes Rückgrat bekam, was die islamische für die frühen Jahrhunderte nicht vorweisen konnte.

Die Computisten, so nannte man die Männer, die mit dieser Arbeit beschäftigt waren, wählten als ersten Anhaltspunkt ein so genanntes »Erstes weltweites Konzil«, das sie in Nizäa stattfinden ließen als Beginn der offiziellen Anerkennung der Kirche als Staatsmacht, und das mithilfe der frühesten Berechnungen mit dem Zeitpunkt der Hedschra gleichgesetzt wurde. Später glich man diesem Nullpunkt die spanische ERA-Rechnung an, indem man das (wegen Offb. Joh., 13) symbolträchtige Jahr 666 ERA als Jahr des Antichristen mit Hedschra 1 gleichstellte, um auf diese Weise den Islam zu verteufeln. Der ursprüngliche Beginn der ERA muss aber mit der julianischen Kalenderreform gekoppelt worden sein, d. h. nach unseren heutigen Vorstellungen auf – 44 angesetzt werden. 666 minus 44 ergibt 622, das ist das jetzige Datum für die Hedschra in unseren Schulbüchern.

Das Konzil von Nizäa wird heute mit 325 angegeben, der Unterschied zwischen den beiden zunächst gleichgestellten Ereignissen (622 und 325) beträgt also nun 297 Jahre (das ist das Produkt aus der wichtigen Primzahl 11 und der Drei hoch drei = 27). Für die Computisten war das ein fester Haltepunkt.

Hier liegt eine erkennbare Fehlerquelle für die so häufig um drei Jahrhunderte verschobenen Geschichtsdaten. Der Zeitrekonstrukteur Heribert Illig ist auf anderem Wege zu diesem Ergebnis gekommen, leider ohne eine *Erklärung* zu geben, *wie* er diesen Zeitabstand gefunden hat. Sein Ausdruck »nach meinem derzeitigen Wissensstand« (1994, S. 20) klingt mystisch. Es gibt ja eine ganze Reihe von verschiedenen Wegen, auf christlicher wie auch islamischer Berechnungsgrundlage, die diesen Sprung deutlich machen, wie man in meinem Buch »Erfundene Geschichte« (1999) nachlesen kann.

Der Unterschied zwischen Illigs und meiner Auffassung von Zeitrekonstruktion ist beträchtlich. Wenn es richtig ist, dass wir heute für den gesamten Geschichtsablauf vor 1200 u. Ztr. nur bruchstückhafte Erinnerungen, mündliche Überlieferungen und nicht zueinander in Beziehung setzbare Einzeltraditionen der verschiedenen Kulturvölker haben, dann kann eine Rekonstruktion schon damals nur wenige Jahrhunderte rückwärts verlässlich gewesen sein. Man hätte sich also allenfalls noch an Sachsenkönige mit den Namen Heinrich und Otto erinnert, aber nicht mehr an die genauen zeitlichen Abstände. Diese wurden ab dem 14. Jahrhundert (meist kirchlicherseits) auf einem Zeitstrahl festgelegt, der gerade erst im Aufbau begriffen war. Daher rühren auch die großen Abweichungen in den »Dokumenten«.

Es ist durchaus wahrscheinlich, dass man vorher genauere Vorstellungen hatte, eventuell auch jahrgenaue Aufzeichnungen; da aber diese durch die Kirche zerstört und durch eine neue Zeitskala ersetzt wurden, haben wir keinen Zugang mehr dazu. Nur aus den bildlichen Darstellungen – etwa den Kapitellen der so genannten romanischen Kirchen – erkennen wir, dass die Menschen, die jene Tempel bauten, eine völlig andere Religion gehabt haben müssen, als uns heute erzählt wird.

Die Herstellung einer Geschichte für die Jahrhunderte vor 1200 ging schubweise vor sich. Zunächst wurden Königslisten aufgestellt, Kriege und Schlachten in ein Schema gebracht, vor allem die sicher sehr lebendigen Epen zu Chroniken ausgebaut. Man erinnerte sich gewiss noch, dass man als Ostgote Rom plünderte oder als Westgote die Pyrenäen überschritten hatte, dass man als Wandale Nordafrika eingenommen hatte und von dort den zentralen Mittelmeerraum beherrschte usw.

In diesem Sinne sind auch die »Gotenkriege« des Prokop nicht völlig ausgedacht, obgleich sagenhaft. Nur ihre zeitliche Festlegung ist willkürlich, denn sie wurden – wie alle Texte, die uns aus Byzanz erreicht haben – keineswegs vor dem 10. Jahrhundert verfasst.

Die Festlegung des Anfangs des Deutschen Reiches auf 911 AD und der beiden Schlachten gegen die »Ungarn« 933 und 955 folgt diesem Muster symbolischer Zahlen – hier vor allem der heiligen 11 – wie auch die Festlegung Otto III. auf 999–1001 rein symbolischen Charakter trägt: Alle »besseren« christlichen Staaten wurden (rückwärts betrachtet) ausgerechnet in den Jahren 999 bis 1001 christianisiert, von Island bis Ungarn. Man hat im 14./15. Jahrhundert das Jahr 1000 AD zu einem Markstein der abendländischen Geschichte erhoben und die »Bekehrung« der Nationen festgelegt.

Auf demselben Zeitstrahl hat man die Eroberung Jerusalems durch die Perser – ein historiografischer Topos, der in die Bibel rückprojiziert für Sanherib usw. einging – auf 614 festgelegt. Illigs Gedanke, dass die beiden Ereignisse (Gründung des Deutschen Reiches und »Verlust« von Jerusalem) eigentlich zeitgleich gewesen sein müssten, ist ebenso willkürlich, da eine Koordination mit unabhängigen Daten auf einem anderen Zeitstrahl, etwa der Hedschra des Islam, nicht gemacht werden kann.

Illigs Gleichsetzung von 614 und 911 und die Ausschaltung der dazwischenliegenden Jahre als »fiktiv« ist demnach ein irreales Spiel mit Jahreszahlen und »Fakten«, die ohnehin erfunden sind und nirgendwo Rückhalt haben können. (Berühmt für derartig absurde aber dennoch höchst amüsante Spielereien sind die »Forscher« der Sherlock-Holmes-Gesellschaft in London, die sich in Gelehrtensprache und Schriften um die Geburtsdaten ihres Helden streiten, der nie geboren wurde, wie alle Beteiligten sehr wohl wissen.)

Ein solches Geplänkel innerhalb einer erdachten Geschichte hat den Vorteil, dass dabei die akademischen Spielregeln gewahrt werden. Aber die Jahreszahlen 800 für Kaiser Karls Krönung oder 814 für seinen Tod haben entgegen Illigs These nicht weniger Wirklichkeitsgehalt – und nicht mehr – als, sagen wir, die Jahreszahl 325 für das »erste weltweite Konzil der Christenheit«, oder 604 für das Todesjahr von Papst Gregor dem Großen, der England bekehren ließ. Innerhalb eines fiktiven Zeitablaufs sind alle diese Daten relevant; in Beziehung gesetzt zu einem anderen, kaum weniger fiktiven Zeitschema, etwa dem der Moslems, sind diese Daten jedoch absurd. Insofern hat Illig (1991, S. 23) Unrecht, nicht nur im akademischen Sinne, sondern auch im Sinne der Zeitrekonstrukteure, die seine sich stetig mehr einengende These ablehnen.

Die Zahlenspielerei (der Computisten wie auch der heutigen Rekonstrukteure) ist übrigens spannend und amüsant, es kommen erstaunlich klare Durchblicke dabei heraus. Ich möchte nur auf König Geiserich hinweisen, der nun in völlig neuem Licht erscheint und zu wirklicher Größe aufrückt. Seine Eroberung Nordafrikas und des zentralen Mittelmeeres erhält eine geistige Dimension, die epochemachend war. Sie entspricht auf islamischer Seite der charidschitischen Mission und war Grundlage für die Fatimidenreiche Nordafrikas. In diesem Punkt kann die Geschichte schon neu geschrieben werden.

Der hier aufgedeckte Zusammenhang mit der islamischen Chronologie, vor allem der Hedschra-Jahreszählung, verdeckt aber den wichtigsten Punkt, der in den christlichen Bemühungen um eine eigene Chronologie die Hauptrolle spielte: die Errechnung des Weltendes. Diese Berechnung war nämlich für die rechtgläubigen Moslems unbedeutend oder galt sogar als ketzerisch. Dennoch leitete sich der Impuls für eine durchgehende Zählweise auch bei den Moslems ursprünglich von einer ähnlichen Motivierung ab, die aus dem Iran stammt. Man hatte dort die Weltalterberechnung mit der Wiederkunft des Saoshyant verbunden: 6000 Jahre nach der Erschaffung der Welt sollte das Weltende durch den Saoshyant, den Erlöser, eintreten. Die Juden hatten diese Zwangsvorstellung von den Persern übernommen und in ihren apokalyptischen Schriften weiter ausgebaut. Und auf diesem Wege war diese Zukunftserwartung auch in die christliche Glaubenswelt eingedrungen, zuerst ganz banal als »Naherwartung«, die in einer Massenhysterie um 1260 gipfelte, dann als kryptischer Zug und theologische Spitzfindigkeit, die auch in Newtons Zeit noch vorrangig war und bis heute Wellen schlägt.

Kürzlich war ich wieder an einem Gratis-Sonntag im Berliner Pergamonmuseum. Die ›allzu schönen‹ Terrakotten von Tanagra hat man entfernt, dafür eine Vorwärtsverteidigung eingebaut:
Gewisse sonst nie gezeigte Beispiele antiker Datierungen werden hier für einen kurzen Augenblick als »Gäste« (Titel) ausgestellt, eine Art Versuchsballon. Und aus gegebenem Anlass! Wir hatten ja massiv auf dieses Thema hingedrängt. Nun wird das Publikum entsprechend geimpft. Man wartet zunächst ab, bis die Fälschungen zu häufig angegriffen wurden, dann werden diese Artefakte (im Ganzen übrigens nur eine Hand voll, etwas wenig, um antike Datierungen beweisen zu können) wieder weggesteckt. Sie sind auch keine Beweisstücke, nur der Begleittext will das einflößen.
Außer einer Marmorplatte, die eine meiner Behauptungen umwerfen könnte.

Es handelt sich um einen »Dachziegel« aus der deutschen Ausgrabung des Zeustempels von Olympia, auf dem das Personal des Tempelkultes im Zeitraum der 223. Olympiade genannt und damit für die Aussteller die Jahre »113 bis 117 nach Christus« belegt werden. Die Buchstaben CKG (= 200, 20, 3) sind gut zu lesen. Das würde tatsächlich bedeuten, dass man damals schon – wann immer das gewesen sein mag, es gibt ja mindestens drei weit voneinander abweichende Olympiadenzählungen – eine gültige Fortzählung der Olympiaden als Zeitmaß verwendete. Ich hatte dagegen diese ganze Olympiadenzählweise als Versuch der Humanisten zur Erstellung einer Chronologie gewertet. Warum man so spät diesen »Dachziegel« auf dem ehrwürdigen Tempel, der damals etwa 580 Jahre stand, anbrachte, wird nicht erklärt. Und warum man die Namen des Personals ausgerechnet aufs Dach schrieb, ist auch unklar. Leider fehlen weitere Inschriften der Olympiadenzählung.

Es wäre natürlich schön, wenn man solche Dachplatten in großer Zahl für die angrenzenden Olympiaden gefunden hätte. Aber schon die hier gezeigte lose Marmorplatte mit den beiden gut gemeinten Bruchstellen lässt Zweifel aufkommen. Der Text hat einige Schwächen, die jedem Kenner griechischer Inschriften aufgefallen sein müssten. Normalerweise sind griechische Inschriften fortlaufend, d. h. es gibt keine Leerstellen – die Wörter werden ohne Abstand aneinander gereiht –, was sehr sinnvoll ist, wenn man spätere Fälschungen ausschalten will. Auf diesem Dachziegel stehen die Namen in schönen Reihen mit dazwischenliegenden Leerstellen, das ist ungewöhnlich.

Über das gekonnt nachgeahmte Schriftbild soll sich lieber ein Fachmann auslassen, es ist jedenfalls viel zu gut. Die Inschriften, die ich aus dem alten Hellas kenne, sind so schlecht erhalten und so fremdartig, dass ich sie selten lesen kann, wogegen ich den Dachziegel lese wie ein Renaissance-Schüler.

Aufschlussreich ist nun der Begleittext im Museum:
Gegen Ende des 4. Jahrhunderts hat der Historiker Timaios die überlieferten Angaben über die Sieger der Olympischen Spiele mit den jährlich gewählten Archonten Athens und den Ephoren Spartas sowie den Priesterinnen der Hera in Argos zueinander in Beziehung gesetzt und damit eine einheitliche Datierung nach Olympiaden erreicht. Zwar wurde sie im Alltag nicht verwendet, auch in der Literatur nur selten, aber sie half *uns*, eine Zeitrechnung aufzustellen.

Nun bleibt mir völlig unklar, was die Pokalsieger von Olympia, wo alle vier Jahre die ganze griechische Welt von Sizilien bis Zypern antrat, mit den jährlichen Herrschern von Athen zu tun haben sollten, oder mit den Priesterinnen von Argos. Es ist auch kein Beweis möglich, dass die olympischen Sieger irgendwo verzeichnet worden waren, nachdem die Spiele 776 v. Ztr. nach 86-jähriger Pause wieder begonnen hatten. Und da die Spiele bis 394 n. Chr. ausgeführt wurden, hätte man erwarten können, dass die Jahresrechnung auch in dieser Zeit des Kaisers Theodosius d. Gr. noch benützt wurde. Es war nicht so.

Ähnlich wie auf die Olympionikenliste glaubte man zeitweise eine Chronologie auf eine »Thurnierliste« von 1530 gründen zu können. Georg Rüxner hatte Ahnen berühmter deutscher Adelshäuser bis ins 10. Jahrhundert zurück aufgeführt, indem er sie als Teilnehmer von Turnieren und Kämpfen nannte. Auch wenn das vergleichsweise harmlos klingt, ist es doch als Fälschung aussortiert worden. Die Olympiasieger nicht, sie sind offensichtlich besser verfasst und liegen uns ja auch sehr fern.

Sicher war einem Verantwortlichen der Ausstellung aufgefallen, dass natürlich noch ein Anschluss an unsere heutige Zählung der Jahre geschaffen werden musste, wenn das Ganze einen Sinn machen sollte. Man stellt darum fürs Publikum weiter fest: Die römischen Konsuljahre, die ja die einzige römische Zeitrechnung waren, wurden durch Diodor von Agyrion (d. i. Diodor Siculus, ein Zeitgenosse Cäsars) mit der Liste der attischen Archonten in Beziehung gesetzt, wodurch erstmals eine kombinierte griechisch-römische Geschichtsschreibung möglich wurde.

Die spanische Bronzeplatte, die in diesem Zusammenhang als Beweis ausgestellt ist, beweist leider nichts. Einerseits ist sie bestens hergestellt, an dieser Platte kann nicht einmal ein Fachmann erkennen, dass es sich um eine Fälschung handelt. Andererseits ist der Inhalt des Textes unzumutbar: In der oberen Hälfte der Platte wird ein Vertrag zwischen zwei Familien mit Zeugen beurkundet, der wegen der genannten Konsuln heute auf 27 u. Ztr. datiert wird. Im unteren Teil wird in gleicher Schrift und Ausdrucksweise der Vertrag fortgesetzt, 135 Jahre später. Ist das nicht lächerlich? Für einen Datierungsbeweis jedenfalls unbrauchbar.

Dazu lese man den Text der Publikumsinformation, der feststellt, dass aus den Angaben des Historikers Diodor und des Geschichtsschreibers Dionysios von Halikarnass (beide lebten im »1. Jahrhundert v. Ztr.«) die lückenlose Liste der Archonten mit den Amtsjahren von 496 bis 292 v. Ztr. rekonstruiert wurde. Also die Geschichte, die sich mehr als 200 Jahre vor den beiden genannten Historikern ereignet hatte. Leider nicht die, die zur damaligen Zeit geschah.

Wer gerne Renaissance-Texte liest, der ist diese Ausdrucksweise gewohnt.

Was nicht gesagt wird: Timaios ist natürlich nicht erhalten, sondern nur ein gewisser Polybios hat uns das mitgeteilt. Eigentlich kennen wir diese Listen nur aus dem Lexikon Suida, aus Photius und der Enzyklopädie des Konstantin Porphyrogenetos, also frühestens aus den von den Kreuzfahrern mitgebrachten byzantinischen Büchern des 10. Jahrhunderts. Da aber der »antike« Geograf Eratosthenes, der katholische

Julius Africanus sowie der Dichter Apollodoros u. a. diese Zeitrechnung verwendeten, meint man, dass sie schon stimmen wird. Schade ist aber doch, dass wir durch diese Gleichsetzung des Timaios (der spätestens 250 v. Ztr. starb) nur eine Liste von 496 bis 291 v. Ztr. haben. Die Archonten, die von 683 v. Ztr. jährlich wechselnd bis 485 n. Chr. ihren Namen dem athenischen Jahr gaben, also 1168 Jahre regierten, sind nur in diesem kurzen Zeitraum von rund zweihundert Jahren bekannt. Dabei hätte ich gedacht, dass die Archonten der letzten Jahrhunderte die am besten bekannten hätten sein müssen. Ginzel (Bd. II, S. 350 ff) erklärt auch, dass man eine Rekonstruktion der Archontenlisten schon bis 31 v. Ztr. geschafft habe, wenn auch auf schwachen Füßen. Meritt (1961) hat eine neue Liste aufgebaut, die von 364 bis 81 v. Ztr. reicht. Bei allen diesen schwimmenden Jahreszahlen muss man das einmal in unsere Zeit transponieren: Es wäre etwa so, als wüsste man nicht, ob zuerst der Dreißigjährige Krieg oder erst der Zweite Weltkrieg stattgefunden hätte.

Oft hatte ich mich gewundert, wieso die Wochentage bei uns teilweise nach heidnischen Gottheiten genannt werden: Dienstag (von Tius) oder Donnerstag (von Donar), Freitag (von Freija) und englisch Wednesday (von Wodan). Hier steht es nun in dieser Ausstellung, was niemand bisher so genau wusste: Die Woche ist »eine sekundäre, nicht von der Bewegung der Himmelskörper abhängige Zeiteinheit. Das Prinzip der Einteilung der Woche in sechs Arbeitstage und einen Feiertag geht auf den jüdischen Glauben zurück und wurde von dem Christentum übernommen. Ab der römischen Kaiserzeit wurden die einzelnen Wochentage nach den damals bekannten, mit Gottheiten identifizierten sieben Planeten benannt. In den romanischen Sprachen haben sich, z. T. über die Ersetzung durch germanische Gottheiten, diese römischen Götternamen bei der Wochentagsbezeichnung bis heute erhalten.« So entsteht labyrinthische Geschichte.

Ich versuche nämlich, das noch einmal zu durchdenken: Mit Beginn der römischen Kaiserzeit, also mit Augustus um die Zeitenwende, setzte sich das jüdische religiöse Zeitmaß Woche mit einem Feiertag und sechs Arbeitstagen im heidnischen Rom durch, wobei man die frühere einfache Zählweise (erster Tag, zweiter Tag usw.) mit Planetennamen belegte. Diese wurden dann z. T. auf dem Umweg über germanische Götternamen in den romanischen Sprachen beibehalten.

Oder noch anders gesagt: Kaiser Augustus und seine Nachfolger wären so projüdisch eingestellt gewesen, dass sie deren religiöses Zeitmaß, das weder zu ihrem Monat noch zum Jahreslauf passte, übernommen hätten, fortan den Feiertag heiligten, und die Wochentage mit heidnischen Göttern benannten, die danach von den Europäern in dieser Weise mit den vorchristlichen Götternamen der Germanen belegt wurden. Strenge Katholiken wie Italiener und Portugiesen, ebenso wie auch die Juden, übernahmen diese Götternamen nicht, sondern zählen weiterhin: zweiter Tag, dritter Tag usw.

Wenn wir nicht einmal wissen, wie wir zu dem Zeitmaß Woche gekommen sind oder seit wann es in unserem Kulturkreis verwendet wird, dann scheint da ein Bruch in der Überlieferung vorzuliegen, zumindest in der schriftlichen. Das kann man sogar an den Fälschungen erkennen. Ich wähle wieder ein starkes Beispiel:

Die Fälschung des »Großen Privilegs für das Herzogtum Österreich«, das Kaiser Friedrich I. am 17. September 1156 ausgestellt haben sollte, ist nach einem jahrzehntelangen aufregenden Gelehrtenstreit gegen Ende des 19. Jahrhunderts endlich geklärt worden (siehe besonders Bernheim, 1914, S. 340 ff). Dabei ergab sich, dass diese ganze Reihe von Urkunden mit Vorgaben und Bestätigungen wahrscheinlich durch Rudolf IV. ab 1359, also 200 Jahre nach dem angeblichen Zeitpunkt, hergestellt worden ist. Dass man nun über sechs Jahrhunderte brauchte, um diese Machenschaften aufzudecken, ist eine Sache für sich. Mich interessiert hier nur die »Vorgabe«, nämlich das Privileg Kaiser Heinrichs IV. vom 6. Oktober 1058, auf das sich das hundert Jahre später ausgestellte Privileg Barbarossas beruft. Es ist angeblich äußerlich so hervorragend gefälscht, dass es für echt durchgehen könnte. Bedenkt man die damit ausgesprochene Behauptung, dass man 1359 schon eine solche Fähigkeit zum Fälschen eines dreihundert Jahre alten Dokumentes gehabt haben soll (zeitgenössische Dokumente zu fälschen, ist vergleichsweise ein Kinderspiel), dann bleibt eigentlich nur der Schluss, dass aus dem 11. Jahrhundert überhaupt keine Originaldokumente vorliegen können, sonst wären die Fälschungen viel eher aufgefallen. Nur vom Inhalt her konnte schon Petrarca (1304–1374) sagen, dass es eine Fälschung sein müsste, denn die in demselben Diplom genannten Privilegien, die von Kaiser (!) Julius Cäsar und Kaiser Nero an Österreich vergeben worden seien, sind unmöglich. Was aber nun überrascht: Diese angeblichen Urkunden der römischen Kaiser Cäsar und Nero mussten für die Aufnahme in das Privileg Heinrichs IV. aus der Sprache der Heiden ins Lateinische übersetzt werden. Man war also der Ansicht, dass Latein nur die Sprache der christlichen Kanzleien gewesen sei, während die Heiden im antiken Rom eine andere, offensichtlich unverständliche, Sprache schrieben. Da man sich ja mit diesen gefälschten Urkunden 1359 nicht lächerlich machen wollte, muss dergleichen wohl dem allgemeinen Geschichtsbild entnommen worden sein. Und das ist wieder ein kleiner Hinweis auf die nun schon vielfach dargestellte These (zuletzt Topper, 1998), dass unser Latein erst in der Zeit der Humanisten geschaffen wurde.

Dann ist ein vermuteter Traditionsbruch die einleuchtendste Lösung.

VI Chroniken und Sprachdenkmale

Ein Mönch berichtet ein Ereignis – sei es die Gründung einer Stadt oder seines Klosters, der Ausgang einer Schlacht oder eine Krönung, eine Sonnenfinsternis oder eine Heuschreckenplage – und ein späterer Historiker zitiert diesen Bericht des Mönchs: Dann liegt in diesem Zitat zunächst noch keine Geschichtsfälschung vor, selbst dann nicht, wenn das betreffende Ereignis von dem Mönch nur ausgedacht war. Der Historiker ging davon aus, dass Mönche ehrliche Berichterstatter sind, handelte also im guten Glauben. Er ist kein Fälscher, sondern nur einfältig.

Wenn ein späterer Historiograf diese Geschichte weitergibt, ohne sie zu prüfen, dann handelt er fahrlässig. Wenn er dazu noch weiß, dass das besagte Ereignis nicht stattgefunden haben kann, handelt er sträflich, nämlich als Mitwisser der Fälschung. Wenn viele Generationen nacheinander diesen Vorgang wiederholen, handeln sie wie Verschwörer. Das ist mit dem Begriff »Große Aktion« von Kammeier gemeint. Dazu bedarf es keiner direkten oder zentralen Leitung, obgleich diese oft wirksam wurde; das kann auch nach dem Schneeballprinzip vonstatten gehen, indem sich die erwünschte Erfindung von selbst vergrößert.

»Aktion« ist der Vorgang insofern, als jeder einzelne Historiker ein Mittäter und Mitwisser ist, weil die allermeisten von ihnen intelligent und bildungsmäßig auf höchster Stufe standen. Wer von diesen vielen Spitzenkräften im guten Glauben handelte, wäre zu ergründen. Zu den Großen der Wissenschaft würde er nach dieser Prüfung nicht mehr gehören, und sein Werk wäre kein Beitrag zur Wahrheitsfindung mehr, wie ich an der Person Emil Hübners in meinen beiden vorigen Büchern (1998 und 1999) schon darlegte.

Dennoch war die »Große Aktion« ein chaotischer Vorgang, eher wie ein Tanz mit einigen Schritten vorwärts und rückwärts und häufig dazu im Kreise herum. Eine straffe Führung fehlte. Die Kirchen, zumal die katholische, sind lebendige Wesen, die einen inneren Reifeprozess durchmachen. Augenblicklich haben die Lügner und Raffgierigen gewonnen. Ignaz Döllinger war ein Ausnahmefall.

Inzwischen ist unser mitteleuropäisch-christliches Geschichtsbild allgemeingültig für die Welt geworden, von verlorenen Stämmen im Hindukusch oder Amazonas abgesehen. Auch Chinesen, Inder und Afrikaner glauben heute, was die drei monotheistischen Religionen über die Vergangenheit verkünden. Dieser Sieg sollte uns nicht davon abhalten, unsere eigenen Grundlagen zu befragen. Erfolg ist schließlich kein Beweis für Richtigkeit. Nur um diese geht es mir hier. Ich habe nämlich die Vermutung, dass die so lange geübte Unehrlichkeit uns in eine Falle manövriert, die viel Leid verursacht.

Völker verhalten sich nicht wie vernunftbegabte Einzelpersonen; sie folgen ihrer eigenen Dynamik, und die wird von ihrem Geschichtsbewusstsein bestimmt. Darum ist es von größter Wichtigkeit, die Geschichtsvorstellungen der Völker zu kontrollieren und gegebenenfalls zu berichtigen. Es geht vor allem um die Frage: Wie ehrlich ist das jeweilige Konzept? Welche Ziele wurden mit den betreffenden Geschichtsprägungen angestrebt?

Wenn wir die Geschichtsentstehung in diesem Sinne durchleuchten, dann leisten wir einen entscheidenden Beitrag in Richtung Aufklärung und Bereinigung.

162

Entstehung des Slawentums

Meine Ansicht über die »Slawenentstehung« hatte ich 1999 schon dargelegt: Die griechische Antike kannte keine Slawen (auch keine Germanen) als Bewohner Europas nördlich der Alpen, sondern nur Kelten, Wenden und Iberer. Die Slawen müssten ein Teil der Wenden gewesen sein, genau wie die Germanen auch. Die Ausbildung einer slawischen Völkergruppe erfolgte durch die Missionare Method und Kyrill (frühestens im 10. Jahrhundert), die mit ihrer religiösen Einheitssprache Osteuropa missionierten und damit aus dem Vielvölkergemisch eine sprachlich und religiös einheitliche »Nation« schufen, den Grundstock der späteren Slawen.

Hier möchte ich diese auf archäologischen Befunden und der Auswertung alter Chroniken basierende These nicht wiederholen, sondern einen neuen Gesichtspunkt hinzufügen. Das Ergebnis sieht – kurz gefasst und vorweggenommen – so aus: Die Ausbildung des Slawenbegriffs ist in der Renaissance erfolgt und erst im 19. Jahrhundert wirksam geworden. Damit ist meine erste Aussage nicht umgestoßen, sondern präzisiert. Damit ich nicht missverstanden werde, muss ich noch einmal – was ich in allen Vorträgen zu diesem Thema immer betone – kurz festlegen, in welcher Weise ich einige Schlüsselbegriffe verwende: Oberbegriffe wie Germanen, Romanen, Slawen usw. bezeichnen stets nur sprachliche Gruppen, genau wie Semiten oder Hamiten usw.

»Volk« bezeichnet eine Erlebnisgemeinschaft, d. h. Gruppen mit gleicher Geschichte (etwa wie die Deutschen seit der napoleonischen Verwüstung, enger erst seit 1870).

Rasse ist in diesem Zusammenhang nie ein biologischer Begriff (etwa wie Hunderasse), sondern bezeichnet eine Kulturgruppe (im Sinne von Frobenius oder wie im spanischen Begriff »raza«). In diesem Sinne gibt es keine Rasse der Mongolen, sondern nur ein Volk der Mongolen, denn Dschingis

Chan, der diesen Begriff prägte, übertrug in einem feierlichen Akt den Namen seiner Horde auf alle Völkerschaften seines Staates (Barckhausen, S. 33). Diese gehören zur ural-altaischen Völkerfamilie (was wiederum ein sprachlicher Begriff ist).

Die Wenden – die antike Bezeichnung für die Völkerschaften Osteuropas, heute nur noch für Splittergruppen wie die Bewohner des Spreewaldes in Gebrauch – galten bis zu einem gewissen Zeitpunkt als germanische Bevölkerung, da ihre Sprache, dem Gotischen verwandt, zu dieser Familie gehörte. Ihre Ausbreitung vom Schwarzen Meer bis Spanien und Nordafrika, meist unter der Sammelbezeichnung Wandalen in die Geschichte eingegangen, hat jahrhundertelang das Bild Europas bestimmt. Durch die christlich-orthodoxe Mission wurde die Hauptmasse der Wenden großenteils von anderen germanisch-sprechenden Völkern abgetrennt. Wenden nannte man fortan nur noch die verbliebenen nicht getauften Deutschen und Dänen, also die Heiden im nördlichen und östlichen Mitteleuropa. In Niedersachsen wurden sie Mitte des 13. Jahrhunderts besiegt (»Stedinger Kreuzzug«) und allmählich angeglichen, zuletzt in den Nachwirkungen der Reformation und Gegenreformation.

Der Ausdruck »Slawen« wurde aus byzantinischen Texten (laut Jordanes eine Untergruppe der Wenden, auch Sklavenen, wie heute Schlawonen, in arabischen Texten Saqaliba) übernommen und ab dem 17. Jahrhundert auch auf die christlich-orthodoxen Osteuropäer übertragen. In der Renaissance galt der Begriff Sclavi oder Slavi für die heidnischen Wenden, etwa in dem Geschichtswerk des Helmold von Bosau (angeblich 12. Jahrhundert, jedoch erst 1556 herausgegeben), und vor allem bei Albert Krantz in seiner berühmten »Wandalia« (1575), in der eigentlich nur am Rande die Gleichsetzung der Wandalen mit dem lateinischen Wort Sclavi erfolgt. Helmold verstand unter Slawen noch ganz korrekt die heidnischen Norddeutschen und Dänen, die sich nur in der Religion, nicht aber in Sprache oder Rasse von ihren südlichen Nachbarn unterschieden.

Der Mönch Mauro Orbini setzte als Erster den Slawenbegriff politisch ein, um eine Abgrenzung gegen den katholischen Allmachtanspruch vorzunehmen.

Mauro Orbinis Slawengeschichte

Das Buch »Il Regno degli Slavi« des Mönchs Orbini ist ein Schulbeispiel für die Entstehung unseres heutigen Geschichtsbildes. Wegen seiner großen Bedeutung ist dieses Werk des Ragusaners aus dem 16. Jahrhundert, kurz »Slawengeschichte« genannt, neuerdings als Nachdruck wieder erschienen, bereichert um ein Vorwort von Sima Cirkovic aus Belgrad, das Mark R. Stefanovich ins Englische übersetzt hat. Darin werden wir in ausführlicher Weise über Orbini und sein Geschichtsbuch unterrichtet.

Mauro Orbinis Eltern stammten aus Cattaro (Kotor) und zogen nach Ragusa (Dubrovnik), das damals eine selbstständige Republik war. Dort ist der Autor der »Slawengeschichte« 1563 geboren. Mit 15 wurde er Mönch und trat ins Benediktinerkloster auf der Insel Meleda (Mljet) ein und nahm den Namen Mauro an. Sein erstes Buch schrieb er vor 1590, »De ultimo fine humanae vitae vel summo bono« (Vom eigentlichen Zweck des Menschenlebens und dem höchsten Gute), von dem eine Handschrift in der Bibliothek von Padua erhalten sei, das aber keinen weiteren Einfluss ausgeübt habe.

Die beiden letzten Jahrzehnte seines Lebens, zwischen 1590 und 1610, sind von zahlreichen Turbulenzen gekennzeichnet, die ihn zeitweise als Günstling, dann wieder als Feind der Republik Ragusa oder der oberen Leitung seines Ordens und der Kurie in Rom erscheinen lassen. Orbini war Klosterabt und Bischof, ohne jedoch seine Aufgaben ständig zu erfüllen. Er musste sich vor der Inquisition in Rom rechtfertigen, wurde aber durch Fürsprache des Erzbischofs von Ragusa freigesprochen. Er starb am 30. November 1610.

Obgleich die Patrizier von Ragusa ihre Herkunft auf adlige »römische« Familien zurückführten, unternahm es Orbini doch, in seinem Geschichtswerk die große Bedeutung der Slawen hervorzuheben. Einige Dinge, die er darin verbreitete, mögen das »Heilige Büro« in Rom dermaßen geärgert haben, dass das Buch schon kurz nach Erscheinen 1601 auf den Index gesetzt wurde. Vermutlich aus demselben Grunde aber war es in Ragusa beliebt und wurde viel zitiert. Es entsprach dem Freiheitsbewusstsein der ragusischen Republik, sich durch einen slawischen Hintergrund von der zentralisierenden Macht Roms loszusagen. Das mag der Hauptbeweggrund für die Abfassung des Buches gewesen sein.

Der volle Titel von Orbinis »Slawengeschichte« wäre so zu übersetzen: »Das Reich der Slawen, die heute richtigerweise Slawonen (Schiavoni) genannt werden. Geschichte des Herrn Mauro Orbini aus Ragusa, Abt von Meleda, in welcher der Ursprung fast aller Völker slawischer Sprache mit ihren vielen und verschiedenartigen Kriegen in Europa, Asien und Afrika, der Entwicklung ihres Reiches, dem antiken Kult und der Zeit ihres Übertritts zum Christentum dargestellt sind. Insbesondere werden die aufeinander folgenden Könige, die einst in Dalmatien, Kroatien, Bosnien, Serbien, Ragusa und Bulgarien herrschten, aufgezählt. Mit Genehmigung der Oberen gedruckt in Pesaro durch Girolamo Concordia 1601.«

Der Inhalt des Werkes ist oft sprunghaft und lässt dadurch erkennen, wo Orbini von einer Quelle zur nächsten wechselt. Denn das ist sicher: Nur die dreiteilige Anlage und die politische Zielsetzung des Buches sind original, die Nachrichten stammen zum allergrößten Teil aus Werken, die damals im Umlauf waren, zum Teil aber heute verloren sind.

Dabei verfolgt der Autor die Linie, die in seiner Zeit allgemein Mode war: Man schafft Geschichte, indem man sie niederschreibt, ohne nach dem Wahrheitsgehalt der benützten Quellen zu fragen. Die Benützung der Vorlagen erfolgt nach rein dogmatischen Grundsätzen.

Unter den gleich zu Anfang aufgezählten über 250 Autoren sind so bekannte Namen wie Cicero, Josephus Flavius und Tacitus, Augustin und Euseb, Prokop und Zosimos, der Abt Tritheim und Hartmann Schedel oder Albert Krantz und Busbeck vertreten, aber auch eine große Zahl von Namen, die einzuordnen mir nicht mehr möglich scheint.

Andererseits hat er aber gerade seine Hauptquellen verschwiegen, wie der Schreiber der Einleitung betont, so besonders das Hauptwerk von Vinko Pribojevic (Vincenz Priboevius) »De origine successibusque Slavorum« (Vom Ursprung und den Ereignissen der Slawen), gedruckt in Venedig 1532, der neuerdings als Vorläufer der Panslawisten gilt und aus dem Orbini große Partien wörtlich übernahm, wie erst durch neueste Untersuchungen (1975) bekannt wurde.

Orbinis Buch ist in drei Teile gegliedert. Im ersten Teil ist die Vor- und Frühgeschichte der Slawen beschrieben, ihre Entwicklung als Nachfahren von Noahs Sohn Japhet, ihre Herkunft aus Skandinavien, die Wanderungen durch Osteuropa und die Kriege mit dem Römischen Weltreich. Die Christianisierung durch die beiden Apostel Method und Kyrill ist ebenfalls besprochen.

Im Gegensatz zur Bemerkung des Autors der Einleitung, Cirkovic, der bündig sagt, dass dieser Teil historisch zuverlässig, ohne zu viel Pfuscherei oder erfundene Quellen angelegt sei, bin ich jedoch der Meinung, dass gerade hier weitgehend erfundene Geschichte vorgelegt wird, wie sie damals gerade im Entstehen begriffen war und von jedem Autor ein paar Schritte weitergesponnen wurde. Die Tatsache, dass man sie immer wieder abschrieb und heute als Ersatz für echte Daten als »gesichert« hinnimmt, besagt nicht, dass sie stimmen könnte.

Dabei brauche ich mich nicht bei der Erfindung der biblischen Abstammung von den Sintflutüberlebenden aufzuhalten – das ist ohnehin als Fabelei entlarvt –, sondern kann kleine Ausschnitte auswählen, die zur Genüge zeigen, was ich meine.

Der Auszug der zu viel gewordenen Slawen aus Skandinavien, das hier auch mit Thule gleichgesetzt wird (wegen Telemarken, einer Landschaft in Südnorwegen), und die Eroberung Sarmatiens, das vom Mäotischen Meer bis zur Weichsel und vom Baltikum bis zu den Karpaten gedacht wird, soll im Jahr der Schöpfung 3790 gleich 1460 vor Christi Geburt erfolgt sein. Derartig datierte Geschichten kennen wir von vielen anderen europäischen Völkern, z. B. den Spaniern, und wissen heute, dass sie reine Erfindung sind.

Die Feststellung, dass eine fortlaufende Reihe von den Geten oder Goten über die Skythen, Sarmaten und Wenden zu den Slawen verlaufe und diese Ostgermanen mit Alexander dem Großen in Kontakt traten, zeigt uns schon, wie die späteren Ableitungen sich immer noch auf diese Märchen stützen und so schließlich die These von den Indogermanen entstehen ließen. Dabei werden die Vorarbeiten hierzu mit Namen genannt, z. B. Giovanni Aventinos Buch »De Boii« (Über die Böhmen) und Albert Krantz, der mehrfach erwähnt wird.

Die ersten »echten« Jahreszahlen nennt Orbini im Zusammenhang mit den Kriegen der Anten oder Wenden gegen Ostrom: Einfall in Dalmatien 548, Überfall auf Thrakien 549, Griechenland 550, Makedonien 552. Hier treten sie schon als die Vorläufer der Slavonen auf. Justinian wird erwähnt, wobei ihm die Jahreszahl 585 zugeteilt wird, d. h. 20 Jahre später als man heute glaubt, während der nächste genannte Kaiser Mauritius und sein siebtes Jahr mit 591 nur noch zwei Jahre vom heutigen Datum fernliegt.

Da die Wenden das Hauptvolk der Slawen ausmachen, ist die Geschichte Venedigs natürlich von großer Bedeutung in diesem Werk.

Method und Kyrill werden einem Papst Hadrian III. und dem Jahr 887 zugeordnet, der aber nach modernen Tabellen schon 885 starb. Während Kyrill als Erfinder der kyrillischen Schrift gilt, sei das Glagolitische, hier Buchwiza genannt, von St. Hieronymus eingeführt worden, was nach allgemeiner Ansicht unmöglich ist, da es um ein halbes Jahrtausend auseinander klafft. Die von Orbini abgebildeten Lettern der glagolitischen Schrift stimmen allerdings nicht ganz mit den in modernen Lexika abgebildeten glagolitischen Buchstaben überein. Jedenfalls sollen diese beiden Schriftarten bei allen Slawen in Gebrauch sein, besonders den Böhmen und Polen. Wir wissen jedoch, dass gerade diese beiden Völker seit dem Hochmittelalter lateinische Schrift verwenden. Schrieben sie vorher Kyrillisch?

Dann werden zwei Ahnherren der beiden slawischen Völker Böhmen und Polen eingeführt, die Czecho und Lecho heißen, wiederum eine der typischen Konstruktionen der Renaissance.

Von Helmold übernimmt er einige interessante Ausdrücke bezüglich der alten Götternamen der Slawen, die ebenfalls weitverbreitet wurden. Die genauen Kenntnisse der slawischen Götzenbilder lassen erkennen, dass deren Verehrung zu Orbinis Zeit noch nicht lange überwunden war. In diesem Zusammenhang taucht mehrfach die Ansicht auf, dass die Christianisierung der Slawen nur teilweise von Westen (Sachsen) aus erfolgte; ein bedeutender Vorstoß wurde von Polen her unternommen. So steht es nicht in unseren Büchern, könnte aber Sinn machen.

Den Nachweis, dass die Wandalen echte Slawen sind, führt Orbini mit einer Wortliste, die rund 190 Eintragungen aufweist, aus Carlo Vagriese und Lazzio entnommen. Es handelt sich durchaus um echt slawische Ausdrücke, und das besagt eben, dass dieses Ostgermanisch (Wandalisch) eine zu unserem eigenen Schatz gehörende Sprache ist. Von einer indogermanischen Entwicklung kann keine Rede sein.

Von Pietro Suffrido übernimmt er, dass die Wandalen sich besonders unter Alexander dem Großen als Krieger hervortaten, unter Kaiser Augustus (laut Biondo) das rechte Rheinufer mit 80 000 Leuten besetzten usw. Die zweite Angabe wird heute zwar noch verwendet, jedoch rund vier Jahrhunderte später angesetzt. Natürlich fehlt Geiserich und seine Brandschatzung Roms 457 nicht, sowenig wie der Name des letzten Wandalenkönigs Gelimir.

An anderer Stelle sagt er, dass die Wandalen in Afrika 200 Jahre regierten, was nach heutiger Ansicht um fast ein Jahrhundert zu viel ist.

Mit anderen Worten: Die Mischung zahlreicher Einzelnotizen, die uns hier serviert wird, hat noch stark den Charakter von Legenden und ist eher eine Protogeschichte, in der wir den Entstehungsvorgang unserer eigenen Geschichtsvorstellung verfolgen können. Das Chronologie-Gerüst Scaligers ist teilweise schon eingearbeitet, ohne dass dessen Name auftauchen würde. Die heutigen Erzählungen über diese Geschichte sind natürlich davon abhängig und nicht klüger.

Im zweiten Teil wird eine eher homogene Geschichte vorgestellt, die nach Ansicht des Verfassers der Einleitung eine großzügige Übersetzung der »Letopis Popa Dukljanina« ist (etwa: Chronik des Popen Dukljanina). Sie reicht von 495 bis 1161. Der dritte Teil ist mit einem Kunstgriff daran angebunden, indem der letzte Herrscher der »Chronik«, Desa, zum Vater des ersten der neuen Chronik, Stefan Nemanja gemacht wird. Auch dies ist ein beliebter Trick, um ursprünglich nebeneinander stehende Herrscherreihen in eine Linie zu bringen. Dass dabei Zeitstreckungen erzielt werden, steht außer Frage. Es hat den Anschein, dass in diesem dritten Teil schon fast historische Begebenheiten erzählt werden, was bedeuten würde, dass die von Orbini benützten Quellen schriftliche Dokumente der letzten Jahrhunderte gewesen sein müssten.

Neuerdings gewann das Buch Orbinis wieder Bedeutung, weil es von dem Moskauer Chronologiekritiker Anatolij Fomenko als Beweisstück für eine alternative Chronologie verwendet wurde. Zar Peter der Große hatte eine russische Übersetzung unterstützt und damit dem italienischen Werk Eingang ins ostslawische Denken verschafft.

Grundsätzlich kann ich aus Orbinis Buch herauslesen, dass die Linie der Entstehung einer slawischen Nation aus den ostgermanischen Völkern schon im 16. Jahrhundert entwickelt wurde, wobei nur die persisch-griechischen Komponenten zu wenig Beachtung fanden.

Orbinis Werk hatte zahlreiche Nachfolger, stellvertretend will ich nur Johann Christopher Jordan erwähnen, dessen erster Band über die Ursprünge der Slawen 1745 in Wien erschien.

In der Rückgewinnung des alten Kulturgutes der europäischen Völker, die durch Herder zu einem ersten Höhepunkt gelangte, wurde der Slawenbegriff erneut politisiert (siehe auch Lubos, S. 89). Jetzt erst wandelte er sich zu einem aktuellen Schlagwort, von den historischen Schlacken künstlicher Konstruktion befreit und begeistert aufgenommen von Dichtern und Schwarmgeistern der Romantik. Es waren vor allem zwei deutsche Professoren, die sich in der Erweckung einer slawischen Nation hervortaten: August von Schlözer (1735–1809), der einige Jahre in Petersburg tätig gewesen war und vom russischen Zaren geadelt wurde, und Wilhelm Wattenbach (1819–1897), der durch seine Mitarbeit an den »Monumenta Germaniae historica« (ab 1843) großen Einfluss auf die Geschichtsschreibung hatte.

Mit welchen Mitteln diese Schöpfung des Panslawismus durchgeführt wurde, kann an einem berühmten Beispiel gezeigt werden.

Die Königinhofer Handschrift

Wenzeslaw Hanka, der böhmische Sprach- und Altertumsforscher, ist 1791 bei Königgrätz in Böhmen geboren und erhielt erst mit 16 Jahren Unterricht durch den Dorfpfarrer. Dann aber durcheilte er schnell das Gymnasium und studierte sogar Jura in Prag und Wien. Seine außergewöhnliche Begabung zeigte sich auch in seinen ersten Veröffentlichungen: eine Liedersammlung (1815), die schnell volkstümlich wurde, eine Übersetzung serbischer Volksdichtungen (1817), die schon seinen Hang zur Errichtung einer übernationalen slawischen Kultur zeigen, und die Übersetzung des altrussischen Epos von Igors Heerfahrt, die seine Vorliebe für die frühslawischen Sprachdenkmäler bekundet.

Ebenfalls am Anfang seiner Gelehrtenlaufbahn, 1817, steht die Entdeckung einer mittelalterlichen Handschrift in alttschechischer Sprache, durch die er Weltruhm erlangte. Im Gewölbe des Kirchturms von Königinhof stieß er auf ein Bündel von zwölf Blättern und zwei Bruchstücken, auf dem in »altböhmischer Sprache« (wie man damals sagte) 14 Lieder aus dem 13. Jahrhundert erhalten waren. Die Herausgabe des Originals mit Übersetzungen in »Neuböhmisch« und Deutsch (Prag 1819) erregte enormes Interesse, denn durch diesen Fund wurde ja die tschechische Sprache in den Rang der alten Schrift- und Kultursprachen erhoben, was dem erwachenden Nationalbedürfnis vieler Volksgruppen in diesem buntbesiedelten Raum entgegenkam. Auch Goethe, die Brüder Grimm und Chateaubriand sowie viele andere Altertumsforscher begeisterten sich für dieses einmalige Fundstück. Hanka wurde zum Bibliothekar des Böhmischen Nationalmuseums in Prag ernannt und bereicherte es in der Folgezeit um weitere Funde.

Der Inhalt der Gedichte ist ebenfalls bedeutungsvoll für die tschechische Geschichtsschreibung geworden: Als Erstes wird die Vertreibung der Polen aus Prag im Jahre 1004 geschildert, womit eine beginnende Nationalität verankert wird, wie sie auch in der Chronik Hajeks angelegt ist. Im zweiten Lied wird das sächsische Heer besiegt und im dritten siegt der vereinigte böhmisch-mährische Heerbann unter Führung eines gewissen Jaroslaw 1241 über die Tataren bei Olmütz. Auch die nächsten Lieder besingen entsprechende Siege über Nachbarn, auch über einen christlichen König Ludwig im Jahre 805.

Kurzum: Die Absicht ist klar erkennbar, die Fabulierkunst hatte den jungen sprachbegabten Hanka weit über das Ziel schießen lassen, die Fachwelt schrie: »Fälschung!«

Der Nachweis war jedoch nicht so einfach, wie man sich das heute denken möchte. Sprachliche Fehler in dem fantasievollen Produkt konnten zwar schnell gefunden werden, aber da es keine Vergleichsbasis gab – die frühesten tschechischen Texte sind hundert Jahre jünger – waren rein philologische Argumente nicht ausreichend. Außerdem hatte Jospeh Kovar im selben Jahr im Grünberger Schlossarchiv vier Pergamentblätter mit altböhmischen Texten aus dem 9. Jahrhundert gefunden, die ebenfalls ins Nationalmuseum in Prag kamen und von der Gruppe um Hanka (vor allem Palacký) mit Eifer als echt verteidigt wurden, obgleich hier die Fälschung noch deutlicher zutage trat.

Bei dem Streit um die Echtheit wurden bald nicht mehr nur sachliche Argumente vorgebracht – wie etwa das: Die Mongolen waren weder von böhmisch-mährischen noch sonstigen europäischen Heeren jemals besiegt worden –, sondern es ging um das Wiedererwachen des tschechischen Volkes, eine politische Strömung, die im 19. Jahrhundert gleichberechtigt zwischen den vielen anderen europäischen Nationalbewegungen entstand. Den Eiferern für eine eigene Nationalität war es völlig gleich, ob diese Sprachdenkmäler echt oder gefälscht waren. Man brauchte sie, um neben den anderen bestehen zu können. Und wie echt waren denn die anderen Sprachreste, die damals in Umlauf kamen?

Erst rund 70 Jahre nach dem angeblichen Fund der Handschrift gab man endlich gegenüber den unwiderlegbaren Gegenbeweisen auf und erklärte die Lieder als Fälschung Hankas. (Ein Nachtrag: Bernheim, S. 335, meldet, dass selbst 1899 noch ein ernsthafter Rettungsversuch im Archiv für slawische Philologie, Bd. 21, unternommen worden sei.)

Hanka war auch politisch nicht müßig gewesen. Als Vorkämpfer der panslawistischen Bewegung tat er sich besonders im Jahr 1848 auf dem ersten Slawen-Kongress in Prag hervor (der noch in deutscher Sprache abgehalten wurde), ließ sich auch in den Wiener Reichstag wählen, trat aber von seinem Mandat zurück und habilitierte sich als Professor in Prag, wo er nun die weiteren Geschicke der entstehenden panslawistischen Sprachforschung tatkräftig leitete. Als einflussreicher und bewunderter Wissenschaftler hatte er eine Menge über tschechische Geschichte, Sprachentwicklung, Literatur und Kunst veröffentlicht und zahlreiche Fälschungen in das Nationalmuseum eingeschleust. Auf diesen Erfindungen fußte ein ganzer Berg von weiterführenden Schriften, die viel gelesen und auch in den Schulen zur Grundlage der Bildung der nächsten Generationen wurden. Das allmähliche Ausscheiden allzu krasser Blüten geschah oft stillschweigend und schambewusst. Im Grunde ist die Slawistik noch heute davon geprägt.

Wie gesagt: Das ist nur ein kleiner Ausschnitt aus den Vorgängen im 19. Jahrhundert, die so manchem benachteiligten Volk eine ehrwürdige Vergangenheit geben sollten. Bernheim (S. 335 f) beschreibt exemplarisch den Fall der sardinischen Pergamente von 1863, die dieser etwas vergessenen Insel eine Kulturhöhe im 8. bis 15. Jahrhundert bescheren sollten, die selbst das italienische Nachbarland beschämen musste. Das war zu dick aufgetragen. Auf Bitten der Italiener deckte eine deutsche Kommission in Berlin 1870 den Schwindel auf und schickte damit Sardinien in die mittelalterliche Kulturlosigkeit zurück. Italien selbst – und viele andere Länder – waren bei ihren Fälschungen vorsichtiger vorgegangen und gaben ja schließlich den Maßstab an. Den müssen wir heute noch glauben.

Der Alexanderroman

Kommt uns schon bei Plutarch in seiner »Lebensbeschreibung großer Männer« oder in der »Anabasis« des Arrian die Gestalt des Alexander kolossal und unwirklich vor, psychologisch nicht mehr fassbar, so wird sie in der so genannten »Alexandersage« um mehrere Dimensionen gesteigert und für heutige Begriffe zu einer Art Supermann mit Fledermausflügeln und Laserblick. Schon in den für historisch genommenen Schilderungen des Alexanderzuges konnte nicht immer der tatsächliche Hintergrund herausgefiltert werden, konnten Orte oder Entfernungen zuweilen nicht verifiziert werden – und das trotz der Hofschreiber, die Alexander damit beschäftigte, seine Taten genauestens festzuhalten! Wie geht es uns erst bei der »Historie von Alexander dem Großen«, in der die unwirklichsten Fabeltiere vorkommen, maßlose Übertreibungen, geografische Verwirrungen, Zauberei und fantastische Spiegelkämpfe, wie sie nur die Mystik des

Mittelalters erzeugen konnte. Und doch handelt es sich nicht um Kindermär oder Satire, sondern um eines der wichtigsten Bücher der Weltliteratur.

Der Alexanderroman wurde in 35 Sprachen und in 200 verschiedenen Versionen verbreitet. Von Island bis in die Mongolei, vom Maghreb bis nach Java, von Indien bis Äthiopien wurde er viele Jahrhunderte lang begeistert gelesen (Kirsch, 1975, S. 188). In der russischen Literatur bildete der Alexanderroman kein eigenständiges Werk, sondern war Bestandteil von »Weltchroniken«. Man schätzte ihn durchaus als historische Wahrheit ein, wie auch anderswo, denn ein strenger Grenzstrich zwischen Sage und Historie war noch nicht gezogen.

Auch im »Schahname« des Firdausi, das ja Anspruch auf geschichtlich korrekte Berichte erhebt, oder im Koran, der absolut Wahres verkünden will, taucht dieser Übermensch in den schillerndsten Farben auf. Zuweilen nimmt Alexander die Gestalt eines Philosophen oder gar Propheten an – z. B. in der tadschikischen Literatur – oder er wird zum Halbgott nach Art eines Herkules. Als mythischer Urkönig wie der Dschedad-uben-Ad der Imasiren oder der Salomon der Juden gewinnt er Vorbildfunktion.

»Die Beliebtheit des Werkes setzt uns heute in Erstaunen«, schreibt Kirsch (S. 191), »denn seine Mängel liegen auf der Hand. Nicht allein, dass die historischen Fakten entstellt sind und vieles hinzuerfunden wurde – auch wenn wir das Werk vom rein literarischen Gesichtspunkt betrachten, ist es nicht schlüssig. Seine Hauptgestalt, Alexander, ist nicht das, was wir als Charakter bezeichnen könnten. Gründe für sein Handeln, und wären es auch nur erdichtete, werden nie genannt, ein Sinn seines Tuns nie gesucht.« Dabei drängt sich Kirsch (S. 193) die Frage auf, wie ein Werk von so geringer Qualität ein Welterfolg werden konnte, und nicht nur vorübergehend, sondern ein Jahrtausend überspannend, und selbst bei Völkern, mit denen Alexander nie in Berührung gekommen war, und die eine ganz eigene Mystik besitzen.

Am Beispiel des Alexanderromans müssen wir uns der Tatsache bewusst werden, »dass für die Menschen jener Zeit, die Geschriebenem stets Glauben zu schenken gewohnt waren, dieses Werk kein Roman, kein Dichtwerk, sondern ein glaubwürdiges Geschichtsbuch war«, auch und gerade für die Gebildeten (S. 189). Derartige Sätze nehmen wir gern hin, mit leichtem Schmunzeln über die Naivität des mittelalterlichen Menschen. Wenn aber König Geiserich darangeht, sein Volk von 80 000 Männern, Frauen und Kindern mit Vieh und Wagen von Schlesien bis nach Nordafrika zu bringen und dort ein Reich aufrichtet, das ein Jahrhundert lang das halbe Mittelmeer beherrscht, dann ist die Naivität wie fortgeblasen und uns bleibt vor Bewunderung der Mund offen stehen. Die überheblichen Historiker des vergangenen Jahrhunderts, die einen Alexanderroman nur noch als philologische Kuriosität betrachteten, aber den Wandalenzug in seiner ganzen sagenhaften Dimension für bare Münze nahmen, dürfen heute belächelt werden.

Nur am Rande ein kleiner Hinweis auf die Überlieferungsgeschichte des Alexanderromans: Angeblich aus dem 4. und 5. Jahrhundert haben wir mehrere Fassungen in Griechisch, Latein, Armenisch usw., aber die nächsten Texte, die wir kennen, stammen erst aus dem 10. Jahrhundert und führen genau die alten Vorlagen fort. Man möchte hier an eine Art Renaissance denken, aber man müsste außerdem noch Datierungsfehler zu Hilfe nehmen, um derartige Absonderlichkeiten besser zu verstehen.

Noch anspruchsvoller als der Alexanderroman ist die Sage vom König Holger (französisch Ogier), der zusammen mit dem Priesterkönig Johannes und dem mongolischen Groß-Chan als Welteroberer auftritt, wobei er Alexander weit in den Schatten stellt und selbst zum mythischen Herrn von

Avallon aufrückt, einem Ewigkeitsland, das dem platonischen Atlantis vergleichbar ist. Holger wird unsterblich oder wiederkehrend dargestellt wie ein Messias, ein Kaiser der gesamten Christenheit, der sein Volk aus der Not erretten wird. Ursprünglich war er ein Recke auf dem Dänenschloss Kronburg, wurde dann zum Paladin des großen Frankenkönigs Karl und schließlich zum Bezwinger der Völker. Gral, Artussage und Herkulesmythos sind hier verdichtet und übersteigert, literarischer Ausdruck der himmelstürmenden Zeit der gotischen Dome (siehe Julius Evola, 1955). Wer aus solchen Texten durch Quellenforschung den historischen Kern des Hochmittelalters herausschälen will, behält nur noch rieselnden Sand in den Händen. Und doch hat man seinerzeit daran geglaubt. Mancher Forscher suchte noch vor hundert Jahren nach den Resten des Reiches des Priesterkönigs Johannes. Vielleicht hat es ihn wirklich gegeben – nur: Aus der Holger-Sage ist er nicht zu rekonstruieren.

Auch das Rolandslied gehört in diese Tradition. Kaiser Karls Schwert war stets siegreich, weil in dessen Griff ein Stück der heiligen Lanze eingearbeitet war, jener Lanze, mit der ein gewisser römischer Soldat namens Longinus den Christus am Kreuz durchbohrt hatte. Der Kaiser von Byzanz hätte sie Karl geschenkt. Aber das hört sich noch harmlos an im Vergleich zu jener kleinen Episode in diesem Pyrenäenabenteuer Karls, als er aus Traurigkeit über Rolands Tod und aus kaiserlicher Rachsucht seinen Gott auf den Knien bat, die Sonne anzuhalten, damit er seine Rache an den Sarazenen vollenden könne (Kap. 180–182), was ihm prompt gewährt wurde. Die Sonne stand still! Nachdem er die Sarazenen in den Ebro getrieben hatte, wo sie jämmerlich ertranken, dankte Karl seinem Gott wieder durch Niederwerfung, »und als er sich erhob, war die Sonne untergegangen«. Erinnerungen an das Wunder des Josua, sagt der Philologe dazu. Und an was, bitte, erinnert das Rolandslied und Karls Eroberung von Katalonien bis Sevilla insgesamt? Ich könnte an den Zug der Westgoten denken, aber die Quellen darüber, wie z. B. Isidor, haben sich als Seifenblase erwiesen. Und die in Katalonien gefundenen Inschriften von König Karl passen nirgendwo ins Bild, sie sind plumpe Erzeugnisse der Kirche. Dennoch wird in allen Schulbüchern und Landkarten stets die »Mark Katalonien« als Teil des Reiches von Karl dem Großen aufgeführt.

Die Geschichte vom Sonnenstillstand ist ja ein bekanntes Thema, das nicht nur im Rolandslied und bei Josua vorkommt, sondern auch von Theaterdichtern wie Plautus oder Sufis wie Dughughi verwendet wurde, bei jedem zu seinem eigenen Zweck. Darin könnte eine Erinnerung an ein kosmisches Geschehen enthalten sein, dieses ist aber so entstellt, dass man sofort die Handschrift der Religion herausliest. Und dann dürfte jede weitere Beschäftigung mit diesen »historischen« Quellen erfolglos sein.

Die fehlenden Bibliotheken

Ein ganz großer Kenner antiker Literatur, Luciano Canfora, hat ein mutiges Buch über die Bibliotheken des Altertums geschrieben und es »Die verschwundene Bibliothek« genannt. Er hätte auch sagen können: »Die erfundene Bibliothek«, das hätte sein Forschungsergebnis genauer bezeichnet. Der Originaltitel ist doppelsinnig, »La biblioteca scomparsa« (1986) kann auch als »Die blamierte Bibliothek« übersetzt werden, denn das ist es eigentlich, was er mit seinem Buch – fein ironisch verpackt aber dennoch unüberhörbar – sagt: Die berühmte Bibliothek des hunderttorigen Theben hat es ebenso wenig gegeben wie die von Alexandria oder Pergamon. Jedenfalls in keinem vergleichbaren Ausmaß, das auch nur entfernt an die davon überlieferten Berichte heranreichen könnte. Und die Zerstörungen dieser unermesslichen Schätze des antiken Wissens sind ohnehin seltsame, in Propaganda verpackte und nicht nachprüfbare Kolportagen, die eigentlich einen anderen Sinn hatten, inzwischen aber für geschichtliche Tatsachen gehalten werden.

Zunächst führt er uns mit Hekataios von Abdera nach Theben. Dessen »Reiseführer« ist nicht erhalten, nur Diodor von Sizilien hat uns gewisse Teile daraus weitergereicht. Er hat sie stolz verpackt: Unter der Behauptung, er könne durch eigenen Augenschein bestätigen, was Hekataios über das Mausoleum des Ramses und dessen Bibliothek schrieb, bringt er Auszüge aus dem Hekataios. Das ist paradox, meint Canfora (S. 141), denn jeder Leser würde erwarten, dass Diodor von seiner eigenen Reise berichtet und dann Hekataios, der ja (nach gängiger Meinung) 250 Jahre früher dort war, als Bekräftigung anfügt. In der Renaissance war das aber ein beliebtes Stilmittel: Man schrieb seine eigenen Gedanken gern als die eines berühmten Vorgängers der Antike nieder.

Die Ausmaße, die Hekataios oder sein Kopist Diodor über das Mausoleum des Ramses bringen, sind dermaßen gigantisch, dass sie wohl allen Lesern – auch in der Renaissance – unglaubwürdig erscheinen mussten. Canforas 9. Kapitel trägt darum den Titel: ›Die unauffindbare Bibliothek‹, denn nach den Beschreibungen des Hekataios haben Dutzende von Archäologen vergeblich die berühmte Bibliothek gesucht. Canfora findet durch scharfe Überlegung heraus, dass es sich bei dieser »Bibliothek« nur um ein paar Wandnischen gehandelt haben kann, in denen Papyrusrollen mit Texten für den Gottesdienst lagerten. In Edfu, wo ein ganz ähnlicher Tempelbau steht, war es nämlich nicht anders. Dort berichtet eine Inschrift von zwei Büchergeschenken des Königs, die insgesamt 37 Titel umfassten, die auf zwei Brettern in Wandnischen Platz hatten (S. 152, nach Wendel). Canfora beschreibt witzig, wie die Ausgräber und Erforscher des Ramesseums von einem Tempelraum zum nächsten wanderten und dennoch die Bibliothek nicht finden konnten, denn wenn sie einen Raum verlassen hatten, der noch nicht den Bibliothekssaal darstellte, betraten sie den nächsten Raum, der schon jenseits der Bibliothek lag. So entpuppt sich die Bibliothek als ein Bücherregal an der Zwischenwand.

Auch die Inschriften an den Tempelwänden, die Hekataios in griechischer Übersetzung wiederholt, stammen aus solchen größenwahnsinnigen Vorstellungen: Ramses hätte die Baktrier besiegt (etwa im heutigen Nordafghanistan gelegen, wahrscheinlich aus dem Alexanderroman übernommen), und sein Jahresopfer an die Götter betrug 32 Millionen Silberminen. Außerdem berichtet Hekataios in seinem ägyptischen Reisebericht »in einer weitläufigen Abschweifung von den Juden in Ägypten und von Moses« (S. 20); weshalb an anderer Stelle vermerkt wird, dass Hekataios auch eine Erklärung für den seltsamen Umstand gefunden habe, dass die jüdischen Geschichten weder von antiken Schriftstellern oder Dichtern noch von Historikern je erwähnt worden sind: Weil sie religiösen Inhalts seien (S. 30). Das kommt mir arg bekannt vor, es riecht nach dem Versuch, dem Alten Testament einen historischen Glanz zu verleihen, der bis in die klassische Antike zurückreichen soll. Mit anderen Worten: typische Humanistenarbeit.

Wenden wir uns seriöseren Texten zu!

Der Brief des Aristeas ist eins unserer besten Zeugnisse über die Universalbibliothek von Alexandria, der größten der antiken Welt.

Aristeas soll ein griechischer Jude aus Alexandria, Beamter am Hofe und Angestellter der Bibliothek gewesen sein, der es verstanden hätte, seine jüdische Herkunft zu verheimlichen. Er hat angeblich auch ein Buch mit dem Titel »Wer die Juden sind« geschrieben, das in ganz ähnlicher Manier wie die Ausführung des Hekataios – den er zitiert – auf den Berichten ägyptischer Priester beruhen soll, mithin ebenfalls die Historizität des Alten Testaments von »fremder Warte« her bestätigen will (S. 31 f). Durch diesen gewieften Intellektuellen gelangt der Vorschlag über den Griechen Demetrios, Verwalter der Universalbibliothek, an die Ohren des Königs Ptolemaios II. Philadelphos, auch die Bücher des jüdischen Gesetzes auf die Regale zu legen und ins Griechische zu übersetzen.

Dieser Ptolemaios hatte sich nämlich vorgenommen, die wichtigsten Bücher des gesamten Erdkreises herbeischaffen zu lassen und in seiner neuen Weltbibliothek zu inventarisieren, womöglich ins Griechische zu übertragen. Er schätzte, dass eine halbe Million Buchrollen zusammenkommen würden. Lag es nicht nahe, auch die Gesetzesrollen seiner jüdischen Untertanen, von denen es eine einflussreiche, ja finanzkräftige Gemeinde in seiner Hauptstadt gegeben haben soll, dazuzubringen, wenn schon von persischen, indischen und chinesischen Beständen geträumt wurde?

Eine große Bibliothek erlesener Werke der griechischen Literatur (laut Gellius wie auch Isidor von Sevilla) hatte schon der berühmte Peisistratos in Athen angelegt, als er zwischen 560 und 527 v. Ztr. dort Alleinherrscher war. Besonderen Fleiß wandte er auf eine geordnete Sammlung der homerischen Hymnen. Kaiser Xerxes raubte allerdings die kostbare Büchersammlung und schaffte sie nach Persien, von wo sie erst König Seleukos Nikanor nach 180 Jahren wieder nach Athen zurückbrachte. Das in Athen verwendete Papyrusmaterial muss von sehr guter Qualität gewesen sein!
Eine weitere Stufe auf dem Weg zur Universalbibliothek war das Vorhaben Alexanders d. Gr. gewesen, in Ninive eine gewaltige Büchersammlung mit Übersetzung der chaldäischen Schriften einzurichten. Man hatte angeblich auch damit begonnen, die zwei Millionen Verse der Zarathustra-

Texte ins Griechische zu übertragen und ein Register dazu erstellt (S. 32 f).

Kurzum: Die Bibliothek von Alexandria sollte alle früheren übertreffen. In dieser Universalbibliothek hätte das den Griechen völlig unbekannte Alte Testament ebenfalls einen Platz verdient. Der König entsandte den eifrigen Aristeas und einen Begleiter nach Jerusalem mit einem Brief, in dem er den Hohen Priester Eleazar um Exemplare der heiligen Schrift und kompetente Übersetzer bat. (Eine leise Zwischenfrage: Hätte es bei einer so großen Gemeinde wie der jüdischen in Alexandria dort nicht auch eine Bibel gegeben?) Als Zeichen des good-will ließ Ptolemaios mehr als hunderttausend versklavte Juden frei, indem er die Eigentümer aus der Staatsbank entschädigte. Außerdem wurden viele jüdische Söldner zu Kommandeuren im Staatsheer ernannt. So war die Gleichstellung der beiden führenden Völker des Ostens, Griechen und Juden, erreicht, und Eleazar, der den Brief in Jerusalem öffentlich vorlesen ließ, willigte ein.

Soll ich fortfahren mit dem Hintertreppenroman? Ich gebe nur zusammengefasst wieder, was der angesehene Historiker Canfora mit einem spitzbübischen Grinsen aus den Annalen der Weltgeschichte vorträgt, wie man sie in seiner Zunft versteht.

Der Hohepriester entsandte eine Abordnung von 72 Rabbinern, die aus den zwölf Stämmen Israels ausgewählt worden waren, aus jedem Stamm sechs Geistliche. Nach einem siebentägigen Bankett am Hofe des Ptolemaios, wo sie ihm auf seine siebzig Fragen antworteten, und nachdem der König frivole jüdische Theaterstücke in griechischer Sprache an den Bühnen der Großstadt verboten hatte, zogen sie sich auf die Insel Pharos zurück und übersetzten in 72 Tagen die heilige Schrift in völliger Einmütigkeit.

Diese Übersetzung heißt daher Septuaginta (Siebzig) und gilt als die Grundlage für alle Ausgaben des Alten Testaments der

Christen (die Juden erkannten diese Übersetzung nicht an) bis zur Renaissance.

Nun merken wir endlich, wofür diese ganze Rahmengeschichte dienen soll: Es geht um die Verankerung der Septuaginta in der klassischen Antike in Alexandrien. Canfora hat alle Quellen, die sich mit der Einrichtung von Bibliotheken in klassischer Zeit beschäftigen, ausgewertet und kommt zu dem Schluss (S. 129): »So ist also wieder einmal das Hauptereignis, um das die anderen Berichte über alte Bibliotheken kreisen, die Übersetzung des Alten Testamentes ...« Je größer der Roman, der sich darum rankt, desto glaubwürdiger scheint er. Auch wenn Einzelheiten so dumm sind wie etwa die Erwähnung der zwölf Stämme, die es damals schon ein halbes Jahrtausend nicht mehr gegeben hätte, dass sie bei Theologen nur ein Achselzucken auslösen können. Außerdem setzt man heute den Aristeas um 100 v. Ztr. an, d. h. seine Tätigkeit 200 Jahre früher an der Bibliothek ist von ihm selbst fingiert (S. 177).

Und was wurde aus der weltberühmten Bibliothek von Alexandria? Sie brannte (nach Schulwissen) im Bürgerkrieg nieder – Cäsar schiebt man die Schuld in die Schuhe – und mit ihr waren vierhunderttausend Buchrollen vernichtet. Manchmal sind es auch 700 000 Rollen (z. B. bei Ammianus Marcellinus), aber die meisten Texte sind mit etwas weniger zufrieden. Vor dem Besuch der 72 jüdischen Geistlichen aus Jerusalem, die ja mindesten eine weitere Rolle (ihre heilige Schrift) mitbrachten, sollen sich dort schon 200 000 Rollen befunden haben. Canfora stellt nun nach eingehender Untersuchung der erhaltenen Texte fest (S. 88): Der Brand hat nie stattgefunden! Strabon hat zwanzig Jahre nach der legendären Zerstörung der Bibliothek dort gearbeitet. Nur in den Lagerhallen des Hafens sei Feuer ausgebrochen, wodurch vierzigtausend Schriftrollen verbrannt seien, die vermutlich zum Verkauf nach Rom bestimmt waren. Auch das wird romanhaft sein.

Denn auch die vielen hunderttausend Bücher der königlichen Bibliothek von Alexandria sind ein Märchen, erklärt Canfora. Wie die Regale von Edfu und Pergamon, so waren auch die von Alexandria nur Nischen an den Wänden einer Wandelhalle.

Übrigens war die Bibliothek von Alexandria nicht die einzige der griechischen Welt gewesen, sie hatte Konkurrenz bekommen. Von der Athener Bibliothek hatten wir schon gehört, sie war ja geraubt worden. Einmal hat sie auch gebrannt: Es gibt nämlich eine rühmenswerte Episode aus dem Leben des Redners Demosthenes (384–322 v. Ztr.), der laut Zosimus von Ascalon (um 500 u. Ztr.) ein hervorragendes Gedächtnis hatte. Durch den Brand der Bibliothek von Athen war das Geschichtswerk des Thukydides (etwa 460–400 v. Ztr.) zerstört worden; »nur noch Demosthenes wusste es von Anfang bis Ende auswendig, konnte es diktieren, und so konnte der kostbare Text wiederhergestellt werden« (S. 175). Wieder ein Brand, aus dem man später Nutzen ziehen konnte, wenn etwa Unstimmigkeiten über den genauen Text des Thukydides auftauchen sollten. Da diese Episode aber in den Zeitraum fällt, in dem sich die Athener Bibliothek in Persien befand, schwimmt dieses Ereignis etwas herrenlos herum.

In Rom gab es keine öffentlichen Büchereien. Aber in Pergamon hatte König Eumenes eine Bibliothek geschaffen, die sich rühmte, die Schriften des Aristoteles vollständig und im Original oder als Mitschriften seiner Schüler zu besitzen. Ausgelöst durch den großen Sammeleifer dieser reichen Hauptstadt traten zahlreiche Fälscher auf den Plan und boten zurechtgestutzte antike Texte oder gar geschickte Nachahmungen an (Canfora, S. 54), die man doch nicht zurückweisen wollte, um der Konkurrenz in Alexandria keinen Vorteil zu gewähren. Man übertraf auch die beneidete alexandrinische Bibliothek durch Erwerben noch vollständigerer Sammlungen. Da die Fälschungen Echtes mit Erdachtem vermengten, waren die Texte ohnehin schwer abzulehnen. Ist das nicht die typische Situation der Humanisten?

Alexandria dachte sich nun ein neues Mittel aus, um Pergamon zu überflügeln: Man stoppte den Export von Papyrus nach Griechenland. Ob so etwas durchführbar ist, sei dahingestellt, es ist jedenfalls »geschichtliche Tatsache«. Die Pergamener waren nicht auf den Kopf gefallen und schrieben von nun an auf Leder, das seitdem Pergament genannt wird.

In dem Streit zwischen den beiden Bibliotheken spiegelt sich meines Erachtens ein tatsächlicher ideologischer Gegensatz zwischen zwei literaturkritischen Bewegungen der späten Scholastik, die – aus welchen Gründen auch immer, aber jedenfalls völlig dem Zeitgeist entsprechend – in die Antike verlegt worden waren. Canfora hat das mit seiner unvergleichlichen Kenntnis herausgearbeitet: Die ältere der beiden Schulen, die »alexandrinische«, prüfte akribisch jedes Wort und schied nur einzelne unpassende Begriffe aus, die jüngere, »pergamenische«, nahm die Texte en bloc an und bewertete den allegorischen Gehalt, wobei man jegliche Ungereimtheiten unter dem Stichwort Anomalie durchgehen ließ. Dabei ist nicht zu übersehen, dass es im Grunde um die Auslegung des Aristoteles ging, der ja erst durch die Araber im 12./13. Jahrhundert wieder ins Abendland kam. Die Humanisten erfanden ihren eigenen aristotelischen Kanon, und dazu bemühten sie die Geschichten von Bücherverschleppungen und Bibliotheksbränden.

So wurde auch eine christliche Verbrennung der kostbaren Bücher im 4. Jahrhundert in Alexandria in die Geschichtsbücher eingeführt. Aufgestachelt durch den Bischof Theophilos zerstörte der christliche Mob die heidnischen Tempel, vor allem das Museum und die Bibliothek, und übergab die Schätze dem Feuer.

Hinfort kam man christlicherseits ohne griechische Philosophie aus.

Das blieb nicht lange so, der Roman wurde fortgesetzt. Rund dreihundert Jahre später, im Jahre 642, besuchte der arabische Eroberer und Statthalter von Ägypten, Amr ibn al-As, ein Genosse des Propheten Mohammed und aus demselben Stamm der Koreisch, den Aristoteles-Kommentator und Monophysiten Johannes Philoponos in Alexandria sehr häufig und unterhielt sich mit ihm und einem Juden über Glaubensfragen, besonders gern natürlich über die Göttlichkeit Jesu, die Amr bezweifelte. Dabei brachte der monophysitische Theologe geschickt die immense Sammlung griechischer Bücher zur Sprache, die er vor dem Eroberer retten wollte. Amr fragte per Boten bei seinem Chalifen Omar in Medina an und erhielt schließlich die Antwort, die Bücher sollten verbrannt werden. Dies wurde sofort ausgeführt: Man heizte sechs Monate lang die 4000 Bäder Alexandrias damit. So ging dieser einmalige Schatz griechischen Wissens ein viertes Mal der Menschheit verloren. Nur die Bücher des Aristoteles wurden verschont, schreibt Canfora (S. 104).

Das Gespräch mit dem arabischen Statthalter von Ägypten ist eins der typischen Streitgespräche zwischen Vertretern der drei monotheistischen Religionen, wie sie vielfach geschrieben und möglichst berühmten (ausgedachten oder tatsächlichen) Gestalten der Geschichte in den Mund gelegt wurden, etwa im Stile des »Cuzary« oder des Johannes von Damaskus. Vom Gespräch des Theologen Johannes, der nach christlichen Angaben allerdings schon ein Jahrhundert früher tot gewesen wäre, mit dem islamischen Herrscher Amr berichtet (laut Canfora) der Araber Ibn al-Kifti. Schauen wir uns erst diese Quelle an:

Ali ibn al-Kifti ist als Sohn einer berühmten Beamtenfamilie in Kifti in Oberägypten 1172 oder 1179 geboren und nach einem sehr bewegten Leben als Staatsmann 1248 gestorben. Er gilt als großer Schriftsteller, dem 26 Werke zugeschrieben werden. Leider hat sich keins davon im Original erhalten.

Zwei wichtige Werke, die ›Geschichte der Seldschuken‹ und eine Biografie des Mahmud Ghaznawi und seiner Söhne, sind beide verloren. Sein für uns interessantestes Buch über die Geschichte der Wissenschaften und der hellenistischen Tradition im Islam (meist kurz »Tarich al Hukama'« genannt), ist nur in Auszügen bei Mohammed al-Zawzani (1249, also ein Jahr nach Kiftis Tod verfasst) erhalten, und wir wissen natürlich nicht, wie korrekt diese Auszüge sind; oft sind ja derartige »Weitergaben« arg entstellt oder überhaupt nur fingierte Zuschreibungen. Da al-Zawzani viele (ins Arabische übersetzte) Zitate aus griechischen Schriften bringt und dies oft unsere einzige Quelle dieser Zitate ist, wird auch dem Ausschnitt aus Ibn al-Kifti großer Wert beigemessen.

Die wörtlichen Reden, die dem Amr ibn al-As und dem Theologen Johannes in den Mund gelegt werden, sind allerdings kaum als echtes Dokument aufzufassen, denn zwischen dem Gespräch im Jahre 642 und der Niederschrift durch Kifti sind ja mindestens 600 Jahre vergangen. Wenn schon die reichhaltige Arbeit Kiftis trotz ungebrochener arabischer Kultur die letzten 600 Jahre bis zu den großen Orientalisten des 19. Jahrhunderts nicht überstanden hat, dann wird Kifti selbst wohl auch nicht an Originaldokumente aus der Zeit, die 600 Jahre vor ihm lag, angeknüpft haben.

Canfora findet sogar heraus, wie Kiftis Text entwickelt wurde (S. 122): Da darin die Zahl der vernichteten Buchrollen mit 54 000 angegeben wird, dürfte es sich wohl um eine Übernahme des Textes von Epiphanios handeln, eines Griechen also, der 54 800 Buchrollen erwähnt hatte. In der Fassung des Kifti (genauer: des al-Zawzani) wird allerdings dummerweise gesagt, dass bei der Einrichtung der alexandrinischen Bibliothek durch Ptolemaios die Schriften der Griechen noch fehlten, und das wäre nun wirklich paradox, wie Canfora schreibt (S. 122).

Wir befinden uns wieder bei der Märchentante.

Wenn also aus diesem letzten Ausflug in die islamische Welt deutlich wurde, dass hier wiederum griechische Texte zugrunde lagen, dann hat Canfora mit seiner gegen Schluss wie ein Fazit verdichteten Aussage wohl Recht: »Die Bücherverbrennung ist ein Teil der Christianisierung.« (S. 184) So ging auch die gerade wieder erstandene Bibliothek von Antiochia im Feuer unter. Und er schließt seine Untersuchung:

»Wenn man diese Kette von Gründungen, Wiederaufbau und Katastrophen betrachtet, dann glaubt man einen roten Faden zu erkennen ... Alles beginnt mit Alexandria: Pergamon, Antiochia, Rom, Athen sind nur Repliken. [...] Auch die Bibliotheken von Byzanz machen hiervon keine Ausnahme.« (Sie verbrennen.) »Deshalb kommt das, was am Ende geblieben ist, nicht aus den großen Zentren, sondern aus ›randständigen‹ Orten, (den Klöstern) oder aus sporadischen privaten Kopien.« (S. 187)

Mit den Bibliotheksbränden haben sich die Humanisten und die Kirche die passendsten Entschuldigungen für ihre Neuschöpfung der Menschheitsgeschichte geschaffen.

VII Das orientalische Umfeld

Petrarca erklärte dem Kaiser Karl IV., dass die Urkunden, die angeblich Cäsar und Nero für Österreich ausgestellt hatten, erfunden sind (siehe S. 159). Damals hatte man mehr Durchblick als heute, scheint mir. Aber wenn auch die Aufdeckung der Lügen schon sehr früh begonnen hatte – Lorenzo Valla (gest. 1457) deckte als Erster den Schwindel der Konstantinischen Schenkung auf, nachdem schon Cusanus darauf hingewiesen hatte –, so bleibt doch zu ergründen, wann das Gros der Fälschungen eingesetzt hat. Mit der These von den erfundenen Jahrhunderten sind nämlich einige Folgerungen verbunden, die noch nicht zu Ende gedacht wurden.

Zwei Wege tun sich auf: Wenn Konstantin Porphyrogennetos die Geschichte neu zu schreiben begann, dann muss er eine Zeittafel aufgestellt haben. Oder diese Tafel ist erst später in die Geschichtsschreibung eingebaut worden, dann ist die Aktion des Konstantin Porphyrogennetos erfunden, um ihm den künstlichen Zeitsprung anzulasten.

Da die byzantinischen Daten (nach Weltära) erst nach dem Fall von Konstantinopel 1453 mit den AD-Jahren koordiniert wurden, ist die von Konstantin Porphyrogennetos durchgeführte Neuschreibung der byzantinischen Geschichte erst zu diesem Zeitpunkt auch zeitlich in ein Ordnungsmuster gepresst worden. Wie ich (1999, bes. S. 186 ff) herausgefunden habe, ist die Verschiebung der Datenlücke in Byzanz um 38 bis 45 Jahre versetzt, beginnt also schon 866 bis 873.

Hierzu ein weiterer Hinweis aus dem westeuropäischen Bereich:

Im »Parzival« des Wolfram von Eschenbach soll eine indirekte Zeitangabe stehen: Parzival hätte elf (11) Generationen vor dem Dichter Wolfram v. E. gelebt. Da dieser um 1210 sein Werk verfasst haben soll, bliebe für den geschichtlichen Hintergrund der Parzival-Sage der Zeitraum zwischen 860 und 870 AD.

Die elf Generationen könnten wieder den Sprung über drei Jahrhunderte enthalten, d. h. Parzival wird um die üblichen 297 Jahre vorverlegt. Elf ist eine wichtige symbolische Zahl (11 mal 27 ergibt 297; die 27 ist dreifacher Ausdruck der heiligen Drei). Die Verschiebung auf dem Zeitstrahl hätte somit nur symbolischen Wert, nicht historischen.

Chrêtien de Troyes schrieb seinen »Graal«, der dem »Parzival« als Vorbild diente, 1170–1190. Betrachten wir den wesentlichen Gehalt: Parzival wurde in der Einöde erzogen und war dennoch schon jung von dem ihm innewohnenden ritterlichen Sinn durchglüht, wie »Hayy ibn Yaqzan« von Geburt an vom islamischen Geist erfüllt war (von Ibn Tufayl zwischen 1150 und 1200 verfasst). Zur Diskussion stand die Frage, wie viel Geistesgut im Menschen durch Vererbung und wie viel durch Erziehung bestimmt wird. Beide Autoren betonten, dass die wesentlichen geistigen Werte dem Menschen »angeboren« seien. Hier ist eine gemeinsame Zeitströmung sichtbar, die bei der einen Gruppe, den Moslems, keine Verschiebung in eine frühere Zeit benötigt, bei der anderen jedoch um dreihundert Jahre vorverlegt wird. Sind das die Ergebnisse der späteren Anpassung christlicher Schriften an ein neues Zeitschema?

Haben die Moslems vielleicht den korrekteren Zeitstrahl bewahrt und sind ihre Dokumente verläßlich?

Ein großer orientalischer Reisender: Ibn Battuta

Leider muss ich da eine Enttäuschung weitergeben: Die Unsicherheit der Chroniken und Reiseschilderungen bis zum 15. Jahrhundert ist keine spezielle Eigenart christlicher Schriftstellerei, sondern findet sich in den islamischen Texten in gleicher Weise. Ich wähle einen wichtigen Text aus, der schon fast an der Grenze zur Neuzeit verfasst wurde: den weltberühmten Reisebericht des Maghrebiners Ibn Battuta.

Schams-uddin Ibn Battuta ist 703 H (= 1304) in Tanger geboren und 779 H (= 1377) in Fès in Marokko gestorben. Er genoss überall großes Ansehen als Gelehrter und vierfacher Mekkapilger, war Richter, Berater an Fürstenhöfen und vor allem ein großer Reisender, der ein Vierteljahrhundert in Asien und Afrika unterwegs war.

Im Jahr 725 H (= 1325) begann er seine große Reise, besuchte 732 (1332) auch Konstantinopel und erhielt Audienz beim Kaiser und kehrte nach langen Reisen durch Zentralasien, Indien und China erst im Monat Schaban 750 H wieder nach Fès zurück. Vier Jahre später diktierte er dort auf Anregung des Meriniden-Sultans Abu Inan (eines überaus gelehrten Herrschers) dem Dichter Mohammed Dschuzay (gest. 757 H = 1356) seinen Reisebericht.

Die mir vorliegenden Stücke in deutscher Übersetzung haben mich aber stellenweise sehr stutzig gemacht. So schreibt er, die von den Heiden erbaute Altstadt Delhi sei im Jahre 584 H von den Muslimen erobert worden. Der Übersetzer gibt als AD-Jahr 1188/89 an, was nach dem Umrechnungskalender korrekt ist. ›Tatsächlich‹ wurde Delhi schon viel eher erobert, nämlich von Mahmud Ghaznawi 1011 AD. Im Jahre 1193 wurde es abermals von Afghanen erobert, nämlich durch Mohammed von Ghor, und seit Kutb-uddin Ali Beg ist Delhi Hauptstadt des Sultanats. Ibn Battuta lebte jahrelang am Hof des afghanischen Sultans und hätte die korrekte Jahreszahl der Eroberung wissen müssen.

Der Sultan hält täglich Hof – schreibt Ibn Battuta, der häufig anwesend war – im Saal der Tausend Säulen (Hazar Ustun), die eine bemalte Holzdecke tragen. Außer den vielen hundert Dienern, Leibwächtern, Würdenträgern, Richtern und Gesandten werden jedes Mal 60 Reitpferde in den Saal geführt und so aufgestellt, dass der Sultan sie alle sehen kann, dazu 50 Elefanten, die alle an der Sitzung teilnehmen. Ibn Battuta schwört Stein und Bein (bzw. bei Allah, dem Propheten usw.), dass er alles so wirklich gesehen habe. Dann erzählt er eine Anekdote von einem Schihab-uddin, den schon Kutbuddin hochgeschätzt hätte (der Mann war aber schon gute 100 Jahre tot).

Ibn Battuta gelangte nach langen wirren Fahrten im Jahre 1346 endlich nach Chan Baligh (= Peking, das Ziel seiner Mission) und an den Kaiserhof. Dort erlebte er einen Aufstand und Kriegsgetümmel sowie schließlich die prachtvolle Beisetzung des im Krieg gefallenen Kaisers Schünti Chan. Dieser regierte aber von 1333 bis 1367, starb also erst 21 Jahre nach Ibn Battutas Besuch dort.

In Meschhed begab sich Ibn Battuta zu dem überaus prächtigen Grab – man staune – von Harun Er-Raschid!, dem man beim ehrfürchtigen Segensgebet (Ziyara) einen Fußtritt verabreichen muss. In Wirklichkeit handelt es sich um das Grab von Imam Reza, wie jeder Persienreisende weiß, und das Grab von Harun liegt in Tus.

Ein schönes Durcheinander.

Irren ist menschlich, aber was sollen dann diese Berichte?

Natürlich kann man behaupten, es sei der Dichter Dschuzay gewesen, der die dürftigen Reisenotizen des Ibn Battuta mit Fantasieberichten aufgefüllt habe. Der hat dafür auch kräftig aus der »Rihla« (»Reisebericht«) des Ibn Dschubayr abgeschrieben, was ja damals Mode war; auch Al-Makrizi und zahlreiche andere berühmte Chronisten haben diese erste »Rihla« *ausgeschöpft*. Ibn Dschubayr lebte von 1145 bis 1217, sein Bericht seiner ersten Reise (1183–1185) ist der früheste Reisebericht in arabischer Sprache!

Dann ist aber Ibn Battutas Reisebericht, der ja vielen neuzeitlichen Forschungen über das damalige Asien und Nordafrika zugrunde liegt, eine Novellensammlung und eventuell schlechter als die von Marco Polo. Und die ist schon haarsträubend verzerrt.

Wer aus solchen Büchern Rückschlüsse zieht, verwirrt die Geschichte noch mehr. Aber bessere Texte gibt es nicht aus jener Zeit.

Oder die folgende kleine Überlegung:

Der berühmte Nationalheld der frühen Türkei, Saiyid Battal Ghazi, der südlich von Eskischehir neben einem ehemaligen Ordenshaus der Bektaschi begraben liegt und verehrt wird, dürfte (laut Enz. Isl.) etwa um 1000 gelebt haben, weil er zu den Seldschuken gehörte, die etwa »um 1000« nach Anatolien kamen. Er fiel im Kampf gegen die byzantinischen Christen. Das wäre ein schöner Beweis für frühes Christentum durch eine unabhängige Chronik. Später wurde Battal jedoch durch arabische Chronisten wie Al-Dschannabi und Hazarfenn in eine frühere Zeit verschoben. So wurde er Zeitgenosse berühmter Abbasiden, besonders des Emirs von Melitene (gestorben 863). Im 12./13. Jahrhundert adoptierten ihn die Türken und erhoben ihn zu ihrem Nationalhelden. Ein Epos von 1245 enthält Kreuzfahrer-Episoden und kommt vermutlich der Wirklichkeit näher. Nach Tabaris »Geschichtswerk« fiel Battal allerdings schon im Jahre 122 H (= 740 AD). Er rückt also immer weiter in ferne Frühzeit zurück, wie das ja auch den Helden der Gralssage ergangen ist.

Was machen wir nun mit dem berühmtesten arabischen Historiker, Abu Dschaffar Tabari, dessen Schriften ja den

Grundstock unserer Kenntnis des frühen Islam bilden? Er hätte das Datum des Helden Battal nämlich am besten wissen müssen, denn er ist (etwa) 838 in Tabaristan in Persien geboren und (vermutlich) 923 in Bagdad gestorben.

Da hört man immer wieder den Einwand, dass die Orientalen eben ein anderes Verhältnis zum Zeitbegriff haben. Ihre Chroniken seien nicht in unserem Sinne für voll zu nehmen und müssten eben mit Rücksicht auf die orientalische Mentalität entsprechend nachsichtig aufgenommen werden. Wenn ich diese hanebüchene Entschuldigung annehme, sollte ich auf Chroniken außerhalb unserer eigenen Geschichtsschreibung verzichten. Dann sieht es bei uns im Mittelalter noch düsterer aus. Ein Trio von Spezialisten, das im Berliner Grunewald-Kolleg höchststaatlich gefördert wird, wollte dieser Resignation einen Riegel vorschieben: Die beiden Inder Rao und Subramanyam sowie David Shulman aus Jerusalem haben sich der indischen Geschichtsschreibung angenommen und festgestellt, dass dort vorkoloniale Chroniken im eigentlichen Sinne zwar inexistent sind, dafür aber Lieder und Legenden an dieselbe Stelle treten, die – wenn sie auch keine Zeitmaßstäbe angeben können – doch unsere Kenntnis der vorkolonialen Zustände Indiens aufhellen könnten. Zwar denkt man dort nicht »linear« und meist in viel zu großen Zeitmaßstäben, aber diese andere Sicht der Dinge sei dennoch an Tatsachen orientiert. Diese hätten sich in der Dichtung niedergeschlagen, was von den drei Autoren vor allem für das 16. bis 18. Jahrhundert untersucht wurde. Wer wie dieses Team den genannten Zeitraum als »vorkolonial« bezeichnet, hat jedoch vergessen, dass der Küstenbereich bereits ab 1500 durch die Portugiesen besiedelt wurde und dass sich gebildete Inder (wie z. B. die Parsen) von christlichen Missionaren beeinflussen ließen.
Die Autoren kommen bei den untersuchten Epen und Liedern zu dem Ergebnis, dass man seinerzeit nicht gewohnt

und nicht gewillt war, Geschichte auf einem eindeutigen Zeitstrahl darzustellen. Mit der nun durch die beiden Hindus und den Jerusalemer Religionswissenschaftler versuchten Eingemeindung von Dichtung zum Zwecke der Erstellung von Geschichtstafeln wird ein Maßstab hingestellt, der wie ein Rückfall in die Gewohnheiten vor hundertfünfzig Jahren wirkt, als man letztmalig versuchte, den biblischen Sagenschatz als Realhistorie aufzufassen. Vielleicht handelt es sich um eine Art der Vorwärtsverteidigung, seitdem man von höchster Warte aus ohnmächtig den Erfolgen der Chronologiekritiker zusieht. (Siehe auch Topper, 1999, S. 242, wo leider der Name des Heiligen verwechselt ist: Statt Bernhard muss es Benedikt heißen.)

Zumindest besagt das Exempel so viel, dass wir aus dieser Richtung keine Hilfe erwarten können, wenn wir vorurteilsfrei nach Fakten der Vergangenheit suchen. Und die indische Zeitrechnung hatte ich ja schon (1999, S. 109–122) auf ihre Haltbarkeit hin geprüft und fallen lassen müssen.

Cuzary, das Buch der Chasaren

Bei der Rückerschließung des Entstehungsvorganges des europäischen Christentums ist eine Schwierigkeit aufgetaucht, die sich aus folgenden beiden Grunderkenntnissen ergibt:

1. Das Christentum ist von Anfang an in Europa entstanden.
2. Es enthält starke Elemente des Judentums und kann in großen Teilen als Reaktion auf das etwas ältere Judentum angesehen werden.

Einige Pioniere der neuen Rekonstruktion wie der deutsche Orientalist Günter Lüling, der Amerikaner Martin Bernal, der Franzose Jacques Touchet (Carcassonne) u. a. stellen deutlich heraus, dass vor der Christianisierung ein beträchtlicher Teil Europas und des Vorderen Orients hebräisch missioniert worden sein muss. Die sprachlichen und weltanschaulichen Hinweise in diesem Sinne sind überwältigend.

Ohne diese Annahme würden obige zwei Grundsätze zusammenbrechen. Allerdings muss dieses frühe Judentum anders als das spätere beschaffen gewesen sein. Erst durch die Qaräer und noch später durch die Abgrenzung gegenüber dem entstehenden Christentum hat sich die heutige Form des Mosaismus herausgebildet. Wie es scheint, setzt sich der Islam in seiner frühen Stufe – im Koran – noch mit einem archaischen Judentum auseinander, das am ehesten in den Schriften von Qumran spürbar wird.

Zur Entstehungsweise des modernen Mosaismus möchte ich zwei Beispiele anführen, die alle Merkmale der literarischen Fälschungsaktion zeigen. Zunächst den »Cuzary«, dann das Esther-Buch.

Das berühmte Buch »Cuzary« des großen jüdischen Dichters Jehuda Ha-Levy zählt zu den Glanzstücken europäischer Theologie. Als Streitgespräch aufgebaut, bringt es eine Abgrenzung der jüdischen Dogmatik gegen mindestens vier Religionen seiner Zeit: gegen das Christentum, den Islam, die Qaraiten und die heidnische Philosophie.

Über den Schöpfer dieses Buches sind recht unterschiedliche Informationen im Umlauf. In der »Jewish Encyclopedia« gilt er als »größter hebräischer Dichter seit der Bibel«, der zwischen 1080 und 1085 in Toledo in Kastilien geboren sei, auch in Córdoba gelebt habe und etwa 1138 in den Orient gereist sei, vielleicht auch erst nach 1140. Sein arabischer Name lautete Abu al-Hassan al-Lawi. Er müsste also einen Sohn namens Hassan gehabt haben, während er nach anderen Quellen kinderlos war. Einige (siehe Imirizaldu) geben als

Geburtsjahr 1075 an, als Geburtsort Tudela de Navarra in Aragon, Toledo sei ein Schreibfehler.

Auch sein Todesjahr und -ort liegen im Dunkel. Nach der geläufigen Legende (siehe vor allem »Jüdisches Lexikon«, 1927) war er gegen 1135 in den Orient gereist, hatte in Damietta in Ägypten ein Amt bekleidet (worüber es keine Dokumente gibt) und war schließlich 1141 zur Reise nach Jerusalem aufgebrochen. In der Nacht vor seinem lang ersehnten Einzug in die heiß geliebte Stadt Jerusalem soll er von einem Moslem enthauptet worden sein. An diesen Tod knüpfen sich viele romantische Gedichte und mystische Abhandlungen, aber historisch wird er dadurch nicht. Ha-Levy soll auch in Spanien gestorben sein, vermutlich in Toledo. Über sein Grab weiß man nichts.

Er war also ein höchstberühmter und für die Theologen ebenfalls sehr wichtiger Dichter, von dem man weniger weiß als von vielen seiner Zeitgenossen. Das wäre nicht weiter verwunderlich, öffnet aber Möglichkeiten, ihm Texte unterzuschieben, die er vielleicht nie geschrieben hat. Von seinen weit über 800 Gedichten sind gar manche heute wieder aussortiert.

Wenden wir uns dem Buch »Cuzary« zu.

Der Zweck des theologischen Streitgespräches im »Cuzary« ist es, den König der Chasaren (im 8. Jahrhundert, also rund 400 Jahre vor Ha-Levy) zum wahren jüdischen Glauben zu bekehren. Da wir über die Chasaren fast gar keine zeitgenössischen schriftlichen Aufzeichnungen besitzen, ist dieses Buch von allerhöchstem Wert, ja (außer zwei Briefen) das *einzige* schriftliche Dokument, das uns einen Einblick in die damalige Geistesströmung der Aschkenasen (Ostjuden) erlaubt.

Darauf zu bauen ist nun, da wir wissen, wie viele Dokumente in der Renaissance oder später geschaffen wurden, eine riskante Sache. Man ist sich auch weitgehend einig darüber, dass Ha-Levy die Rahmengeschichte nur benützt, um die zu seiner *eigenen* Lebenszeit entflammten Streitigkeiten um den wahren Glauben mit klaren Argumenten zu entscheiden. Man erkennt inhaltlich die Abhängigkeit der Argumentation von den Schriften des großen islamischen Theologen Al-Ghasali (geboren 1059 in Chorasan und ebendort gestorben 1111). Es geht hauptsächlich um eine Ausgrenzung der aristotelischen Philosophie.

Über die Chasaren erfahren wir demnach fast nichts aus diesem Buch.

Ha-Levy war schon zu Lebzeiten berühmt als hebräischer Dichter, er schrieb alle seine Gedichte in Hebräisch, aber den »Cuzary« soll er in Arabisch geschrieben haben: »Kitab al-Chazari.« Erst der Mystiker Yehuda aben Tibbon habe es 30 Jahre später ins Hebräische übertragen. An solchen unerklärlichen Besonderheiten setzt bereits leiser Verdacht ein.

Wie gesagt: Es soll ein Streitgespräch zwischen Juden und Christen und Moslems vor dem Thron des (hebräisch sprechenden) Chasarenherrschers sein, aber außer in dieser Rahmengeschichte kommt eigentlich nur der jüdische Rabbiner zu Wort und kann seinen Glauben gegen die anderen abgrenzen, vor allem gegen die hebräisch sprechenden »Carraym« (Qaräer). Natürlich wird der Chasarenfürst zum Judentum bekehrt, d. h. von der Lehre der Qaräer, der er vermutlich angehört hatte, abtrünnig gemacht.

Warum spielt dieses spanische Lehrstück in der fernen Ukraine und um vierhundert Jahre zurückversetzt?

Das hat wohl zwei Gründe: Einerseits will der Autor damit festlegen, dass die Chasaren rechtgläubige Juden (geworden) sind. Das ist aber zu jenem Zeitpunkt, da es längst kein Chasarenreich mehr gab, eine müßige Geschichte. Und zum anderen hätte dieses Gespräch im derzeitigen Spanien nicht gut spielen können, denn dort sah das theologische Umfeld zu seiner Zeit schon anders aus.

Auch sonst kommen Schlüsselwörter vor, die uns zeigen, dass Geografie nicht unbedingt wörtlich genommen werden muss. Seir und Edom, das Gebirge im Süden Palästinas, ist das Kennwort für das Gebiet des Christentums, Ismael steht für das islamische Gebiet, und Mizrah steht für Länder, in denen beide Religionen ausgeübt werden.

Die Chasaren waren nach traditioneller Auffassung ein Türkisch sprechender Stamm mit einem wohl organisierten Staat nördlich des Schwarzen Meeres. In Russland heißen sie auch Akatziren, also »weiße« Atziren, weiße Ugrier. Der Name Chasar stammt vermutlich von Chosroes, einem häufigen persischen Königsnamen, wie schon Buxtorf 1660 in seiner lateinischen Übersetzung des »Cuzary« meint. Jedenfalls hatte diese Stammesgruppe kommerzielle und kulturelle Beziehungen zum Iran.

Der Streit um die Echtheit der chasarisch-jüdischen Grabsteine auf der Krim (Chwolson, 1866, u. a.) war Ende des 19. Jahrhunderts höchst aktuell. Er lässt sich so weit reduzieren: Einige der ältesten Grabsteine müssen echt sein, aber ihre Daten sind nicht einzuordnen. Die neueren Grabsteine sind zweifelsfrei echt.

Angeblich hatte sich schon der Kagan (= Chan, König) Bulan um 680 zum mosaischen Glauben bekehrt, der Kagan Chuzar aber war wohl wieder von der reinen Lehre abgefallen und musste nun durch dieses Streitgespräch erneut auf den rechten Weg gebracht werden. Das sei etwa 740 geschehen. Diese rund 400 Jahre zurückliegende Geschichte ist in dem berühmten »Cuzary« von Ha-Levy verewigt worden. Wir sehen schon, dass hier einige Sprünge gemacht werden, die weit hergeholt sind. In Kap. 1, Abschnitt 47 nennt der Verteidiger des wahren Judentums, Haber, das genaue Jahr als Zeitabstand seit der Erschaffung der Welt. Diese »Weltschöpfungsära« war zwar weit verbreitet, aber doch mit sehr unterschiedlichen Angaben. Die genannte Jahreszahl 4500 kann darum nicht näher bestimmt werden. Aber die dort ausgesprochene Behauptung, dass alle Juden von Indien bis Äthiopien eine einheitliche Jahreszählung verwenden, ist absurd. Sie passt auch nicht ins 12. Jahrhundert, in dem man sich über die Zeitrechnung noch keineswegs einig war.

Zunächst ein Wort über die Qaraiten (Qaräer), die infolge emsiger dogmatischer Arbeit seitens jüdischer wie christlicher Theologen heute fast vergessen sind: Sie waren es, die die Thora in ihrer heutigen Gestalt schufen, indem sie den Text festlegten. Die mündlichen Überlieferungen und örtlich verschiedenen Riten achteten sie gering, nur die »Schrift« war ihre Richtschnur. Ihr Name besagt schon (qara = lesen), dass sie großen Wert auf das Lesen der heiligen Texte legten. Darum ließen sie auch andere heilige Texte gelten, wie z. B. die der Essener, der Sadduzäer und selbst den arabischen Quran (Koran), der seinen Namen ebenfalls von qara = lesen bezog.

Als Musterstück der vokalisierten (»masoretischen«) Thora der Qaräer muss wohl der Kodex »Halepensis« angesehen werden, der Mitte des 11. Jahrhunderts aus Basra nach Jerusalem gelangte, durch Kreuzfahrer nach Kairo verschleppt wurde und schließlich über Haleb (Aleppo, daher der Name »Halepensis« des Codex) wieder nach Jerusalem zurückkehrte. Wie ich andernorts schon ausdrückte (»Die Große Aktion«), sehe ich im späten 10. und beginnenden 11. Jahrhundert im Raum Kairo, Damaskus, Edessa die Entstehung der jüdisch-islamisch-christlichen Schriftreligion. Den Qaraiten kommt darin eine entscheidende Rolle zu.

In ihrer Schriftkundigkeit waren sie allen anderen überlegen und verachteten die weniger fundamentalistischen religiösen Bewegungen der Juden, Christen und Moslems, von denen sie in der Folgezeit hart bekämpft wurden. Einer der großen qaräischen Missionare in Westeuropa, Ibn Altaras, hatte in Spanien viel Erfolg; nach seinem Tode führte seine Witwe die

Mission fort. Jehuda ben Ezra wie auch José Ferussol gingen mit Streitschriften dagegen an, aber erst Doña Urraca, Königin von Kastilien, konnte die Qaräer eindämmen, indem sie sie in ein Ghetto sperrte. Auf der Grundlage einiger qaräischer Ideen entstand 1161 das »Buch der Kabbala« von Abraham ibn Daud in Toledo (s. u.).

Heute gibt es nur noch Reste dieser einst großen Religionsgemeinschaft, vor allem auf der Krim und im Baltikum sowie in Jerusalem (Maier, S. 193).

Wie sieht es nun mit der Textüberlieferung des »Cuzary« aus? Weder der arabische Originaltext noch Ibn Tibbons hebräische Übersetzung von 1170 (»Sefer Ha-Kuzari«) sind erhalten. Wir haben eigentlich nur die kastilische (spanische) Übersetzung eines holländischen Juden als Grundlage.

Dieser gelehrte Mann hieß Jacob aben Dana (Abendana), stammte von portugiesischen Juden ab und war wohl in Rotterdam gegen 1630 geboren; er studierte dort und wurde Schreiber in Amsterdam. Der schon erwähnte Kalvinist Johann Buxtorf aus Basel sowie Jakob Golio aus Leiden schätzten die Schriften Abendanas sehr. In Leiden lernte er auch Anton Hüls kennen, den er bei seinen orientalistischen Studien unterstützte. Da dieser versuchte, Abendana zum Christentum zu bekehren, habe jener darum als Gegenschrift das Buch »Cuzary« ins Kastilische übersetzt. 1680 wurde Abendana als Schreiber nach London berufen, wo er seine Übersetzung der Mischna ins Kastilische vollendete und 1695 starb. Ein gewisser Hascham Abendana schrieb einen Kommentar zum »Cuzary«. So viel zur Überlieferung des Textes.

Liest man den »Cuzary« aufmerksam und mit den schon erwähnten Verdachtsmomenten, dann fällt so manches auf, das anachronistisch wirkt.

Da gibt es eine ermüdend lange und für Nichthebräer unverständliche Abhandlung über die hebräische Rechtschreibung und Grammatik (am Schluss des 2. Diskurses), in die hebräische Buchstaben unorganisch eingebettet sind, und zwar manchmal in Umschrift, dann wieder im Original, recht befremdend und wohl nur für Sephardim (Westjuden) in der Diaspora sinnvoll.

Es kommen Begriffe vor, wie »Sphäre des Mondes« oder »Unsterblichkeit der Seele«, die ich mir erst in der Renaissance passend vorstellen kann. Auch die zitierten klassischen Autoren Hermes, Äskulap, Sokrates, Platon und Aristoteles gehören frühestens zur Diskussion des 12. Jahrhunderts (nach Maimonides, der die Qaräer ebenfalls bekämpfte).

Oder das Gleichnis vom schmächtigen Geldwechsler, der einem kräftigen Bettler das Almosen verweigert und doch nicht von diesem beraubt wird. Der Dichter will damit an die »pax mongolica« erinnern und fordert eine Art absolutes Königtum als Friedensgarantie, ganz passend für das 17. Jahrhundert, aber für die Sephardim des 12. Jahrhunderts undenkbar.

In der Vorrede zu seiner Übersetzung, die einem Juden am englischen Königshof, Wilhelm Davidson, gewidmet ist, gibt sich Abendana in allergrößter Bescheidenheit, echt barock, aber meines Erachtens verrät er sich dadurch als der Autor des Textes, den er nur aus eben dieser Bescheidenheit und entsprechend einer ganz normalen Zeitströmung einem berühmten Dichter des goldenen Jahrhunderts jüdischer Gelehrsamkeit unterschiebt.

Wiederum möchte ich betonen, dass das Buch »Cuzary« durch diese Vermutung, es könnte 500 Jahre später als behauptet geschrieben sein, nichts von seinem theologischen Wert verliert, nur: Als Dokument für die Judaisierung der Chasaren im 8. Jahrhundert kann es dann nicht mehr gelten, und als Dichtung des spanischen 12. Jahrhunderts auch nicht mehr.

Es ist ja auch zu erwarten, wenn Christen in der Renaissance um die Wette antike und mittelalterliche Texte herstellten, dass die Kollegen mosaischen Glaubens nicht zurückstanden, sondern mit ähnlichem Fleiß an die Erstellung ihrer Geschichte gingen.

Dabei ist die Technik der Querverweise ein wichtiges Mittel zur Beglaubigung gewesen, nur zuweilen ist sie gar zu durchsichtig gehandhabt worden, und das scheint mir auch in diesem Fall offen zu liegen.

Wie man sich denken kann, wird Ha-Levy die Rahmengeschichte nicht frei erfunden, sondern an gewisse bekannte Nachrichten angeknüpft haben. Diese sind auch leicht zu finden, da es – wie gesagt – außer dem »Cuzary« nur noch zwei Briefe gibt, die uns etwas über die jüdischen Gemeinden der Ukraine vor ihrer Vernichtung durch die slawisch-orthodoxe Mission berichten. Ein gewisser (Rabbi) Hasdai ben Schaprut (arabisch Hasdai ibn Ishaq), um 960 jüdischer Staatsmann am Hofe des islamischen Emirs von Córdoba, habe dem Chasaren-Kagan (Chan) Josef einen Brief geschrieben und von diesem auch eine Antwort erhalten; eventuell sei er sogar selbst dorthin gereist. Das Vorkommnis liegt allerdings völlig im Dunkel, außer den beiden Briefen haben wir keine Anhaltspunkte. Die spärlichen Fakten, die in den Briefen enthalten sind, könnten aus arabischen Quellen stammen, vor allem aus Al-Mas'udi (bzw. den Texten, die unter diesem berühmten Namen später in den »Goldenen Wiesen« zusammengefasst wurden).

Der Antwortbrief nennt neben anderen Völkern auch die Slwiyun (Slawen) als Vasallen der Chasaren. Allein schon die Orthografie des Namens weist auf spätere Abfassung hin, (richtig müsste er Saqaliba lauten), ganz abgesehen vom übrigen Inhalt des Briefes, der hochmittelalterlich wirkt.

Der Streit um die Echtheit der Briefe war besonders im 19. Jahrhundert ausgefochten worden, nachdem man sie zunächst ganz einfach als Fälschungen des 16. Jahrhunderts abgelegt hatte. Heute gelten sie wieder als echt, wie Koestler darstellt, der dankenswerterweise diese Hebräisten-Kontroverse in knappen Worten zusammenfasst (1976, Anhang III).

Dabei ist zumindest so viel herausgekommen: Der zunächst als echt angesehene Brief des Hasdai und der schon sehr früh (angeblich schon um 1100) als ge- oder verfälscht angesehene Brief des Kagan Josef stammen von zwei verschiedenen Leuten. Das ist natürlich kein Echtheitsbeweis, auch wenn dies eins der Hauptargumente für die Echtheit wurde.

Eine Notiz auf einer arabischen Landkarte muss ebenfalls als Nachweis der Echtheit herhalten. Demzufolge wäre Hasdai selbst bei den Chasaren und im Kaukasus gewesen, was aber Kennern der Materie unwahrscheinlich vorkommt.

Ernst zu nehmen ist dagegen die Erwähnung im Buch der Kabbala von Abraham ben Daud (geschrieben 1161), in dem direkt auf Hasdai und den Brief des Kagan Josef Bezug genommen wird und von Nachfahren der Chasaren in Toledo die Rede ist. Vielleicht ist diese Nachricht die einzig verlässliche, aus der dann alle anderen Ausschmückungen abgeleitet sind.

Und woher kennen wir die beiden Briefe?

Sie wurden 1577 in Istanbul von einem Juden namens Isaak Akrisch auf Flugblättern gedruckt mit der Vorbemerkung, dass er sie auf einer Reise vor 15 Jahren in Ägypten erhalten habe, wobei der Eindruck entsteht, als glaube er, dass die Chasaren heute noch ein selbstständiges jüdisches Königreich in der Ukraine hätten. Etwa 60 Jahre später gelangte eines dieser Flugblätter zu Johannes Buxtorf, dem gelehrten Orientalisten in Leiden, der dann über 20 Jahre später die beiden Briefe in Hebräisch zusammen mit seiner eigenen lateinischen Übersetzung veröffentlichte, und zwar als Ergänzung zum »Cuzary« von Ha-Levy.

Wer jetzt das Gefühl hat, dass der Kreis sich schließt, steht nicht allein da. Kaum ein Wissenschaftler nahm die Briefe für echt an. Vor allem damals war allen bewusst, wie allseits freiweg Geschichte erfunden wurde. Man hatte wohl auch – aufgrund besserer Kenntnis der wenigen echten Schriften – ein feines Gespür für den rechten Ton und merkte sehr schnell, wenn ein Zeitgenosse wieder einmal etwas zum großen Geschichtsbuch hinzufügte, was zwar nicht wahr, aber doch recht hübsch erfunden war.

Es gibt sogar handgeschriebene »Vorlagen« zu dieser Veröffentlichung der Briefe, aber bei dem Oxforder Manuskript ist unklar, ob es nicht *nach* dem gedruckten Text geschrieben wurde, und das Leningrader Exemplar weicht erheblich von der gedruckten Version ab, es ist sehr viel länger als das »Original«. Diese »lange Version« hat ein Forscher im 19. Jahrhundert angeblich aus Kairo mitgebracht, von dem wir recht gut wissen, dass er vielfach Dokumente erzeugt hat, die seine Hoffnung auf ein Wiedererstehen des Qaräertums unterstützten.

Das Buch Esther

Wenn der Kanon des Alten Testaments erst nach der Jahrtausendwende aufgestellt wurde, wie ich seit einigen Jahren vertrete, dann müssten sich Hinweise darauf in den jüngsten hebräischen Schriften finden. Ich habe mir das Buch Esther vorgenommen, da es vermutlich das jüngste Buch des Alten Testaments ist. Ich nehme an, dass es erst im 12. Jahrhundert geschrieben wurde.

Die grundsätzliche Aufgabe des Esther-Buches ist die Rechtfertigung des jüdischen Purimfestes, das wohl nicht lange vorher eingeführt worden war. (Ich folge weitgehend Loader, 1992, der die modernste gültige Auslegung aus evangelischer Sicht schrieb.) Dieses Fest wird nach allgemeiner Ansicht schon seit dem 12. Jahrhundert gefeiert, wobei der Esthertext als Liturgie (Megilla) vorgelesen wird. Allerdings ist dieser

Text der Einzige, der dieses neue Fest unterstützt. Der Name Purim stammt vermutlich von persisch farwardigân, dem Sakaeafest (wie J. v. Hammer zuerst erkannte, von Schwally 1892 bestätigt): Da werden die Marduk-Verehrer von einem Mithra-Verehrer namens Bogay bedroht und von Ischtar gerettet, woraus in der griechischen Bibelfassung die Namen Mardochai, Bougaios und Esther geworden sind.

Zwar wird den meisten Lesern der Inhalt des Buches Esther in großen Zügen bekannt sein, dennoch will ich die markanten Punkte noch einmal hervorheben (nach Loader):
Königin Vasthi, die Gemahlin des Großkönigs aller Perser, Ahasveros (oder Xerxes), zeigt sich bei einem Festmahl nicht unterwürfig genug und wird darum vom König verstoßen. Er sucht eine neue Gemahlin und verfällt auf Hadasa (d. i. Esther), eine Jüdin aus dem Stamm Benjamin, Adoptivtochter ihres Onkels Mardochai (Mordechai). Sie verheimlicht dem König ihre Abkunft aus dem jüdischen Volk und wird Königin an seiner Seite.
Mordechai deckt eine Verschwörung gegen den König auf, was in die Chronik des Herrscherhauses eingeht. Großminister wird ein gewisser Perser namens Haman, vor dem der Jude Mordechai sich nicht verbeugen will. So entsteht Feindschaft zwischen den beiden Männern.
Haman erkennt, dass die jüdische Volksgruppe insgesamt unbotmäßig ist und erreicht schließlich, dass der König ein Gesetz erlässt, das die Vernichtung der Juden auf ein bestimmtes Datum festlegt. Esther offenbart ihrem Gemahl nun, dass sie selbst Jüdin ist, und verlangt von ihm, dass er das Gesetz umkehre in sein Gegenteil: Nicht Mordechai, sondern Haman und seine Volksgenossen sollen vernichtet werden. Der König der Könige stimmt zu, und Mordechai und sein Volk nehmen grausame Rache für das geplante Unheil: Sie töten 500 Perser auf der Oberburg von Susa, auf besonderen Wunsch Esthers

noch einmal 300 am nächsten Tag mit der Familie Hamans, der gehenkt (oder gepfählt, gekreuzigt) wird, und insgesamt 75 000 im ganzen Land mit der Schärfe des Schwertes.

Zur Erinnerung an diesen glänzenden Sieg der jungen Königin sind die beiden Tage heilig und werden alljährlich von allen Juden mit fröhlichen Trinkgelagen begangen. Viele (Perser) traten aus Angst zum Judentum über.

Gegen die Datierung des Esther-Textes in die Zeit des Babylonischen Exils oder kurz danach ist von den Theologen Folgendes vorgebracht worden: Loader betont (S. 208), dass ein geschichtlicher Hintergrund des Buches unmöglich ist. »Ein Jude als Wesir am persischen Hof ist höchst unwahrscheinlich, und ein persischer König, der im eigenen Reich einen Bürgerkrieg genehmigt, völlig undenkbar.« Mordechai wäre, wenn man die biblischen Daten ernst nähme, 120 Jahre alt gewesen. Weder Vasthi noch Esther wären als Königin bezeichnet worden, und dass der König die jüdische Abkunft Esthers nicht gewusst hätte, als er sie zur Gemahlin nahm, ist völlig ausgeschlossen.

Luther mochte dieses Buch gar nicht, am liebsten hätte er es aus der Bibel verbannt. Er spürte wohl, dass hier ein sehr spät abgefasster Text vorlag, der nicht zur christlichen Auffassung passte, ja vermutlich als Abgrenzung gegen christliche Ansprüche geschrieben worden war. Gott kommt in dem ganzen Buch nicht ein einziges Mal vor, nicht einmal indirekt wird sein Wirken spürbar. Handelnde Personen sind Esther und der Schah-in-Schah des Iran. Die bedrohten Juden beten auch nicht, sie wehklagen nur.

In der Lutherbibel finden sich zahlreiche nicht-kanonische Zusätze, nicht aufgenommen sind jedoch die ebenfalls zuweilen als Heilige Schrift betrachteten Kapitel 10,4 bis 16,24. Man sieht fast noch den Entstehungsvorgang des Buches Esther vor sich, den Kampf um Eingemeindung der Zusatzstücke, z. B. die Traumversion am Anfang und Ende. Es wird auch in einem Talmud (Traktat Megilla, 7a) berichtet, wie der »Sanhedrin« (= Synedrion, das oberste religiöse Gremium der Juden) erst entscheiden musste, ob das Buch Esther zum Kanon der heiligen Schrift gehören solle, was zunächst abgelehnt worden war.

Otto Stegmüller schreibt (in: Hunger et al., S. 155), dass von den Qumran-Höhlen besonders Höhle 4 reiche Ausbeute verspricht, da dort von den alttestamentlichen Schriften nur Esther fehlt. Was nichts beweist, aber als Hinweis gelten kann. Bis heute ist unter den Qumran-Rollen kein Estherbruchstück aufgetaucht.

Von Gott ist im gesamten Buch Esther nirgends etwas zu ahnen, alles Geschehen wird Menschen zugeordnet, wenn auch herausgehobenen Personen: Der König der Könige des ehemals mächtigsten Staates der Alten Welt kann über das Schicksal eines ganzen Volkes verfügen. Er heißt allerdings nicht Xerxes, sondern Ahasveros, und dieser Name taucht meines Wissens erst Mitte des 13. Jahrhunderts auf; er bezeichnet den ewigen Juden, den unsterblichen Wanderer, dessen seltsame Irrfahrten in zahlreichen Volksbüchern beschrieben wurden. In der Renaissance erlebte diese Vorstellung einen Höhepunkt, sie verschmolz mit der des islamischen Chadir. Das weist uns die Herkunft: Gnosis iranischer Prägung.

Zur Gnosis führt auch die Spur, wenn Esther zurückverfolgt wird: Sie ist nicht mehr der Stern, sondern die Braut des höchsten Herrschers und heißt Hadasa (übersetzt als Myrte, aber wohl eher auf qadasa = »die Heilige« zurückzuführen). Weil sie sich ihren Herrn geneigt macht, ihn zur Liebe bewegt, errettet er ihr Volk. Sie ist die Urform des Heilands, eine gnostische (Hagia) Sophia. Und der Widersacher Haman trägt fast noch den iranischen Namen – er ist Ahriman, das Übel in Person.

Natürlich ist es leicht, stets die persische Religion als Ursprung herauszufinden. Hier geht es darum, den Zeitpunkt der Übernahme ins Judentum aufzuspüren.

Wie Loader mehrfach betont, sind die Parallelen zwischen der Esther- und der Josephgeschichte sehr eng, bis hin zur Wortwahl und dem Aufbau. Offenbar war das Esther-Buch als Ersatz für die alte Exodus-Geschichte und die Einsetzung des Passah-Mahles gedacht.

Durch verschiedene Ausleger ist der Exodus als eine Darstellung einer kosmischen Katastrophe angesehen worden. Meir Danino hat 1987, auf Velikovsky fußend, herausgearbeitet, dass im Esther-Buch ganz parallel zum Exodus-Geschehen ein kosmisches Ereignis von größtem Ausmaß, eine Bedrohung der Menschheit, beschrieben worden sei. Da wird Vasthi mit der kometenhaften Venus und König Ahasveros mit der Sonne gleichgesetzt, seine sieben Kämmerer sind die sieben Planeten. Haman entspricht Saturn und Mardochai Jupiter. Aber so scharfsinnig die sprachliche Untersuchung auch ausfällt, sie macht keinen Sinn, denn das Esther-Buch hat diese Vorgänge absolut verschleiert, während sie im Exodus-Bericht noch erkennbar waren.

Damit hätten wir einen weiteren Anhaltspunkt für die Entstehung des Esther-Buches: Die astronomische Aufklärungszeit, die himmlische Katastrophen möglichst totschwieg, um ein uhrwerkmäßiges Funktionieren der Himmelsmechanik zu propagieren, typisch für das 12./13. Jahrhundert (ich denke an die Alfonsinischen Tafeln, die Übersetzung des »Almagest« usw.). Auch Danino hatte das prinzipiell erkannt: Esther kann nur nach der Durchsetzung der aristotelischen Himmelsberechnung geschrieben sein. Indem der Esther-Autor die Gleichsetzung mit dem Exodus suggerierte, gelang es ihm, diesen (und das dazugehörige Katastrophen-Szenario) zu überwinden.

Ich meine nun, dass hier nicht ein Missverständnis des Exodus-Textes seitens des Esther-Autors vorliegen muss, sondern dass es sich um einen bewussten Akt der Veränderung handeln könnte: An die Stelle des katastrophistisch gefärbten Exodus mit seinem Passah-Fest wollte eine aufgeklärte Richtung unter den Sephardim ein neues Fest setzen, das einen »historischen«, jedenfalls menschenbestimmten Hintergrund vermitteln sollte. Dieses Ereignis wurde möglichst weit (nach Persien) verlegt und setzte sich erstaunlich schnell durch – Feste feiert man, so oft es sie gibt. Dass man auf Passah nicht verzichten wollte, ist dabei selbstverständlich, und so bestehen eben beide nebeneinander. Für die aufgeklärten Westjuden des 12. Jahrhunderts war das Buch Esther gewiss eine revolutionäre Neuerung, die alle primitiven Texte in den Schatten stellte. Daher das überschwängliche Lob des großen Theologen und Arztes Maimonides (1135–1204), der die Heiligkeit dieses Buches verteidigte und es als kostbarsten Glaubensgrund allen Juden empfahl. Er schrieb: »Wenn der Messias kommt, wird von den heiligen Schriften nur noch die Thora und das Buch Esther übrig sein.«

Das Grabmal der Esther befindet sich in Hammadan im Iran; der Bauweise nach dürfte es aus dem 13. Jahrhundert (frühestens) stammen. Da in dortigen Legenden die Beziehung von Esther zur Frau von König Yasdegird (I.?) aufgebaut wird (»Tochter Susanne« oder Tochter aus Susa), wird die ganze Geschichte ein Jahrtausend jünger. Die spätere Verlegung der Geschichte von Esther ins graue Altertum ist ja gerade typisch für diese Art von Geschichtsschreibung.

Weitere Verdachtsmomente für den tatsächlichen Entstehungszeitpunkt:

1. Eine Schoah (Unterdrückung der Juden) wird heraufbeschworen und durch eine mutige Frau abgewendet. Wann könnte das passiert sein? Nicht einmal in der Makkabäerzeit,

die noch ganz von Männern geprägt ist, eigentlich erst im Hochmittelalter. Die Unduldsamkeit der Almoraviden und Almohaden war vielleicht der Anlass zur Abfassung (einer der Flüchtlinge war der erwähnte Maimonides); die weitere Entwicklung im christlichen Westeuropa beschleunigte die Annahme dieses Buches.

2. Die Diskussion zum Megilla stammt aus späterer Zeit. Da werden Begriffe wie Ahasveros, Amalek, Seir und Mamukhan (bei Luther Memuchan, Esther 1,14) nur noch als Decknamen gebraucht, nicht mehr wie geschichtliche Personen oder Orte. Und wer ist übrigens Mamukhan? Es kann sich nur um Mahmud Khan von Ghazna handeln, den Eroberer (el Ghazi) des Industales. Er war der erste sunnitische Moslem des Ostiran und den dortigen Juden äußerst verhasst. Das ergibt eine Datumsgrenze für das Megilla: sicher nach 1000 AD, vermutlich mehrere Generationen nach Mahmud Khan.

3. Als literarische Gattung kann man das Esther-Buch als Novelle einstufen. Es ist einheitlich durchgearbeitet von einem einzigen Dichter, ganz im Gegensatz zu den anderen biblischen Büchern, die meist vielfarbige Flickenteppiche sind. Menschliche Klugheit und Willenskraft tragen den Sieg davon, Gott hat hier keinen Spielraum. Das ist die typische Geistesverfassung der Heldenzeit des 12./13. Jahrhunderts, in der auch die Heldenlieder der Edda und die Romane der fahrenden Ritter geschrieben wurden.

4. Einige persische Wörter sowie Kenntnisse der persischen Kultur lassen den Schluss zu, dass der Dichter den Iran kannte; die Personennamen sind sämtlich neupersisch. Aber irgendwelche historischen Hintergründe sind unmöglich zu finden, sie sind durch die novellenhaften Einzelheiten sogar

ausgeschlossen. Das Fehlen griechischen Einflusses ließ den Theologen zwei Datierungsmöglichkeiten offen: Entweder im Exil vor dem Beginn der Ausbreitung griechischen Geistes, also vor 400 v. Ztr., was den meisten Kritikern als unmöglich gilt, oder nach 1100, dem Ende des griechischen Byzanz, was mir sinnvoll erscheint.

Als Gegenargument gegen meine Idee wird immer wieder vorgebracht, dass es doch sehr alte Kommentare zum Esther-Buch in der hebräischen Literatur gebe. Den frühesten, den ich finden konnte, schrieb Abraham ibn Meir, genannt Ibn Esra oder Ben Ezra. Sein Kommentar zum Buch Esther soll (traditionell) zwischen 1142 und 1150 verfasst sein. (Dirk U. Rottzoll, »A. Ibn Esras Kommentare zu den Büchern Kohelet, Ester und Rut«) Ben Ezra muss gleich zu Anfang seines Esther-Kommentars umständlich klären, dass dieses Buch zu den heiligen Schriften gehört, obgleich der Name Gottes nirgendwo in diesem Buch vorkommt. Hatten die Juden damals noch keinen feststehenden Kanon? Es scheint so. Das würde meine Vermutung, dass das Buch Esther erst so spät in die Bibel eingefügt wurde, unterstützen. Zumindest klingt es, als habe in Ben Ezras Zeit ein Streit um die Anerkennung dieses Buches stattgefunden.

Ben Ezra nennt aber keine großen Vorgänger zu seiner Rechtfertigung, etwa berühmte Gaonim (Talmud-Ausleger), die sich in diesem Sinne positiv zu der Frage geäußert hätten. Er sagt nur, dass man Gottes Namen nicht extra zu nennen braucht, weil man ja sowieso immer an Gott denkt. Und außerdem ist es ganz praktisch, dass kein Name Gottes darin steht, weil die Übersetzer (wie die Samaritaner) dann nämlich ihren eigenen Gottesnamen (in diesem Falle »Aschima«) eingefügt hätten, was Ben Ezra nicht nett fände. Ein lustiges Argument, wenn man bedenkt, dass die anderen Bücher des Alten Testaments ja x-mal den Namen Gottes enthalten und in viele Sprachen übersetzt worden waren.

Man merkt, wie Ben Ezra mit der Grammatik des Esther-Textes kämpft, und das sind auch die einzigen Momente, wo er Autoritäten zitiert, z. B. Rav Saadia Gaon von Sura (angebl. 928–942), der gegen die Karaiten gewettert hatte. Er beruft sich auf den Gaon also nur als Grammatiker.

Ferner beruft er sich auf den berühmten Jona ibn Janach, ebenfalls ein Grammatiker; er hieß eigentlich Abu-l-Walid Merwan, war ein arabischer Arzt im 11. Jahrhundert und schrieb in Arabisch (wohl auch eine hebräische Grammatik). Sonst sagt Ben Ezra höchstens mal: Wie andere meinen – oder: einige sagen ...

Er kann also keine gelehrten Vorgänger in Sachen Esther-Auslegung zitieren. Seltsam! Vielleicht war er einer der ersten, die Esther kommentierten?

Schließlich bekam ich ein Megilla zugeschickt, das ausführlich den Esther-Text kommentiert. Da es viele Jahrhunderte vor meinem Ansatz der Abfassung von Esther (12. Jahrhundert) schon geschrieben sein soll, gilt es als klarer Gegenbeweis. Leider wird in diesem Kommentar häufig über Menstruationsblut, geile Nachtgeschichten und Onanie mit Kürbis und Gurke etc. diskutiert, weshalb ich die unappetitlichen pornografischen Sätze als verräterisch ansehe: Man müsste feststellen können, wann sie aufkamen. Ich tippe auf 17. Jahrhundert, sehe auch an anderen Ausdrücken, dass hier eine Diskussion ausgebreitet wird, die erst unter den Übriggebliebenen der großen Vertreibung von der Iberischen Halbinsel Mode war.

Selbst im Hochmittelalter ist derartig schamloses Gequatsche m. E. noch undenkbar. Damals war die Erotik des Volkes – wie wir zum Glück von den reich geschmückten romanischen Kirchen her wissen – noch herzerfrischend gesund. Und in den Synagogen einfach abwesend.

Der Name Gottes

Es gibt ein anderes Bibelstück, in dem der Name Gottes nicht vorkommt: das »Hohe Lied«.

Auch dieser Text ist in merkwürdig fremdartigem Hebräisch verfasst (ich folge Müller, 1992), sodass nicht alle Verse sinnvoll übersetzbar sind. Es gibt darin viele Ausdrücke, die nirgendwo sonst im Alten Testament belegt sind. Man liest vor allem Anleihen ans Aramäische und vorgetäuschte Archaismen. Außerdem strotzt es nur so von »uralt heidnischen Vorstellungsresten« – z.B. der Vorstellung, dass in jedem Menschen die Gottheit enthalten ist –, ohne dass sich der Schreiber daran stört, dass diese Gedanken im Judentum längst überwunden waren.

An einer einzigen Stelle, im Schlusskapitel 8, Vers 6, nimmt man an, dass die an »Flamme« angehängte Silbe -jah den Namen Jah(we) anzeigen soll:

»Denn stark wie der Tod ist die Liebe,
Leidenschaft wie die Unterwelt fest.
Ihre Gluten sind Feuergluten,
eine Jah(we)flamme.«

In dieser Strophe werden mehrere Götternamen genannt: Der Tod (Mawat) ist als Person gedacht, wie unser Schnitter oder Freund Hein; die Unterwelt ist der Wohnort der Toten, das hebräische Wort Scheol ist nach unserem Wort Hölle, die Helle (des Feuers wegen) gebildet. Und die wiederholten Gluten (Raschap) stehen für den orientalischen Gott der Krankheit und des Krieges (wie Müller, S. 84 f ausführt). Darum ist es folgerichtig, in der angehängten Silbe -jah den Gottesnamen der Hebräer zu lesen.

Wie problematisch die Deutungen dieser Bibelstücke sind, spürt man schon zwei Strophen weiter; Verse 8 und 9 lauten:

216

»Wir haben eine kleine Schwester,
die hat (noch) keine Brüste.
Was machen wir mit unserer Schwester,
wenn man um sie werben wird?
Wenn sie eine Mauer ist,
so bauen wir auf ihr eine Silberzinne;
wenn sie eine Tür ist,
so verrammeln wir sie durch ein Zedernbrett.«

Die Brüder machen sich Gedanken über ihre kleine Schwester, die noch keinen guten Brautlohn einbringen wird, da sie zu klein und ohne Brüste ist. Bis zu ihrer Ehetauglichkeit muss sie wie eine Burg befestigt werden, damit sie ihre Unschuld nicht vorzeitig verliert.
Ängste eines Nomadenvolkes? Gewiss nicht, sondern Berechnungen reicher Bürger. Denn gegen die feurige Glut der Liebe, die Gottesflamme, sind Silberzinnen und Zedernbretter machtlos.
In den übrigen Büchern des Alten Testament kommt der Gottesname jedoch häufig vor, meist als Vierbuchstabenwort verschlüsselt (JHWH = Jahwe, Jehova). Da ungebildete griechische Christen diese Verschlüsselung in ihrem Text nicht mehr erkannten und das Schriftbild den griechischen Buchstaben P I P I ähnlich war, lasen sie den Namen Gottes als »Pipi«, schreibt der heilige Hieronymus (siehe Metzger, 1981). Sehr erbaulich. Dann könnte man das Vermeiden des Gottesnamens in Esther und im Hohen Lied auch als Reaktion darauf sehen. Nur wissen wir leider nicht, wann Hieronymus wirklich gelebt hat. Als Schöpfer der Vulgata kann dies m. E. nicht vor dem 12. Jahrhundert gewesen sein.

VIII   Wie entstand unser Bibeltext?

Die ältesten erhaltenen hebräischen Bibeltexte sind die der Masoreten-Bibel, die seit Anfang des 11. Jahrhunderts u. Ztr. vorliegen (man nennt gern 1008 AD). Diese Manuskripte sollen auf den wesentlich älteren Ben-Ascher-Text zurückgehen und dieser sei eine vormasoretische Handschrift. Laut Nachschlagewerk ist der Text des Ahron ben Mosche ben Ascher masoretisch aus dem 10. Jahrhundert Wenn es um das Alter geht, dann mag 10. Jahrhundert »wesentlich älter« als 1008 sein, bewegt sich aber noch in der von mir vorgeschlagenen Zeitspanne. Ein entsprechend hohes Alter hatte ich dem nicht-masoretischen Samariter-Text zugestanden.

Die von den Soferim verfassten Schriften (Mischna und Talmud) beziehen sich nur inhaltlich auf Bibelbücher. Laut Lexikon wurde der Babylonische Talmud um 500 u. Ztr. fertig gestellt, die ältesten Mischna-Stücke sollen von R. Jehuda Hanassi von 189 u. Ztr. sein. Wenngleich ich dieses hohe Alter entschieden ablehne – und zwar nicht nur deswegen, weil kein einziges Bruchstück davon mehr existiert, sondern auch des Inhalts wegen – möchte ich doch diese »offiziellen« Daten den populär geglaubten gegenüberstellen, das Alte Testament sei schon nach der Rückkehr aus dem »Babylonischen Exil« niedergeschrieben worden.

Das Babylonische Exil soll laut Lexikon von 588 bis 538 v. Ztr. gewesen sein, nach anderen 70 Jahre lang, aber ebenfalls im 6. Jahrhundert v. Ztr. Zwischen diesem Exil und der Niederschrift des Babylonischen Talmud durch die Soferim liegen also rund eintausend Jahre. Solche Sprünge sind nur bei Gott möglich, dem das wie ein Tag erscheint. In der Chronologie-Forschung müssen wir mit kleineren Schritten vorgehen.

Es gibt dann noch das bekannte Argument, dass vor der schriftlichen Fixierung der Bibel schon Teile davon mündlich existiert haben müssen. Das kann stimmen, obgleich dieser Bezug auf mündliche Sagenstoffe ein sehr loser sein kann, d. h. der uns heute vorliegende Text bringt nur noch ganz schwache Anklänge an jene Erinnerungen. Das kann man deutlich feststellen, wenn man die biblischen Beschreibungen der kosmischen Katastrophen liest, in denen sich offensichtlich noch irgendeine schwache Erinnerung erhalten haben muss; aber die Ausdrucksweise ist dermaßen ungenau, ja kindlich-märchenhaft, dass der Text nicht nur für uns unverständlich geworden ist, sondern sich daraus auch ableiten lässt, dass der Schreiber die Erinnerungsfetzen, die ihm vorlagen, selbst nicht mehr verstand.

Die Fähigkeit zur mündlichen Überlieferung wird damit keineswegs in Frage gestellt. Ich habe dergleichen im Orient häufig erlebt. Selbst Schulkinder können schon nach einigen Jahren den gesamten Koran auswendig und fehlerfrei vorsingen.

Tatsache ist aber, was ich über die Katastrophenüberlieferung sagte; es trifft genauso für militärische oder geografische Details des Bibeltextes zu: Sie sind dermaßen entstellt, dass sie keinen Sinn mehr machen. Da hilft auch minutiöses Auswendiglernen nicht mehr.

Die gebräuchliche Grundform der Bibel, die Vulgata, ist recht jung, hatte ich erkannt (1998, Kap. 9 u. 10), eigentlich erst durch Erasmus von Rotterdam kurz vor Luther fertig gestellt. Zahlreiche Hinweise in der wissenschaftlichen Literatur führten mich zu dieser Überlegung, hier ein neuer:

In der »Fazienda de Ultramar«, einem spanischen Werk des 13. Jahrhunderts, finden sich die ältesten Bibelstücke in Romance. Die Übersetzung erfolgte jedoch nicht von der Vulgata ausgehend, auch nicht von der Itala, sondern von unbekannten lateinischen Vorlagen, und vor allem vom hebräischen Text des 12. Jahrhunderts (siehe das Standardwerk von Deyermond, S. 149). Möglicherweise lag gar keine lateinische Fassung vor.

Die Grundtexte, auf die sich Erasmus bei seiner Neuschöpfung berief, sollen allerdings griechisch gewesen sein. Ich habe einen Codex näher unter die Lupe genommen, der als Gesamtwerk der älteste griechische Bibeltext sein soll: den Sinaiticus.

Die Bibel des Konstantin Tischendorf

Betrachten wir diese wirklich herausragende Forschergestalt, den jungen Konstantin Tischendorf, aus der Nähe, dann fällt uns der glühende Eifer und die rastlose Arbeitskraft des hochbegabten Theologen auf, die in keinem Verhältnis zu seiner Umwelt stand und alle, die ihn kannten, mit Bewunderung und Neid erfüllte. Vor allem eins muss man ihm bescheinigen: Fanatismus im Kampf um das heilige Wort Gottes, die Bibel, die wir in ihrer ursprünglichen Gestalt – nach den Worten des klar denkenden Eichhorn (1804) – wohl nie mehr zu Gesicht bekommen werden. Dreihundert Jahre vorher hatte Erasmus von Rotterdam in wenigen Monaten einen Bibel-»Urtext« hergezaubert, der erst im Laufe vieler mühseliger Korrekturen allmählich zu einer Grundlage für die weiteren Bibelausgaben umgestaltet wurde, sodass Luther ihn für seine deutsche Fassung verwenden konnte. Die große Eile des Erasmus hatte ihren Grund darin, dass eine spanische Gruppe von Theologen gerade mit derselben Aufgabe beschäftigt war, einen »Urtext« zu basteln, und diesen Leuten wollte er zuvorkommen, was ihm auch in dem knappen Kopf-an-Kopf-Rennen gelang. Wenn Erasmus für die Herstellung dieses Textes immerhin noch Monate brauchte, dann gab es den angeblich seit über 1300 Jahren genau festgelegten Bibeltext in Griechisch gar nicht vor ihm (siehe Topper, 1998, S. 69 f). Ganze Versgruppen musste er nämlich aus dem Lateinischen »rückübersetzen«.

Tischendorf hatte um 1835 dieses Problem klar erkannt. Er spricht (1846, S. 145) von der dreihundertjährigen Erbsünde am Text des Gotteswortes. Erasmus verwendete zu seiner Abfassung der griechischen Bibel nur wenige Handschriften, die außerdem sämtlich tausend und mehr Jahre nach den Ereignissen erst geschrieben wurden. Und dieser notdürftig in Eile hergestellte Text war inzwischen allgemein anerkannt, ja sogar unantastbar geworden! Nur ganz geringe Änderungen waren seither daran möglich gewesen, nämlich an Stellen, wo es wegen gewandelter Vorstellungen unverzichtbar war. Zwischen seinem erstellten Urtext und dem damals liturgisch verwendeten Bibeltext gab es mehr als 4000 Verschiedenheiten.

Tischendorfs Vorbild war Carl Lachmann, der bereits unter Zuhilfenahme der weiter zurückreichenden lateinischen Texte eine griechische Fassung des »4. Jahrhunderts« hergestellt hatte (ebda., S. 124). Für Tischendorf war das nicht nahe genug am vermuteten Urtext.

Aber anders als die Renaissance-Humanisten konnte Tischendorf nicht frei schalten und erfinden, was nicht mehr vorhanden war. Er musste die theologischen Konsequenzen der letzten dreieinhalb Jahrhunderte rigoros beachten und in seiner bereinigten Fassung einbauen. Ein erster Schritt gelang ihm schon 1842 als jungem Menschen mit erstaunlicher Bravour.

Konstantin Tischendorf war 1815 im Vogtland als Sohn eines Arztes geboren, hatte das Gymnasium in Plauen besucht, kam 1834 auf die Universität Leipzig und wurde dort 1840 Dozent der Theologie, also mit 25 Jahren. Damals hielt man vom Neuen Testament gerade noch vier Briefe des Paulus für »echt«, d. h. inhaltlich mehr oder weniger übereinstimmend mit dem, was vermutlich von jenem Paulus geschrieben worden war. Alle anderen Bücher des Neuen Bundes wurden von den Theologen als Machwerke späterer Jahrhunderte erachtet. Man lebte in einer aufgeklärten Zeit, die durch scharfsinnige Sprachuntersuchungen und mit umfangreichem Wissen Textanalysen durchführte, wodurch man fast bis zum Entstehungsprozess der Bibelbücher vorgedrungen war.

Als Gipfel der Aufklärungsarbeit erschien 1835 »Das Leben Jesu« von D. F. Strauß, das unmissverständlich und unwiderlegbar klarstellte, dass die Bibeltexte sehr spät ausgedacht worden waren. Dagegen rebellierte Tischendorfs evangelischer Geist. Als Hitzkopf wollte er sein ganzes Leben in die Waagschale werfen, um den Nachweis der Echtheit des Wortes Gottes zu erbringen, wie er in glühenden Briefen an seine Braut schrieb. Mit 27 Jahren, 1842, legte er eine erste kritische Ausgabe des Neuen Testaments in Griechisch vor, die allgemeine Anerkennung fand. Damit hatte er den Grundstock zu seinem Ruhm und seinen späteren Arbeiten gelegt.

Bekannt als alte Handschriften waren damals eigentlich nur zwei Texte: »Alexandrinus« (A) und »Vaticanus« (B); was von diesen zu halten ist, schrieb ich schon (1998, S. 221: A wird nicht vor 1100 geschrieben sein, gelangte erst 1621 nach Konstantinopel und bald darauf als Geschenk nach England; und B stammt vielleicht von 1475–1481; man datiert die beiden ins 4. oder 5. Jahrhundert, also immer noch rund 11 Generationen nach den behaupteten Ereignissen um Jesus). Der Codex A war gerade in Tischendorfs Studentenzeit erstmals gedruckt worden. Der Codex B war schon im 17. Jahrhundert gedruckt, aber er wimmelte von Fehlern, wie man sich ausdrückte. Als ob die Leute damals nicht Griechisch gekonnt hätten! Mit dem sich wandelnden Dogma musste der Text im 17. und 18. Jahrhundert an sehr vielen Stellen verändert werden und für die Herausgabe (durch den Vatikan 1847) noch einmal umgestaltet werden. Das sind die angeblichen »Fehler«.

Außerdem gab es das in Paris liegende Palimpsest des »Ephraemi« (C), das bis dahin noch niemand entziffern konnte. Der angeblich aus dem 5. Jahrhundert stammende Bibeltext soll nämlich im 12. Jahrhundert abgewaschen und mit einem syrischen theologischen Traktat überschrieben worden sein. Tischendorf entzifferte bei seinem Pariser Aufenthalt 1843 die kaum noch sichtbaren griechischen Buchstaben des Bibeltextes unter den griechischen Buchstaben der Übersetzung einer Predigt des Syrers Ephraim in monatelanger Arbeit und veröffentlichte den – wie alle Fachgelehrten immer betont hatten: bis dahin absolut unlesbaren – Text zum Erstaunen und Entzücken der Theologen. Ob jemals ein Fachmann die Lesungen Tischendorfs nachprüfte? Man musste ihm glauben, denn niemand war so genial und fleißig wie dieser junge Mann. Er hatte sogar die verschiedenen Schreibhände der Kopisten dieses alten Bibeltextes unterscheiden können!

Und außerdem gab es noch den Codex »Bezae« (D), der aber einsichtigen Leuten als Fälschung des Calvinisten Theodor Beza galt und damals noch nicht kritisch ediert war. Tischendorf nahm auch diese Arbeit auf sich. (Wegen Intrigenspiel in Rom, das diesen streng protestantischen Wortlaut nicht dulden wollte, wurde das Buch erst 1867 gedruckt. Nach anderen Angaben soll es sich nicht um den »Bezae«-Text, sondern um den ebenfalls gefälschten Codex »Claramontanus« handeln; der Unterschied ist vermutlich geringfügig.)

Dann vollbrachte Tischendorf eine weitere Leistung, die ihm den uneingeschränkten Ruhm und die Autorität sicherten, derer er bedurfte für seine weiteren Vorstöße. Tischendorf bezeichnete sich in seinen damaligen Briefen als Krieger auf dem Schlachtfeld Gottes. Er durchquerte ganz Europa auf der Suche nach alten Handschriften. Die Ausbeute seiner Arbeit an Manuskripten in den wichtigsten europäischen Bibliotheken vereinigte er zu einem Standardwerk. (Es erschien 1846 unter dem Titel »Monumenta sacra inedita«, Unveröffentlichte heilige Denkmäler.)

Von den scharfsinnigen inhaltlichen Beurteilungen der Bibelschriften durch die Theologen wegführend hatte Tischendorf die Aufmerksamkeit auf die Akzeptanz der alten Handschriften gelegt und war damit dem eigentlichen Diskussionsthema ausgewichen auf ein Feld, das nur wenige beherrschten: die Paläografie (Wissenschaft alter Handschriften). Hier sah er seine Chance gegen Strauß und dessen Anhänger. Je älter die Vorlagen, desto sicherer mussten sie Gottes eigenes Wort enthalten.

Im Orient wollte Tischendorf finden, was in Europa fehlte. Und er fand mehr, als jeder andere zu hoffen gewagt hatte: den ältesten griechischen Bibeltext auf Pergament!

Da Tischendorf selbst mehrere – sich wenig widersprechende – Berichte von seinen Reisen und Funden gegeben hat und unmittelbar beteiligte Personen, wie z. B. sein Schwiegersohn Ludwig Schneller, aber auch einige Gegner, bereits damals ausführliche Untersuchungen über die näheren Umstände angestellt hatten, ergibt sich ein recht buntes Bild dieser Ereignisse, die durchaus die Bezeichnung »romanhaft« (von Soden) verdienen.

Von Livorno schiffte sich Tischendorf 1844 nach Ägypten ein. Das Katharinenkloster am Sinai, der Legende nach 530 von Kaiser Justinian gegründet, war von den islamischen Heeren stets verschont geblieben und dürfte Schätze enthalten, von denen ein schrifthungriger Theologe nur träumen konnte. Schutzherrin des Klosters war die heilige Katharina, »die immer Reine«, die vor den Heiratsanträgen des Kaisers

Maximin in die Wüste der Sinai-Halbinsel geflohen war, wo sie 307 starb. Als Reliquien bewahrte das Kloster das Haupt und eine Hand der heiligen Frau auf. Die Tradition des Kloster reichte demnach vermutlich bis ins frühe 4. Jahrhundert zurück, als Ableger ursprünglichen ägyptischen Mönchtums, sinnierte Tischendorf. Und tief im Innersten barg das Kloster einen Schatz, der auch Moslems und Juden heilig war: Die Stelle, da Gott dem Mose im brennenden Busch erschienen war, das Tal Tuwa des Koran (Sure 20, Vers 12).

Aber die raue Wirklichkeit ließ Tischendorf abkühlen: Die Mönche des Klosters waren wilde Gesellen, die ihren Gästen und sich selbst das Leben schwer machten. Geld regierte hier wie in irgendeiner orientalischen Stadt. Der für Tischendorfs Wohl verantwortliche Greis Gregorius war einst Oberst einer Mameluckenkompanie gewesen und traf mit Tischendorfs Gewehren noch immer mit jedem Schuss die jeweiligen Ziegel des Klosterdaches, wie Schlißke genüsslich beschreibt (S. 54).

Mit einem Begleiter erstieg Tischendorf den Sinai, auf dem Mose die Zehn Gebote von Gott persönlich empfangen hatte. Mit weitem Blick über die absolut trostlose Wüstenlandschaft erschauerte der Theologe in einem dieser Träume, die das Leben jedes Menschen ausfüllen.

Die wichtigste Person für Tischendorf wurde Bruder Kyrillos, der Bibliothekar des Klosters. Der legte gerade einen Katalog aller in der Klosterapotheke enthaltenen medizinischen Schriften an, und das waren rund 1500. Dazu gehörte große Kenntnis der verschiedenen Schriftarten und umfangreiche Bildung. Kyrillos besaß offensichtlich beides.

Außerdem hatte der nüchterne Mann sicher bald gemerkt, was den gelehrten Europäer in diese ferne Einöde getrieben hatte. Kurz vor Tischendorfs Abfahrt »entdeckte« dieser im Papierkorb, der mitten in dem geräumigen Bibliothekssaal stand, 129 großformatige Pergamentblätter des Alten Testaments, die vermutlich aus dem 3. bis 5. Jahrhundert stammten. Der Mönch Kyrillos, der dabeistand, sagte trocken, dass diese Blätter zum Verbrennen bestimmt seien, da sie Platz wegnähmen. Wir können uns vorstellen, wie der junge Gelehrte fast das Bewusstsein verlor. Man gestattete ihm großzügig, 43 Blätter aus dem Papierkorb mitzunehmen, von einigen anderen durfte er auch Abschriften anfertigen. Viel lieber wären ihm Teiles des Neuen Testaments gewesen, aber die lagen offensichtlich nicht dabei.

1845 kehrte Tischendorf mit einer großen Anzahl orientalischer Handschriften im Gepäck nach Leipzig zurück und machte sich an die Herausgabe der wichtigsten Texte. Dazu gehörten Schriften in griechischer, syrischer, koptischer, arabischer und georgischer Sprache, und von allen verstand Tischendorf eine Menge. Aber den Fundort der 43 Seiten seines »Codex Sinaiticus« gab er nicht bekannt. Als Codex Friderico-Augustanus, nach seinem Landesherrn König Friedrich August von Sachsen benannt, gab Tischendorf diesen Schatz in einer lithografisch sehr genau hergestellten Druckfassung 1846 heraus.

Im selben Jahr seiner Rückkehr, 1845, wurden Tischendorf noch zwei weitere Fragmente desselben Codex zugespielt, die als Einband jüngerer Handschriften gedient hatten. In einem Anhang veröffentlichte er sie 1867. Dieses Nachreichen, das wohl als Beweis der Echtheit wirken sollte, ist reichlich mysteriös. Die Verwendung von uralten Blättern als Einbandfutter dagegen ist eine geradezu typische Form, Fälschungen einzuschleusen (Topper, 1998, S. 176).

In seiner zweibändigen Reisebeschreibung (1846), die er seiner »geliebten Braut Angelika am Hochzeitsmorgen dargebracht« hat, erwähnt er die Funde im Katharinenkloster mit keinem Wort, um nicht die Konkurrenz, besonders Engländer, auf die Fährte zu bringen. Lord Prudhoc hatte nämlich einige Jahre vorher die Wüstenklöster eifrig durchstöbert und sogar für 250 englische Pfund (ein Vermögen) ein Manuskript erworben. Da mehrere gezielte englische Forschungsreisende nichts dem »Codex Sinaiticus« ähnliches zutage gefördert hatten, nahmen die Engländer bald nach der Bekanntgabe der Funde Tischendorfs an, dass es in diesem Fall nicht mit rechten Dingen zugehe. Es lagen ja auch offensichtlich Fälschungen im Katharinenkloster, so eine »Abschrift« von einem Privileg, das der Prophet Mohammed persönlich dem Kloster erteilt hatte, als er auf seinem Dromedar, dessen Fußspur man im Granitfelsen auf dem Berg Sinai noch zeigt, hier vorbeiritt. Die Verordnungen »verrathen mehr den Stil der römischen Curie als ein Schreiben des Propheten«, sagt Tischendorf (1846, I, S. 237), der die Abschrift in Händen hatte, dazu.

Erst 1853 konnte er eine zweite Reise nach Ägypten antreten. So stand er im kühlen Februar nach neun Jahren wieder vor der Klosterpforte und erhoffte sich diesmal reichere Beute, aber die Blätter eines griechischen Neuen Testaments, deretwegen er hergekommen war, bekam er nicht zu Gesicht. Zum Ausgleich erwarb er in Kairo und Umgebung zahlreiche alte Handschriften, sogar karäische Texte (jüdische Dokumente aus der Entstehung des kodierten hebräischen Schrifttums!). Im Sommer 1853 war er wieder in der Heimat zurück und organisierte von nun an zielbewusst eine dritte Reise.

Später »erinnerte« er sich dann allerdings, dass er doch ein Bruchstück der Schöpfungserzählung desselben schon herausgegebenen Manuskriptes sowie ein Blatt mit dem Schluss von Jesajas und dem Anfang von Jeremias erhalten hätte, die er nacheinander in die Neuauflage seines Monumentalwerkes der heiligen unveröffentlichten Dokumente (in Bd. I, 1855 und Bd. II, 1857) aufnahm. Es ist immer günstig, ein Blatt vorweisen zu können, das den Schluss eines Textes und den Anfang eines anderen enthält, denn auf diese Weise kann bestätigt werden, dass die beiden Schriften, die ja ursprünglich ganz getrennt geschrieben worden waren und deren Ende und Anfang häufigen Änderungen unterlagen, zu jenem frühen Zeitpunkt schon in dieser Fassung und Reihenfolge zum Kanon gehörten.

Zar Alexander II. von Russland, in gewissem (mystischem) Sinne der mächtigste Oberherr des Katharinenklosters, stellte Tischendorf eine fantastische Summe Geldes zur Verfügung, und damit war der Erfolg der dritten Reise gesichert. Am 31. Januar 1859 erreichte Tischendorf das Kloster, am 4. Februar, kurz vor der geplanten Abreise, bekam er seinen Schatz zu Gesicht. Er enthielt nicht nur die fehlenden 86 Blätter, sondern noch viele mehr: das gesamte Alte und Neue Testament! Dazu den »Barnabasbrief«, der im Abendland bis dahin nur in Bruchstücken bekannt war, und große Teile vom Traktat »Hirte des Hermas«. Da beide Stücke im 4. Jahrhundert aus dem neutestamentlichen Kanon ausgeschlossen worden waren, bewiesen sie durch ihre Anwesenheit das hohe Alter des Codex. Außerdem war der »Barnabasbrief« wichtig für gewisse theologische Spitzfindigkeiten. Wie die Mönche ihn ins Griechische »rückübersetzt« hatten, ohne Griechisch zu können, bleibt verwunderlich. Vielleicht hatte Tischendorf eine Vorlage mitgebracht. Dass nicht Barnabas, der zypriotische Weggefährte des Paulus, später erster Bischof von Mailand und Märtyrer in Rom (oder auf Zypern), diesen Brief geschrieben hatte, wussten die Theologen bereits und hatten seine Abfassung ins 2. Jahrhundert verschoben. Nun endlich hatten sie den Urtext dieses wichtigen Dokumentes!

Das war eine gelungene Überraschung, die ihr Geld wert war. Trotz der recht anschaulich beschriebenen Vorgänge konnte ich einige wichtige Einzelheiten nicht herausbekommen. War der Codex, den Tischendorf bei seiner dritten Reise erhielt, ein Gesamtwerk, wie stets angegeben, oder fehlten hierin die 43 Blätter, die er schon von der ersten Reise mitgebracht hatte? Tischendorf schreibt ja, dass er sofort die ihm nun gezeigten Blätter als die fehlenden von damals erkannte. Natürlich hatten die Mönche die zweite Übergabe klüger eingefädelt als mit der fadenscheinigen Brennstoff-Erzählung. Aber dennoch dumm genug: Ein junger Mönch, der Koch des Klosters, mit dem Tischendorf einen Ausflug machte, bat am Abend den Gelehrten zu einer Erfrischung in seine Zelle und zeigte ihm »seinen« griechischen Codex, in ein rotes Tuch eingehüllt. Wie zufällig kam Kyrillos auch dazu und der Abt nebst anderen wichtigen Personen. Der Handel war bald perfekt.

Die Mönche hatten fünfzehn Jahre Zeit gehabt.

Für Tischendorf begann die Arbeit erst.

Der Codex wurde zwei Wochen später mit Eildromedaren nach Kairo in die dortige Filiale des Sinaiklosters gebracht. Tischendorf richtete sich in einem Hotel ein und schuf mit zwei deutschen Helfern, einem Arzt und einem Apotheker, eine Abschrift der rund 110 000 Zeilen, die das gesamte Schriftstück enthielt. Es handelte sich um 346 Blätter, die zahlreiche Korrekturen aufwiesen, auf manchem Blatt bis zu hundert, insgesamt 12 000 (nach anderen 16 000) Verbesserungen. Während die Helfer den Grundtext kopierten, beschäftigte sich Tischendorf mit den Korrekturen. Ich nehme an, dass darin die Hauptaufgabe lag. Deswegen wird die Zahl der Korrekturen (zwischendurch 14 600) so schwankend angegeben. Es mussten immer neue geschrieben werden, denn es ging Tischendorf ja nicht nur um einen möglichst archaischen Text, der vor den Gelehrten seiner Zeit bestehen konnte, sondern auch um gewisse theologische Aussagen, die der evangelischen Kirche einen Vorsprung gegenüber ihren Konkurrenten verschaffen würden. Und schließlich musste er auch die dogmatischen Bedingungen seines Geldgebers, der russisch-orthodoxen Kirche, erfüllen.

In diesem Balanceakt vor allem zeigte sich das Genie dieses Mannes. Am Ende gab es außer den vier Schreibern des Originaltextes sieben Korrektoren, die auf das 4. bis 9. und das 12. Jahrhundert verteilt wurden.

Gewiss stellt sich auch die Frage, ob Tischendorf die beiden Helfer, den Arzt und den Apotheker, in sein Vertrauen ziehen konnte. Haben sie etwas gemerkt? Aber vielleicht arbeiteten sie in verschiedenen Räumen; das »Hotel des Pyramides« in Kairo ist ein gewaltiger Bau.

Und Tischendorf war ungemein fleißig! Er reiste in diesen Monaten nach Jerusalem, Smyrna (Izmir) und Konstantinopel, um alte Texte einzusehen. In Smyrna fand er eine vollständige griechische Handschrift der vier Evangelien (angeblich aus dem 9. Jahrhundert) in Unzialschrift. Zurück in Kairo war er rastlos beschäftigt mit den letzten Handgriffen. Endlich war die Arbeit fertig, der Codex konnte sich sehen lassen. Am 28. September wurde ihm der gesamte Codex zum Transport nach Europa übergeben, deklariert als Geschenk an den Zaren.

Über Dresden und Leipzig fuhr Tischendorf nach Petersburg, wo er Mitte November ankam und dem hoch glücklichen Zarenpaar den Codex überreichte, die ihn sofort in der öffentlichen Bibliothek des Palastes ausstellten. Man kam aus aller Welt angereist, um diesen kühnsten Beweis christlicher Textüberlieferung zu bewundern.

Die Schenkung war allerdings nicht ganz so selbstlos erfolgt, wie es den Anschein hatte. Der Zar musste später 7000 Rubel an das Katharinenkloster, 2000 Rubel an den Konvent vom Berge Tabor in Kairo und zahlreiche Ehrungen an die Mönche verteilen. 1869 ging der Codex in den Bestand der öffentlichen Bibliothek von Petersburg über.

An der Universität Leipzig wurde 1859 ein neuer Lehrstuhl für biblische Paläografie eingerichtet, Tischendorf auf den Leib zugeschnitten. Dessen Hauptsorge bestand nun darin, eine wissenschaftliche Herausgabe des Textes durchzuführen, wahrlich kein leichtes Unternehmen. Die Fotografie steckte damals noch in ihren Anfängen, und da einige Seiten äußerst schwach beschriftet waren, wäre es wenig nützlich –

so argumentierte Tischendorf –, den gesamten Codex zu fotografieren, was der Zar gewünscht hatte und bezahlen wollte. Tischendorf lichtete nur einige ausgewählte Blätter ab und fertigte von dem Rest einen handgesetzten Druck an, für den alle Buchstaben eigens hergestellt wurden. Damit waren eventuelle Kritiker vorbeugend ausgeschaltet.

In der bewundernswert schnellen Zeit von zweieinhalb Jahren schaffte er das fast Unmögliche. Rechtzeitig zur Tausendjahrfeier des russischen Zarenthrones 1862 war der Druck vollendet. Die 22 Bücher des Alten Testaments, die 27 des Neuen und dazu »Barnabas« und »Hermas« lagen in einer Auflage von 300 Stück vor, von denen der Zar 225 an die Bibliotheken und Herrscherhäuser der Welt verschenkte; die übrigen gingen in den Verkauf, um die Kosten des Dresdener Druckers zu decken.

In der Widmung an den Kaiser steht der wohl wichtigste Satz Tischendorfs:

»Es gibt keine Urkunde dieser Art, die für ihren uralten Adel gültigere Beweise aufzuweisen hätte.«

Ein wirklich gelungener Beweis, für den Tischendorf durch den Zaren geadelt wurde.

Die Bolschewiken dachten allerdings etwas nüchterner darüber. Im Jahre 1933 verhökerten sie das Prachtstück für 100 000 englische Pfund (etwa 2 Millionen Mark) an das Britische Museum in London. Ein guter Zinssatz, den man damit erwirtschaftete.

Ist der Sinaiticus wirklich eine Fälschung?

Was sagt eigentlich unser Altmeister Wilhelm Kammeier (»Die Fälschung der Geschichte des Urchristentums«, 1981) zu diesem Prachtcodex, den Tischendorf buchstäblich in letzter Minute vor dem sicheren Verbrennen rettete? »Wie liederlich und wie dumm vor allem müssen doch jene Mönche gewesen sein, dass keiner von ihnen, auch nicht der Bibliothekar und der Abt des Klosters, den Wert des altehrwürdigen Codex begriffen; ausgerechnet das beste Stück ihres Bestandes wollten sie verfeuern!« (S. 34)

Wenn man sich diese herrliche Handschrift ansieht und mit den übrigen Resten vergleicht, die die Mönche ebenfalls in ihrem Besitz hatten, und wenn man bedenkt, dass der Bibliothekar durchaus hochgebildet war und einen Katalog der 1500 medizinischen Schriften des Apothekenarchivs anlegte, und wenn man weiß, dass Pergament ohnehin keinen großen Brennwert hat und meist auch mehrfach beschrieben werden kann, und wenn man sich vorstellt, dass Mönche eine heilige Scheu vor dem Wort Gottes haben, das sie gewiss nicht dem Feuer überantworten möchten – kommen jetzt einigen Lesern die Lachtränen?

Ist das nicht dasselbe Motiv des Rettens kostbarer Schätze der Menschheit, das uns auch bei Carl Humann in Pergamon schon so seltsam vorkam? Der hatte noch hinzufügen müssen, dass die Moslems gerade griechische Skulpturen am liebsten in den Kalkofen warfen, weil sie ja als Idolverbrenner sich besonderen Segen aufladen wollten.

Aber Kammeier ist einige Schritte vorausgeeilt. Mit seinem unvergleichlichen Scharfblick erkannte er, dass dieser Codex Sinaiticus *geplant* gefälscht wurde. »Der Text ist bis ins Letzte und Feinste durchdacht und konzipiert, und nur dogmatisch geschulte Hirne können hierbei am Werke gewesen sein.« (S. 36) Genau das hatte ich gefühlt, als ich feststellte, dass die Hauptarbeit Tischendorfs bei den Korrekturen in Kairo lag. Witzig ist auch die Feststellung, dass der erste Schreiber des Textes sieben Blätter leer ließ (Seiten 10, 15, 28, 29, 88, 91, 126), die dann von anderer Hand beschrieben wurden. Man möchte sich das bildlich vorstellen: In einem Text, wo es weder Absätze noch Pausen gibt, in einer fortlaufenden Reihe von Buchstaben (denn so sind die alten griechischen Bibeln geschrieben), kann man nicht einzelne Blätter auslassen und später nachtragen. Sie sind ganz sicher von dem ersten Schreiber schon geschrieben worden, dann aber ausgewechselt worden. Warum wohl? Weil sich hier dogmatische Fehler oder änderungsnötige Textstellen befanden, die durch eine »Korrektur« nicht mehr zu beheben waren. Man musste jeweils das ganze Blatt erneuern, einmal sogar zwei Blätter hintereinander, weil der beanstandete Satz wohl über beide Seiten lief. Hier liegt strenge Planung von Theologen vor. Die können wir in einem Wüstenkloster am wenigsten erwarten.

Und nun berichtet Kammeier, dass Tischendorf tatsächlich des Betruges beschuldigt wurde, und zwar durch den griechischen Mönch Simonides, der selbst zahlreiche Fälschungen hergestellt hatte. Konstantin Simonides war eine faszinierende Person, ein Hochstapler von bester Güte, sogar schriftstellerisch begabt. Er soll zwischen 1815 und 1820 auf einer griechischen Insel geboren und schon in jungen Jahren in der Klosterrepublik auf dem Athos erzogen worden sein. (Ich folge hier Schlißke, S. 124 ff.) Auch später sei er wieder dort gewesen und habe in Bibliotheken gearbeitet. Zwischendurch reiste er viel herum und verkaufte alte Manuskripte zu horrenden Preisen. Vermutlich besaß er einen (»gestohlenen«) Grundstock echter alter Pergamente und Papyri, die er seinen Käufern zur Prüfung vorlegte, dann aber durch seine Fälschungen ersetzte. Dies wird zumindest angenommen, um das Gesicht einiger berühmter Handschriftenforscher zu wahren.

Am übelsten hatte es den Professor Wilhelm Dindorf (1802–1883) in Leipzig erwischt, der 1855 den Kauf einer gewissen »Uranios-Handschrift« eingeleitet hatte und sich an die Herausgabe machte. Zwar hatte Alexander von Humboldt gegen die Meinung der übrigen Gelehrten schon seine Bedenken an der Echtheit angemeldet, aber erst Tischendorf erkannte im letzten Augenblick die Fälschung. Er hatte in dieser Hinsicht einen geübten Blick. Mit Mikroskop und chemischen Proben stellte man dann fest, dass die »Überschreibung« (Palimpsest) neu war. Man verhaftete Simonides in Leipzig, ließ ihn aber wieder laufen, da man den Skandal mehr fürchtete als das Gesetz.

Simonides behauptete nun, er habe den »Codex Sinaiticus« 1839 auf dem Athos geschrieben, und zwar in sechs Monaten. Das hielt die Fachwelt für unmöglich (»ein so junger Mensch in so kurzer Zeit«), denn irgendwie musste man ja Tischendorf zu Hilfe eilen. Kammeier meint, dass Simonides mit den sechs Monaten wohl geprahlt habe, aber außerdem seien ja auch drei Schreiber tätig gewesen, von denen einer das ganze Neue Testament und den »Barnabasbrief« – sehr flüchtig und nachlässig – abgeschrieben habe.

Ich gebe zu bedenken, dass Simonides und Tischendorf etwa gleichaltrig waren, und mache einen Überschlag: Ein Pergamentblatt dieses Codex ist in vier Spalten zu 48 Zeilen beschrieben. Illustrationen oder verzierte Anfangsbuchstaben kommen nicht vor, auch keine Akzente oder Aspiranten. Kann man drei oder vier dieser Blätter am Tag herstellen? Ich meine doch! Das macht für den ganzen Codex von 350 Blätten – die Sonn- und Feiertage sind frei – keine vier Monate. Dann bleiben immer noch zwei Monate für die Beschaffung des Pergaments und der Tinte. Mit drei Leuten geht das Kopieren sicher schneller. Simonides hätte demnach nicht geprahlt, sondern seine Helfer verschwiegen.

Dennoch kann diese Behauptung erfunden sein als Rache an Tischendorf. Der Vorfall besagt aber, dass der Gedanke nicht abwegig ist, einem berufsmäßigen Fälscher technisch durchführbar erscheint und seinerzeit auch Befürworter hatte. Es wird da recht lustig in Kammeiers Bericht, wenn man sich die Vielzahl der Fälschungen und die Problematik der damaligen Gelehrten vor Augen führt. Denn so viel steht fest, »dass

Paläografen sich durch einen ungewöhnlich hohen Grad von Vertrauensseligkeit auszeichnen« (S. 34), da sie eben nur Handschriften mit anderen Handschriften vergleichen, die ja beide gefälscht sein können. Die oben erwähnte »Uranios«-Fälschung des Simonides war aufgefallen, weil er in einem ägyptischen Papyrus die moderne Chronologie verwendet hatte, von der selbst die heutigen Ägyptologen wissen, dass sie erst nach Kircher erfunden wurde. Das eben ist Kammeiers untrügliche Methode: Man schaue auf den Inhalt, nicht auf die äußere Form, denn die mag so gut gefälscht sein, wie sie will, nur der Inhalt verrät den Fälscher.

Aber auch damit haben wir jetzt unsere Probleme. Die enormen Kenntnisse, die christliche Gelehrte im 19. Jahrhundert hatten, ist heute nicht mehr vorauszusetzen. »Mit dem Matthäus-Evangelium auf Papyrus ist der gute Simonides hundert Jahre zu früh auf den Markt gekommen. In unseren Tagen findet man an einem 15 Jahre nach der Himmelfahrt Christi geschriebenen Evangelium nichts mehr zu monieren und wird jeden Papyrus, der eine solche Angabe enthalten würde, mit Freuden willkommen heißen, vorausgesetzt, dass er nach Material und Schrift ›echt‹ aussieht. Die Entdeckung der *Urschrift* eines Evangeliums liegt heute ganz im Bereich des Möglichen.« (Kammeier, S. 36) Da spricht der Schalk aus dem Gelehrten.

Übrigens hatte Tischendorf noch behauptet, dass in seinem Codex die ganze Bibel vollständig vorliege. Kammeier wirft nun ein – was andere auch schreiben – das Alte Testament des Codex sei »(heute mit großen Lücken)« vorhanden (S. 65). Musste Tischendorf schon selbst zahlreiche Blätter wieder entfernen, weil sie nicht gelungen waren, oder haben das gnädige Helfer für ihn besorgt?

Es gab auch andere Anklagen, die die Echtheit angriffen. Es hieß von englischer Seite, man habe ja schon vielfach auf dem Sinai nach Handschriften gesucht und nichts gefunden, wie kann da jetzt dieser Deutsche einen solchen Schatz heben? Das klingt nach Neid, könnte aber begründet sein.

Oder jener Angriff des russischen Archimandriten Uspenski, der nach eingehender Untersuchung erkannt hatte, dass der Text des »Sinaiticus« mit dem Dogma der russisch-orthodoxen Kirche nicht vereinbar war. Durch Gegenschriften von höchster Stelle – der Metropolit von Moskau und der frühere Kulturminister des Zaren schalteten sich ein – wurde dieser gefährliche Angriff abgewehrt.

Tischendorf verfasste selbst eine Entgegnung: »Die Anfechtung der Sinai-Bibel« (März 1863), in der er eine bigotte Haltung an den Tag legt, die zur wissenschaftlichen Sprache jener Zeit nicht ganz passen will.

Leider gingen auch die Paläografen nicht immer sachkundig vor. Zunächst hieß es, das Pergament des Codex »Sinaiticus« sei von allerfeinster Güte, es könne nur von Esel oder Antilope stammen. Inzwischen ist man bescheidener und nimmt einfach Schaf- und Ziegenfelle als Grundmaterial an. Dumm finde ich, dass die Größenmaße der Blätter sich gewandelt haben. Beim Auffinden waren sie 43 mal 37,8 cm groß, heute lauten die Abmaße nur noch 38,1 mal 34,5 cm. (Metzger, 1981, Sinaiticus). Wer sollte sie so großzügig beschnitten haben?

Die Unziale, die griechischen Buchstaben dieses Textes, sind allerdings die älteste Form, die es heute gibt. Eine so weit zurückgedachte Form, dass es ältere einfach nicht geben kann? Durch die Untersuchungen von Milne und Skeat, den beiden größten Kapazitäten auf diesem Gebiet in England, wissen wir nun, dass nicht vier, sondern nur drei Schriften im Haupttext unterscheidbar sind. Außerdem ergab sich, dass nicht neun, sondern nur zwei Korrektoren feststellbar sind, und dass diese mit zwei der ursprünglichen drei Schreiber identisch seien. Da schrumpfen die Akteure am Ende auf drei Personen! Diese drei gleichen sich auch noch so stark, dass sie aus derselben Schule stammen müssen. Und zwar aus derselben Schule wie der Schreiber des »Codex Vaticanus«.

Der Wortlaut des Alten Testaments stimmt bei beiden fast überein, teils ist er besser und länger im »Sinaiticus«. Im Neuen Testament gleichen sich die beiden sogar dort, wo die meisten anderen Manuskripte abweichen und dogmatische Streitpunkte boten. Durch die Auffindung des »Sinaiticus« ist der Streit nun entschieden.

Und von allen bisher aufgetauchten Unzialhandschriften ist der »Sinaiticus« der Einzige, der ein vollständiges Neues Testament enthält, also auch die Offenbarung des Johannes. Selbst Theologen halten das normalerweise für den griechischen Bereich vor dem 10. Jahrhundert für unwahrscheinlich.

Auf den Unsinn der Zahlenspielereien im »Barnabasbrief« braucht man eigentlich kaum einzugehen. Derartige gematrische Mystik, die statt mit hebräischen mit griechischen Zahlenwerten arbeitet, um zu beweisen, dass Jesus Christus schon im Alten Testament verschlüsselt genannt wird, kann nur in der Renaissance ausgeheckt worden sein.

Die zahlenmäßig häufigsten Korrekturen stammen von einem Schreiber des »7. Jahrhunderts«, der das gesamte Buch durchlas und mit dem »damals« akzeptierten byzantinischen Kanon koordinierte. Dabei gibt es auch Rasuren und Waschungen, durch die Teile des Textes entfernt wurden, vor allem bei besonders strittigen Versen wie etwa dem Schluss des Markus-Evangeliums oder der Hinzufügung von Vers 25 an den Schluss des Johannes-Evangeliums. Durch besonders raffinierte Bestrahlung mit ultraviolettem Licht hat sich heute gezeigt, dass Tischendorfs Vermutungen über den ursprünglichen Wortlaut richtig waren. Woher wusste der das?

Gegen Ende der 70er Jahre des 20. Jahrhunderts tauchten noch einmal mindestens acht, höchstens vierzehn Blätter desselben Codex im Katharinenkloster auf, wie seinerzeit durch die Presse ging. Nun wüsste ich gerne, welche Größenmaße diese Blätter hatten, als sie gefunden wurden.

Zur Datierung hatte Tischendorf einen ganz besonders aparten Hinweis in der Handschrift entdeckt. Am Schluss des Buches Esther (ausgerechnet dort, mitten im Alten Testament) fand er eine Eintragung, der Text sei »nach einem sehr alten Exemplar kopiert worden, korrigiert von der Hand des heiligen Märtyrers Pamphilius, der von der Hexapla des Origenes abschrieb«. Tischendorf sagte sich nun, dann müsse es sich um eins der fünfzig Exemplare handeln, die Kaiser Konstantin 331 in Auftrag gab, wie Euseb in der Lebensbeschreibung dieses Kaisers (IV, 36/37) berichtet. Kritiker Tischendorfs halten dies für unwahrscheinlich, denn die Anfügung stammt erst aus dem »7. Jahrhundert«, und außerdem sei der Codex viel zu unhandlich und zu schwer für den liturgischen Gebrauch, was dem Auftrag des Kaisers widerspricht. Warum dieser Datierungshinweis gerade ans Esther-Buch angehängt wurde, wird dem klar, der meine Ausführung (im vorigen Kapitel) über dieses Bibelbuch liest: Ich glaube, dass es vor dem 12. Jahrhundert noch nicht existiert haben kann. Das hat Tischendorf natürlich viel besser als ich gewusst.

Bemerkenswert ist auch folgender Schnitzer: Von den Makkabäerbüchern sind nur das erste und vierte in diesem Codex enthalten. Aber das vierte ist ganz sicher zu viel.

Wegen gewisser Gleichheiten in Schrift und Wortwahl zwischen »Sinaiticus« und »Vaticanus« wird also angenommen, dass beide aus derselben Schreibstube stammen könnten. Oder könnte es möglich sein, frage ich mich, dass Tischendorf eine Abschrift des Codex »Vaticanus« als Vorlage zum Sinai mitgebracht hatte? Auch der »Vaticanus« ist mit der gleichen Flüchtigkeit hergestellt, mit zahlreichen Verschreibungen, Wiederholungen von Wörtern und Auslassungen. Da die Tinte im »Vaticanus« verblichen war, ist der gesamte Text durch einen Mönch im 15. Jahrhundert nachgeschrieben und entsprechend verbessert worden (Kammeier, 1981, S. 67). Kann er dann noch von den Ausgaben der Humanisten wesentlich abweichen? Hat er dann noch irgendeinen Wert als Beweis für die getreue Überlieferung des Gotteswortes über anderthalb Jahrtausende hinweg?

Und wenn diesem von 1481 stammenden Codex der von Tischendorf entdeckte nachgeäfft wurde? Dann ist die Fassung des Erasmus beinahe der so heiß gesuchte Urtext der Bibel.

Alle später aufgetauchten alten Handschriften bringen Verbesserungen gegenüber diesem Text.

Die Bibel des Wulfilas

Andere lieb gewordene Szenarien müssen ebenfalls korrigiert werden. So ist die Echtheit der Wulfilas-Bibel, um wiederum nur ein herausragendes Beispiel zu nennen, nicht mehr aufrechtzuerhalten. Diese angeblich gotische Übersetzung der Bibel durch den arianischen Christen Wulfilas (»Wölfchen«) aus Kappadokien (»4. Jahrhundert«) wurde gegen Ende des Dreißigjährigen Krieges im Auftrage der Kirche erfunden und zwar mithilfe einer fast verschollenen Sprache, des Krimgotischen, das gerade kurz vorher von dem großen französischen Diplomaten und Forscher Ogier de Busbeck während seines Aufenthaltes am Sultanshof in Istanbul entdeckt und dokumentiert worden war.

Angerius (Ogier) Ghislain de Busbeck, als unehelicher Adliger 1522 in Flandern geboren, von Karl V. legitimiert, studierte in Löwen, Paris und Norditalien. Er lebte 1556–1562 als Gesandter von Kaiser Ferdinand I. sieben Jahre am Hofe des Sultans Soliman II. und schrieb später in Paris darüber ein Buch in vier Briefen: »Legationis turciae epistolae IV« (Paris 1589 u. öfter), das große Wirkung auf Europa hatte und uns die türkische Zivilisation nahe brachte. Er führte auch zahlreiche Pflanzen (zum Beispiel Flieder und Tulpen) und Tiere aus der Türkei bei uns ein, brachte über hundert griechische Manuskripte mit (zur Hauptsache in die Bibliothek in Wien), Münzen, Medaillen und griechische Inschriften; in Ankara entdeckte er das Monumentum Ancyranum (eine römische Inschrift). Der großartige Gelehrte und Diplomat starb 1592 bei Rouen als Opfer eines Überfalls.

Busbeck war es, der von zwei Krimgoten in Istanbul etwa 80 Wörter aufschrieb, aus denen unsere Kenntnis dieser Sprache stammt. Angeblich gibt es keine späteren Niederschriften des Krimgotischen (Baltzer, 1935). Demnach müssten die Fälscher der Wulfilas-Bibel im Kloster Werden entweder aus diesem geringen Wortschatz eine Sprache künstlich geschaffen haben oder – was mir wahrscheinlicher vorkommt, aber nur eine Vermutung ist – einen Jesuiten (?) auf die Krim entsandt haben, der dort in längerer Arbeit unter Mitwirkung jener Goten den Bibeltext erstellte, was durchaus als Missionsarbeit und Aufgabe positiv gegolten haben mag, später aber (Anfang 17. Jahrhundert) in die frühe Kirchengeschichte zurückverlegt wurde.

Auf die zahlreichen sprachlichen Fehler der gotischen Bibel wurde schon oft hingewiesen. Im Buch »Die Große Aktion« (Kap. 8) habe ich die wichtigsten Verdachtspunkte für eine Fälschung genannt:
Wulfilas war zwar muttersprachlich Grieche, benützte aber eine lateinische Vorlage für seine Bibelübersetzung;
die »Westgotenbibel« wurde in Italien, im Ostgotenbereich, gefunden, während sie bei den Westgoten völlig unbekannt war;
die Kirche verschacherte das kostbare Stück, den »Silbernen Codex«, von Werden an der Ruhr über Prag 1669 nach Upsala in Schweden.

Im 18. und 19. Jahrhundert unternahm die Kirche noch einige schwache Versuche, die Echtheit des »Silbernen Codex« durch Palimpsest-Fragmente zu beweisen, aber wer sich in der Fälschungsaktion auskennt, sieht sogleich die typischen Schritte, die dabei unternommen wurden, und kann sie entkräften.

Der Grund für diese raffinierte Fälschung ist wiederum die Notwendigkeit, vor der die katholische Kirche steht, ein Christentum im 4. Jahrhundert zu beweisen, und sei es auch ein exotisches und arianisches. Die Schöpfung der Wulfilas-Bibel ist einfach genial. Niemand käme auf die Idee, dass die Kirche sich selbst ihre Ketzer schafft, und erst recht würde kein germanophiler Skandinavier sich den Vorteil so frühen gotischen Christentums unter dem Hintern wegziehen. Damit ist das hohe Alter der Kirche schon bewiesen. Die besten Akademiker, selbst Atheisten, bestehen darauf.

IX   Fälschung oder Schöpfung

Mit dem Begriff der Renaissance ist für uns das Wiederauffinden der antiken Literatur und Kunst verbunden. Zahlreiche verschollene Texte, Inschriften und Statuen wurden wieder ins Blickfeld gerückt oder vor der Vernichtung bewahrt. Dass dabei auch Fälschungen unter die Funde geschmuggelt wurden, war schon damals bekannt. Aus unserem heutigen Blickwinkel wird nun immer deutlicher, wie enorm hoch der Anteil dieser Fälschungen am Gesamtmaterial der mittelalterlichen und antiken Zeugnisse ist.

Zur Eingrenzung des Begriffs Fälschung erinnere ich zunächst an den »Ossian«, der von Macpherson 1760 herausgegeben und sogleich als Fälschung einer Überlieferung bezeichnet wurde. In dem vielen Für und Wider haben die Romantiker das ganze Problem aufgerollt. Das Ergebnis war dies: Macpherson war gar nicht fähig, den »Ossian« zu fälschen, da seine Kenntnis des Gälischen beschränkt war. Er muss auf vorhandenes Material, auf Fragmente zumindest, zurückgegriffen haben. Diese wären dann als »echte« Vorlage zu bezeichnen. Fraglich ist in diesem Falle also nur das wirkliche Alter und die feste Gestalt des Textes. Er könnte bis ins 12. Jahrhundert zurückreichen, jedoch nicht von dem sagenhaften Dichter Ossian (3. Jahrhundert) stammen. Wenn der Wortlaut auch vielfältige Veränderungen durchgemacht hat, enthält er doch einen alten vorchristlichen Kern, der stellenweise mit iranischen Mythen zusammenhängt. Und auch diese kannte Macpherson nicht.

Ein entsprechendes Ergebnis gilt auch für den Streit um die bretonischen Bardengesänge, auch »Triaden« genannt (siehe Topper, 1988, Kap. 10), die schon bald nach ihrer Veröffentlichung 1858 als Fälschungen hingestellt wurden. Dumesnil (S. 153) sagte dazu: »Die archäologische Frage kann die geistigen Wahrheiten dieses Sprachdenkmals nicht anfechten.« Es ist zweitrangig, ob die Bardensprüche eine direkte Überlieferung aus vorchristlicher bretonischer Zeit sind oder eine Neuschöpfung auf der Grundlage ebensolcher mündlicher Überlieferungen. Die Sprüche atmen den Geist der damaligen Glaubensvorstellungen, wie Vergleiche mit anderen Überresten und fernen Verwandten (Lieder der Edda, indische Veden usw.) erkennen lassen. Dennoch sind sie nicht an diesen geformt, sondern haben eine ganz eigene Gestalt.

Letzten Endes wurde das auch für die »Uralinda-Chronik« gefordert, die einem Kenner wie Herman Wirth als echt galt, und von der wir genau wissen, dass sie es nicht sein kann. Die Grenze schwimmt. Andersens »Märchen« sind ausgedacht, E. T. A. Hoffmanns sind nachempfunden, die der Brüder Grimm aus echten Überlieferungen zusammengefügt und geschönt, das von Runge mitgeteilte »Von dem Machandel-Boom« ist echt. Ähnlich breit ist das Spektrum der Renaissance-Historienschreibung.

Die Humanisten haben damals ganz bewusst Geschichte erfunden, hergestellt, geschaffen. Als Beispiel erinnere ich an den Kreis um den Abt von Tritheim und Conrad von Celtes, deren fabrizierte Chroniken »Hunibald«, »Meginfrid« und »Berosus« schon von ihren Zeitgenossen entlarvt wurden. Dass auch die Pharaonenlisten des Manetho reichlich fabuliert sein dürften, haben Heinsohn und Illig (1990) recht schlüssig bewiesen. Auch die Geschichtsbücher des Titus Livius über die frühe Geschichte Roms sind ideal erdacht, aber unhistorisch, wie Gisela Albrecht (1995) deutlich gezeigt hat. In Spanien und Italien hat eine ganze Reihe von Schriftstellern, von denen ich beispielhaft Pedro de Medina und Juan de Viterbo nennen möchte, Chroniken der frühiberischen Zeit verfasst mit Listen von Königen und ihren Taten, die mehr als 2000 Jahre v. Chr. zurückreichen und offensichtlich an orientalischen Vorbildern geformt, aber dennoch unwirklich sind. Chroniken wie die des Berosius, Gerónimo de la Concepción, Johann von Viterbo etc., die Abfolge der Karolinger- und Merowinger-Könige, die lange Liste der jüdischen Könige Österreichs, sie alle sind so gut hergestellt wie unsere Goten- und Ottonen-Dynastienlisten, und dennoch schon lange als Humbug entlarvt worden.

Eine der beiden wichtigsten Quellen für die Zeittafeln der Antike ist der so genannte »Berosius«, auch Berossos und anders geschrieben, ein Priester zu Babylon um 260 v. Chr., dessen Chronik in griechischer Sprache nur in Resten erhalten ist in den Werken des Josephus Flavius und des Euseb und Synkellus (wobei die letzten beiden derselbe sind: Euseb ist uns nur in Synkellus erhalten). So steht es in den Lexika, aber man liest da auch häufig, wie dieser Berosius entstanden ist: »Die in Rom zuerst 1498 von Eucharius Silber in lateinischer Sprache bekannt gemachten und häufig wieder abgedruckten »Antiquitatum libri quinque cum commentariis Joannis Annii« des Berosius sind ein Machwerk des Dominikaners Giovanni Nanni zu Viterbo.« (Brockhaus Conversations-Lexikon, 13. Aufl., 2. Bd., Leipzig 1882)

Johann von Viterbo, eigentlich Annio oder Nanni (1432–1502), aus der italienischen Stadt Viterbo, war ein großer Redner, dessen berühmte Kreuzzugspredigt gegen die Türken in Genua 1480 gedruckt wurde. Er beherrschte Latein, Griechisch, Arabisch, Chaldäisch und Hebräisch. Vor allem war er ein geschickter Geschichtsschreiber, der archäologische Kenntnisse verarbeitete und einen »Kommentar über verschiedene Werke antiker Autoren« verfasste, gedruckt in Rom 1498 (»Commentaria super opera diversorum auctorum de antiquitatibus loquentium«), der große Verwirrung gestiftet hat. Seine Texte des Cato, Berosius, Maneton usw. lösten reges Interesse aus, wurden aber bald als Fälschungen erkannt. Dennoch – und das ist das Unfassbare – galten sie weiterhin als Maßstab für die Zeitrechnung und sind heute anerkannte Säulen der Geschichtsschreibung.

Noch Kommentare nötig?

Ja, vielleicht der folgende:

Spengler schrieb 1937 (3. Aufl., 1951, S. 107): »Ich halte die ganze angebliche Geschichte Chinas vor 1500 (v. Ztr.) für spätere Konstruktion. Die ›Kaiserdynastien‹ mit echten Namen von Herrschern sind ohne Zweifel wie in Babylon und Ägypten aus nebeneinander regierenden Fürstenhäusern in eine Folge von Dynastien verwandelt worden.«

Er wusste also schon – und das wussten viele vor ihm –, dass die einander folgenden Fürstenhäuser häufig aus parallelen Sagen genommen und aneinander gereiht wurden. Dass mit dieser Methode die Zeit immer länger wurde, war nicht unerwünscht.

Germanen-Entstehung

Als heimisches Beispiel für Geschichtsneuschöpfung haben wir die »Germania« des Tacitus, die trotz ihrer haarsträubenden Ungereimtheiten allgemeine Hochschätzung genießt. Der Basler Professor Baldauf hat 1902 klargestellt, dass sie im Auftrag des Papstsekretärs Poggio Bracciolini (1380–1459), einem herausragenden Geist der italienischen Renaissance, im Kloster Hersfeld (oder in Fulda) in Hessen um 1430 fertig gestellt wurde und 1470 gedruckt erschien. Ein angeblich von Enea Silvio Piccolomini 1458 bei seiner Besteigung des Papststuhles als Pius II. verfasster Kommentar, der 1496 in Leipzig erstmals erschien, machte das Buch bekannt und stellte dessen Anerkennung sicher. Es existieren weder Originalhandschriften noch erste Abschriften, obgleich deren Vorhandensein von den Humanisten behauptet worden war. Die im Erscheinungsjahr von Baldaufs Kritik sogleich aufgefundenen neun Pergamentblätter können aber die Echtheit auch nicht mehr stützen, noch weniger der dazugefundene Ziegel mit Inschrift, der sofort als Fälschung wieder ausschied.

Als Beweggrund für die Niederschrift der »Germania« im 15. Jahrhundert wird die Festlegung des Rheins als Westgrenze der Deutschen angesehen, und das Motiv der »Barbarisierung« der deutschen Vorfahren stand ebenfalls im Vordergrund.

In einem Vortrag 1996 berichtete ich ausführlich über die Tacitusfälschung (zusammengefasst in »Die Große Aktion«, S. 45–52), hier möchte ich nur noch anfügen, dass weder Pralle (1971) noch seine zahlreichen Kollegen von Baldaufs Kritik Notiz genommen haben. Brunhölzl macht insofern eine Ausnahme, als er ausdrücklich versucht, eine Überlieferungskette der Handschriften des Klosters Monte Cassino – einem der Hauptorte, wo die Antike geballt die Renaissance erreicht, ein anderer ist Fulda – bis in die ausgehende Antike zurück zu konstruieren, die aber leider, wie er selbst weiß, auf schwachen Füßen steht. Er geht dabei von den immer wiederkehrenden Abschreibfehlern aus, doch könnte man meines Erachtens diese auch als absichtliche Entstellung seitens der Fälscher ansehen, indem dadurch die Echtheit vorgetäuscht werden sollte. Es ist bedenklich, dass die Tacitushandschrift angeblich jahrhundertelang in Fulda aufbewahrt worden sei, nach Rom (oder Florenz) gebracht aber dort abgeschrieben werden musste, und dass dann von dieser Abschrift wiederum eine Abschrift angelegt wurde, danach schließlich Urschrift und Erstabschrift verschwanden und nie mehr auftauchten. Durch dieses mehrmalige Abschreiben, das vielleicht Unkundige vornahmen, erhielten die Texte das »typisch« fehlerhafte Aussehen, das man erwartete.

Wollten wir all diesen Wust von Schauermärchen und Propaganda sichten, würde vor allem ein hochinteressantes Bild der Renaissance entstehen, sonst aber wenig von der antiken und mittelalterlichen Geschichte bestehen bleiben.

Man fälschte übrigens nicht nur Chroniken und theologische Abhandlungen, sondern stellte auch eine unüberschaubar große Zahl von Urkunden her, die keinen praktischen Sinn haben, da sie in juristischer Hinsicht – und das haben Fachleute wie Harry Bresslau und Bruno Krusch mit großem Fleiß bewiesen – nicht brauchbar sind, weil weder die Daten noch die Adressaten noch die Aussteller der angeblichen Dokumente historische Wirklichkeit haben.

Aber welchen Sinn hat diese ungeheure Menge an wertlosen Urkunden, die wahrscheinlich in viel späterer Zeit hergestellt wurden? Kammeier gibt die einzige Antwort, die mir einsichtig vorkommt: Diese Diplome sollen »Geschichte« vortäuschen, sie sollen eine Lücke füllen, sollen weltanschauliche Grundlagen in der Vergangenheit verankern.

Die Fälscherarbeit muss in riesigem Umfang, wohl auch überstürzt, jedenfalls nicht mehr lenkbar vor sich gegangen sein. Nach den ersten Fehlern, nämlich widersprüchlichen Jahresangaben, ließ man darum die Datumszeile offen in Erwartung einer allgemeinen Richtlinie, die allerdings nie vollständig durchgesetzt werden konnte.

Erst nach der gregorianischen Kalenderreform schuf J. J. Scaliger (1583 und verbessert 1629) ein mathematisch anwendbares System zur einheitlichen Festlegung der Tage, die als so genannte »julianische Tage« nun eine genaue Stellung in ihrem Abstand von 1583 an rückwärts bis ins 5. Jahrtausend vor Christus erhielten. Aber diese für die Fälscherarbeit ungemein praktische Tafel kam viel zu spät, denn die Aktion war schon zu lange gelaufen und so schlecht geraten, dass heute jedem Diplomatiker bewusst ist, dass es sich bei diesen Urkunden um einen Haufen wertlosen Pergaments handelt.

Wunderglauben im alten Rom

Das Bemühen der römischen Autoren, den ihnen anvertrauten geschichtlichen Schatz zu reinigen und auf seinen Wahrheitsgehalt zurückzuschneiden, erscheint mir als späteres Bemühen, später im Sinne einer Renaissance. Eine dermaßen gespaltene Bewusstseinsebene passt meines Erachtens nicht zur Antike.

In einem brillanten Essay untersucht Laurent Mattiussi 1988 »die Funktion des Wunderbaren in der Geschichtsschreibung des römischen Kaiserreiches« und weist auf die Gespaltenheit zwischen naivem Wunderglauben der Römer und kritischer Skepsis der Geschichtsschreiber jener Zeit hin, wobei er sich auf Lévy-Bruhl u. a. beruft. Auffällig sei diese Spaltung zwischen »primitiver Mentalität« und überraschend moderner Bekundung von Rationalität in den alten Schriftstellern. Einerseits wollten sich die antiken Autoren zwar kritisch gebärden und nicht gerne Lügen oder Übertreibungen weitergeben, andererseits jedoch konnten sie ohne aufsehenerregende Wunder in ihren Geschichtswerken nicht auskommen.

Mattiussi möchte (mit J.-P. Vernant, Paris 1965) daraus eine Allgemeingültigkeit des menschlichen Verlangens nach Vernunft und Kritik ableiten, zumindest eine stetige Koexistenz von Wunderglauben und Vernunft. Diese wohlgemeinte Unterstellung interpretiert den antiken Schriftsteller im Sinne eines modern-humanistisch gefärbten Menschenbildes, und das halte ich für unannehmbar. Ich sehe den Gegensatz zwischen einem Weltbild, das Wunder nicht nur anerkennt, sondern ohne diese gar nicht leben kann, und einer Skepsis, die besserwisserisch diese Wunder auf gewöhnliche Umstände zurückführen will, als einen Widerspruch, der nur durch eine Filtration der Texte verursacht sein kann.

In Betracht gezogen wurden hier vor allem die Römer Titus Livius, Tacitus, Suetonius, Ammianus Marcellinus und der unbekannte Autor der Augusteischen Geschichte. Sie alle berichten haarsträubende Wunder, die sich tatsächlich ereignet haben sollen, weben uralte Mythen in die Geschichte ihrer zeitgenössischen Helden und zeigen in aufdringlicher Weise das Eingreifen der Götter oder der Sterne in die Ereignisse ihrer eigenen Zeit. Das halte ich für legitim, sofern es sich tatsächlich um römische Geschichtsschreiber handelt. Die Helden werden zu Halbgöttern hochstilisiert und setzen selbst die Maßstäbe für die Naturgesetze. Dabei wird durchsichtig, wie auch die Gestalt des Jesus nach dem Cäsaren-Modell gebildet wurde mit allen Zutaten, die den antiken Helden eigen waren.

Die an solchen Stellen immer wieder eingefügten nüchternen Sätze, »man möge das sehen wie man wolle, vermutlich sei es ja erfunden oder aufgebauscht oder auf natürliche Gesetze zurückzuführen«, kommen mir dagegen wie der Einfluss einer zweiten Bewusstseinsebene vor, die zur Renaissance gehören muss. Wir begegnen hier wahrscheinlich jenem Filter der Humanisten, mit dessen Hilfe man sich aus reiner Selbstverteidigung gegen eine damals mächtig werdende Inquisition von allem Aberglauben, Magie und Humbug zu distanzieren suchte.

Dies würde natürlich heißen, dass die Texte, die die Humanisten verfassten, doch in Teilen auf antike Geschichtsschreibung zurückgingen, denn eine Erfindung dieser Wundergeschichten wäre den aufgeklärten Humanisten nicht zuzutrauen und auch nicht ratsam gewesen. Es fragt sich, welche Quellen sie benützten, denn diese sind ausnahmslos verloren. Waren es nur orale Traditionen, die sie sammelten und kunterbunt zusammenschweißten? Benützten sie die »Wunderbücher« der griechischen Flüchtlinge aus Byzanz? Waren die Vorlagen arabische oder jüdische Texte, die von nichtsahnenden Mönchen ins Lateinische übertragen worden waren?

Wie Mattiussi weiter ausführt, ist bei den antiken Biografen ein Verlangen herauszuspüren, die verehrte Person in eine archaische Urzeit zurückzuversetzen, »als die Götter noch auf Erden wandelten und die Tiere noch mit den Menschen sprachen usw.«. Dieser Effekt war gewiss beabsichtigt, bringt er doch Prestige durch hohes Alter und entrückt den Helden in eine nicht mehr fassbare Jenseitigkeit. Die Scheidung der banalen von der sakralen Sphäre wird eben durch das Wunder erreicht, und darum darf es nirgends in diesen Berichten fehlen. Insofern wollen diese Viten keine Geschichte erzählen, sondern eine Gestalt ins Leben rufen.

Mir fiel in dieser Hinsicht jedoch die Sparsamkeit der klassischen Autoren auf, die sich gegenüber den unglaublichsten Wundergeschichten des Alten und Neuen Testaments geradezu vorbildlich ausnimmt. Wenn man darin nicht nur den mehrhundertjährigen Zeitvorsprung der Bibel gegenüber den Renaissance-Klassikern sehen möchte, dann könte diese Zurückhaltung (neben der Angst vor der Inquisition) auch als Auswirkung der Gläubigkeit vermerkt werden: So groß wie die Wunder Jahwes und Christi durften die von Cäsar oder Nero nicht sein; aber das Vorhandensein von Wundern in augusteischer Zeit – also der vorgeblichen Lebenszeit Jesu – machte Christi Wunder umso glaubwürdiger.

Noch eine ganz andere Frage taucht bei der Lektüre des Artikels von Mattiussi auf: Wer waren denn die Leser dieser klassischen Autoren, dass ihnen einerseits solche Wundergeschichten aufgetischt werden konnten, andererseits aber auch die Skepsis gleich mitgeliefert werden musste?

Wer las die römischen Autoren damals? Mir scheinen die Texte geradezu maßgeschneidert für den Renaissance-Leser.

Oder gab es ein breites Leserpublikum im alten Rom, das einerseits Wundergeschichten über gerade verstorbene Zeitgenossen gierig aufnahm, andererseits geduldet hätte, dass man die Eingriffe der Götter in Zweifel zieht?

Einsichten und Programm

Verfolgt man die kritische Geschichtsschreibung von der Mitte bis zum Ende des 19. Jahrhunderts aufmerksam, dann wird man überrascht feststellen, wie nahe die besten Forscher dem heutigen, nach mehr als hundert Jahren von der Neuen Historischen Schule entwickelten Geschichtsbild schon gekommen waren. Auch ohne Berücksichtigung von extremen Pauschalurteilen (wie etwa dem von Jean Hardouin) war man an einen kritischen Punkt gelangt, wo man erkennen konnte, dass die gesamte Geschichtsschreibung vor 1400 (um nur einen ungefähren Meilenstein zu nennen) kein Vertrauen verdient, da im Grunde alle dazugehörenden Dokumente gefälscht, verfälscht, ausgedacht oder unkenntlich gemacht worden waren.

Immer mehr Werke des 10. bis 12. Jahrhunderts mussten durch die äußerst scharf urteilenden Wissenschaftler als Fälschungen ausscheiden, bis fast nichts mehr übrig geblieben wäre, wenn man in diesem Stile fortgefahren wäre. Da musste eine Bremse getreten werden, und es waren ebenfalls diese besten Wissenschaftler, die sich selbst am Zügel rissen. Ich greife ein typisches Beispiel heraus (siehe Bernheim, S. 385 ff):

G. H. Pertz (1849), R. Köpke (1869) u. a. hatten mit zahlreichen Einzelnachweisen das lateinische Lied vom Sachsenkrieg Heinrichs IV. (um 1075) als Fälschung eines Humanisten von 1508 erkannt, wobei sie vor allem Anachronismen und stilistische Fehler anführten. Die einzige Handschrift war sogar jünger als der Erstdruck!

Nun trat Waitz (1871) zur Ehrenrettung dieses wichtigen Geschichtsdokuments an und drehte den Spieß um: Derartige angebliche Anachronismen sind in allen erhaltenen Dokumenten der fraglichen Zeit nachzuweisen, desgleichen die stilistischen Fehler, und darum beweisen gerade diese als unpassend empfundenen Besonderheiten die Echtheit des Liedes, denn ein Humanist hatte ja noch keineswegs so viel Wissen wie wir heutigen und konnte gar nicht dergleichen »Fehler« in die angebliche Fälschung einbauen. Das Lied muss echt sein, schloss Waitz messerscharf.

Die andere ebenso logische Schlussfolgerung wäre nämlich ungeheuerlich gewesen: Wenn alle Texte des 11. Jahrhunderts diese Fehler aufweisen, dann sind sie alle gefälscht. Der Nachweis für diese Behauptung wäre nicht einmal schwer gefallen, denn im vorigen Jahrhundert besaß man tatsächlich so viel Wissen (seit dem Ersten Weltkrieg geht das nicht mehr), und die Zahl der überlieferten lateinischen Texte des genannten Zeitraums in Mitteleuropa ist nicht so groß, dass man dergleichen Arbeit mit dem seinerzeitigen Personal deutscher Akademien nicht in einer Generation hätte erbringen können.

Vor dieser drohenden Gefahr stand die Forschung damals. Es wäre dabei nicht nur nachgewiesen worden, dass unser Geschichtsbild jener Zeit völlig falsch ist, sondern noch schlimmer: dass es in jener Zeit gar keine lateinischen Texte gegeben hatte, dass also jenes Latein insgesamt erfunden sein müsste. Man wäre auch darauf gekommen, warum es erfunden werden musste, nämlich um die Vernichtung der echten (deutschsprachigen) Quellen durch religiöse Fanatiker zu verdecken. Da das in einen weltanschaulichen Kampf gegen Rom ausgeartet wäre, und da einige der besten Wissenschaftler fromme Christen waren, musste man von dieser logischen Forderung zurücktreten und das Gegenteil verteidigen.

Wenn also die Kritiker behaupteten, dass die angeprangerten Fälschungen sich vor allem dadurch verrieten, dass sie lateinische Ausdrücke der in der Renaissance viel gelesenen und edierten Klassiker verwendeten, ja ganze Strecken hindurch nur aus solchen zusammengestoppelten Zitatserien bestanden, dann wussten die Retter mit dem klaren Nachweis zu entgegnen, dass das eben die Eigenart aller mittelalterlichen Lateintexte sei.

Oder wenn ganz unmögliche geografische oder chronologische Angaben in den Quellen vorkamen, dann musste man nun hinnehmen, dass die Gebildeten im 11. Jahrhundert eben nicht im Bilde waren. Ein Fälscher in der Renaissance hätte es sicher besser gewusst und diese Fehler vermieden. Die Kritiker wurden nun »Hyperkritiker« genannt und ihre scharfen Argumente durch Umkehrung entkräftet.

Das Fehlen der Originaltexte oder Abschriften – eins der Argumente der Fälschungsthesen – erklärte man nun durch einen unvorsichtigen Brauch: Man hätte in der Renaissance für die Erstellung der ersten Drucke häufig das Original in die Druckerei gegeben, wo es dann verschwunden sei. Gewiss, einige Drucker waren sehr gelehrte Männer, dennoch war es üblich, eine bereinigte Abschrift dem Setzer in die Hand zu geben, denn der konnte das Original, das ja in altertümlicher Sprache und Schrift abgefasst war, gar nicht verwenden. Außerdem legte man stets Wert darauf, die in den Originalen und Abschriften so häufigen Schreib- und Sinnfehler vor dem Druck zu korrigieren. An derartigen erfundenen Erklärungen über das Verschwinden der Vorlagen sehen wir schon, dass hier nicht mehr ehrlich geforscht, sondern die Rettung eines Weltbildes unternommen wurde.

Aus diesem Grunde musste Ernst Bernheim, der in seinem Lehrbuch (ab 1899) mit großer Genauigkeit diesen Gelehrtenstreit beschreibt und die Ergebnisse an seine Schüler weitergibt, zahlreiche Werke, die längst als Fälschungen erkannt waren, wie etwa die Roswitha oder den Ligurinus (siehe Topper, 1998, S. 31 ff), wieder als echt deklarieren.

Bei den Sagen brauchte er das zum Glück nicht, wenngleich diese ebenfalls häufig kritiklos zur Geschichtsschreibung herangezogen worden waren und zahlreiche Lügen verfestigt hatten. Er sagt (S. 384): »Wenn wir aufgrund solcher methodischen Prüfung eine Tradition als sagenhaft erkannt haben, so dürfen wir nun einzelne darin vorkommende Daten niemals ohne weiteres für historische Fakten gelten lassen, weil dieselben an sich nicht unmöglich, an sich nicht geradezu fabelhaft sind, sondern es müssen da noch bestimmte Momente hinzukommen, welche die Glaubhaftigkeit derselben nach Maßgabe der allgemeinen ... kritischen Grundsätze dartun. Es gehört freilich oft ein gewisser Mut dazu, in dieser Hinsicht konsequent zu sein, sich zu sagen, dass von so mancher schönen Tradition, wenn sie als sagenhaft erkannt ist, auch nicht ein einzelner Zug ohne besonderen Grund als wahr bestehen bleiben darf, sich zu entschließen, ein gutes Stück früher gültigen Wissens gänzlich aufzugeben, und es wird hierin trotz kritischer Erkenntnis noch viel gefehlt. Aber man muss es auch an diesem Punkte über sich gewinnen, nicht mehr wissen zu wollen, als der sicheren Wahrheit entspricht.« Als Beispiel sondert er die Tell-Sage als unhistorisch aus. Im Prinzip gilt ihm das für die ganze frühe römische Geschichte, für Troja, das Schliemann gefunden haben will, usw. Bernheims kritischer Ansatz ist durchaus realitätsnäher als der heutige akademische. Und doch bei weitem noch viel zu nachgiebig.

Wie meistens im Fall eines Paradigmenwechsels – und als solcher muss die augenblickliche Entwicklung der kritischen Geschichtsforschung bezeichnet werden – ist die philosophische Grundvoraussetzung dazu schon vor mehr als einer Generation gelegt worden. Ich möchte hier kurz auf das Werk von Friedrich Gundolf (eigentlich Gundelfinger, 1880–1931) hinweisen, das durch Ulrich Raulff (1992) neuerdings wieder zu Ehren gebracht wurde. Gundolf, der zeitweilig zum Stefan-George-Kreis gehörte und dessen zentrales Thema die Leitfigur Cäsar und deren Rezeption im Laufe der europäischen Geschichte war, hat seine »Anfänge deutscher Geschichtsschreibung von Tschudi bis Winckelmann« leider nicht ausarbeiten können; das Fragment (postum durch Wind 1938 in Amsterdam herausgegeben) gibt aber doch einen Einblick in diese – für seine Zeit gewiss überraschend neue – Denkweise. Seine Dissertation (ich zitiere nach Raulffs Nachwort, 1992, S. 120) »Cäsar in der deutschen Litteratur spürt das Gedächtnis der Antike in einem allmählich erst werdenden, aus losen Fäden sich knüpfenden Gedächtnistext auf, aus dem sich später die zwei bedeutendsten nationalen Diskurse, die Literatur und die Historie, allmählich herausdifferenzieren werden.« Gundolf legt an die deutsche Geschichtsschreibung nicht den Maßstab der »Tatengeschichte« an (das wäre illusorisch), sondern die Kriterien der Literaturgeschichte. Damit dringt er in den Kern des Geschichtsbewusstseins der Deutschen vor.

Insofern ist die Historiografie der eigentliche Hersteller der Geschichte und damit in einem erkenntnistheoretischen Zusammenhang der Verursacher der Geschichte. Zusammengefasst: Geschichte ist nicht Niederschrift geschehener Taten, sondern Widerhall des *Eindrucks*, den einige Taten hinterlassen haben.

Gundolf verstand seine Arbeit keineswegs als nörgelnde Kritik an der Arbeit vergangener Jahrhunderte. Skepsis oder Umsturz waren nicht seine Beweggründe. »Gegenaufklärerische Aufklärung« nennt Raulff diesen Standpunkt (S. 136). So besteht für Gundolf die Geschichtsschreibung nicht im Erforschen und Bewahren, sondern in der Auswahl und Neuschöpfung! Die Helden sind geschichtlich wahr, sagt Gundolf, »weil sie nach tausend jahren sind, nicht weil sie vor tausend jahren waren«. (1912; zit. in Raulff, 122) Ruhmrede ist ein Schlüsselbegriff für Gundolf, er begreift sie als das Motiv aller Geschichtsschreibung. Das gemahnt mich an Ulrich von Hutten, der die Totenklage für den großen Cherusker als Aufruf zur Loslösung von Rom verfasste. Im engeren Sinne ist es also ein religiöses Motiv, stellt Gundolf in seiner an der Edda geschulten Sichtweise fest. (»Eins weiß ich, das ewig währt: der Toten Tatenruhm.«) Oder wie die Romantiker glaubten: »Aber was bleibet, schaffen die Dichter.« Darum nennt Gundolf den wahren historischen Sinn »Divination« (1921, S. 49; zit. in Raulff, 123). Man könnte sagen: Vergöttlichung.

Im Grunde ist dies eine Flucht nach vorn. Man hatte sehr wohl gemerkt, wie brüchig das Eis der Überlieferung ist. Durch immer schärfer angesetzte Kritik war man an einen Punkt gelangt, wo sich die Historie selbst in Nichts auflöste. So wie sich aus der theologischen Zerlegung der Schriften des Neuen Testaments ergeben hatte, dass *dieser* Jesus nicht gelebt haben konnte, so würden auch alle anderen Gestalten wie Nebel verwehen, Cäsar und Alexander so gut wie Sesostris und Darius. Dagegen half nur der Sturm nach vorn: gläubige Bejahung der eigenen Geschichtsvorstellungen zum Zweck der Weitergabe einer Ordnung, die dem Gemeinschaftsgefüge den Halt gibt. Zwar wird die Vergangenheit damit zur Illusion, aber die Gegenwart der Geschichtsbilder wird zur unanfechtbaren Wirklichkeit. Dieses von Stefan Georges Weltschau inspirierte Ergebnis birgt schon die Grundlage für alle Forderungen der neueren Chronologiekritik.

Das hat nichts mit einer Relativierung der Exaktheit der Geschichtsschreibung zu tun: Alles sei ohnehin individuell gesehen, fehlerbehaftet, ideologieverzerrt oder durch Unwissenheit entstellt. Gundolfs absoluter und durchaus neuer Anspruch kehrt die Historie um in ihr wirkliches Muster: Die Vorbilder wie Cäsar, Alexander oder Karl der Große werden erst von Historikern geschaffen und damit zu wirklichen Heldengestalten. In diesem Sinne sagte ich in meinem Buch »Die Große Aktion« im Vorwort (S. 9), dass ich nicht vorhabe, die Helden vom Sockel zu stürzen. Chronologiekritik ist kein Bildersturm, sondern ein überaus schwieriger Schöpfungsakt. Das Weltbild, das in dieser Phase neu entworfen wird, bestimmt auch in Zukunft unser Handeln.

Die Generation der Geschichtsforscher kurz vor dem Ersten Weltkrieg äußerte sich als eine stürmische Bejahung der Fantasie und Fantasterei in der Geschichtsschreibung, die manchem heute als boshafte Fälschungsmethode erscheinen mag, damals aber mit dem Elan und dem Pathos der für das Vaterland glühenden Geister ihre Berechtigung hatte. Hierin leuchtet noch etwas von dem Mut und der Genialität der Humanisten nach. Jacob Burckhardt drückte es ähnlich aus: Gesinnung, nicht Meinung, ist das Grundprinzip der Geschichtsschreibung.

So kann es auch für uns heute nicht darum gehen, den vergoldeten Überzug der alten Ikonen abzufeilen, um die darunterliegende »echte« Gestalt des historischen Holzes freizulegen, sondern die einzelnen Fantasien als Teil der gesamten Geschichtsschau zu erkennen, als kollektives Bewusstsein, das geschichtlich gewachsen und allmählich zum universellen Bewusstsein geworden ist.

Wir haben also erkannt: Die vor das 13. Jahrhundert zurückreichende Historiografie zeichnet ein seltsames Bild, das aus Erfindungen und Übereinkünften zusammengestellt wurde und nur aus heutiger Sicht Realitätswert besitzt. Aus den zahlreichen sich widersprechenden Angaben der so genannten »alten« Schriftsteller – also etwa aus byzantinischen Texten des 11. bis 14. Jahrhunderts, die häufig um 500 oder 600 Jahre zurückverlegt werden – und dem Vergleich mit Inschriften, Baudenkmälern und Münzen ergibt sich, dass vermutlich ganz andere Zustände vor tausend Jahren geherrscht haben, als wir uns das seit der Renaissance schrittweise ausmalen. Eine Ersatzgeschichte dafür zu schaffen, scheint mir zumindest heute noch völlig unmöglich.

Man könnte allerdings aus den häufig wiederkehrenden chronologischen Fehlbeträgen – etwa aus übersprungenen Zeitintervallen – auf dahinterliegende Vorgänge schließen. Daraus wäre eine Ahnung zu entwickeln, wie etwa – wiederum nur um ein Beispiel anzuführen – die Entstehung der modernen monotheistischen Religionen vor sich gegangen sein könnte.

Dazu brauchen wir kein Kombinat zu bemühen oder als Verschwörergruppe auf die Anklagebank zu stellen. Dies ist keine kollektive Arbeit, sondern das Ergebnis einer sehr großen Anzahl von Einzelarbeiten, die häufig im Wettstreit und gegeneinander – auch unter Lebensgefahr – entwickelt wurden.

Dummheit ist strafbar, vor allem wenn sie lebensbedrohende Handlungen fördert. Also zum Beispiel die Verwendung von Röntgengeräten, denen wir als Kinder mit ungehemmter Heftigkeit ausgesetzt wurden, beim Zahnarzt, in der Schule (»Reihenuntersuchung«), beim Grenzübergang und sogar beim Schuhekauf. Die Handlanger und Drahtzieher dafür zur Rechenschaft zu ziehen, halte ich dennoch für unmöglich. Aus demselben Grunde finde ich den Versuch, »Wissen als Gut mit Geld gleichsetzen und dessen Fälschung zu ahnden« (Chr. Marx), nicht praktikabel.

Geistige oder kosmische Katastrophe?

Die schriftlich niedergelegten Ereignisse der griechischen und assyrischen, jüdischen und ägyptischen Geschichte, wie sie uns im Alten Testament, in Homers Epen, auf ägyptischen

Tempelwänden und assyrischen Tontafeln vorliegen, wurden von den späten Byzantinern versuchsweise zu einem Gesamtbild vereinigt, das in den ersten Ergebnissen der Geschichtsrekonstruktion (besonders durch Velikovsky, 1960) wieder hervorgeholt wurde: Hatschepsut war die Königin von Saba, Äneas ein Etrusker aus Troja, welches kurz vor Homer in Flammen aufgegangen war, Sargon I. war deren Zeitgenosse usw. In dieser Rekonstruktion verschwanden 500 Jahre wieder aus der modernen Chronologie, weil sie erst durch die katholische Neuschöpfung ab dem 16. Jahrhundert hineingemogelt worden waren. Newtons fehlgeschlagener Entwurf hat durch die Rekonstrukteure eine späte Anerkennung gefunden.

Beiden Weltbildern – dem byzantinischen und dem Newtonschen – lag allerdings das Bestreben zugrunde, die Harmonie des Himmelsgeschehens zu verkünden, in der für Katastrophen im Planetensystem kein Platz war. Damit wurde die Verdrängung des chaotischen Universums gefestigt. Rückgriffe auf dieses Chronologieschema müssen darum ebenso scheitern, wenn eine wirklichkeitsnähere Rekonstruktion unserer Vergangenheit versucht wird, solange die weltweiten astrophysikalisch ausgelösten Katastrophen nicht einbezogen werden. Hier liegt auch ein methodischer Fehler der Fomenkoschen statistischen Geschichtsrevision.

Es bleibt nämlich eine Frage übrig, die ein neues Problem aufzeigt, das nur zu gern verschwiegen wird. Die Frage ist eigentlich selbstverständlich, wurde aber nur selten gestellt: Wenn dieser ganze Vorgang der fälschenden Geschichtsneuschreibung, wie ihn Hardouin und Kammeier und viele andere Geschichtskritiker angeprangert haben, erst seit Beginn des 15. Jahrhunderts abgelaufen ist, dann muss davor etwas Ungeheuerliches, ein katastrophales Ereignis, stattgefunden haben, das alles vorhandene Wissen dermaßen auslöschte, dass eine falsche Neuschöpfung möglich war. Gewiss mag die Vernichtung der Wissenden durch Ketzerprozesse und die Zerstörung der Bücher und Dokumente durch die Inquisition als Erklärung für die fehlende Geschichte herangezogen werden. Außerdem müssen wir die Pest als verheerenden Faktor einbeziehen, besonders jenen ersten Ausbruch ab 1348, der in Europa vor allem die Stadtbevölkerung drastisch verringerte und damit das geistige Leben um mehrere Schritte zurückwarf. Dennoch reichen mir diese Erklärungen nicht aus, denn es müsste immer noch ein Rest geblieben sein, der auch den einfältigsten Humanisten den wahren Sachverhalt klar gemacht hätte, viel mehr noch den großen Aufklärern des Barock, die gewiss keine Mühe gescheut hätten, die ganze erlogene Historie zu verwerfen.

Eine schrittweise Vernichtung der alten »echten« Quellen im 14. und 15. Jahrhundert durch die »Große Aktion«, wie Kammeier annimmt, kann nicht erfolgreich gewesen sein. Eine vollständige Vernichtung wäre technisch unmöglich gewesen; nicht zu allen Bauernhäusern oder Adelsburgen in ganz Europa hatten die Pfaffen ungehinderten Zugang. Es hätten Texte übrig bleiben müssen, wenn solche vorhanden gewesen wären.

Die Sicherheit, mit der die Fälscher ans Werk gingen – will sagen: die Frechheit, mit der sie antike und mittelalterliche Geschichte erdachten und verbreiteten – besagt, dass sie nicht zu befürchten brauchten, ihre Arbeit könnte durch gegenteilige Schriften oder Beweisstücke der Lächerlichkeit preisgegeben werden. Es existierte auch im Bewusstsein der Fälscher keine Gegenseite, sie konnten ein Vakuum füllen! Sonst hätte so mancher große Gelehrte oder Geistliche – ich denke an Viterbo, Abt Tritheim oder Antonio de Guevara – sich doch vorsichtiger verhalten und wäre im Rahmen des historisch Akzeptablen geblieben, statt frei von der Leber weg Geschichte zu fabulieren. Fray Guevaras unerhörte Frechheit

(»Fürstenspiegel«, siehe Topper, 1998) ist ja wohl allen Zeitgenossen bewusst gewesen und gerade darum, nämlich als Parodie auf die »ernsthaften« Geschichtsschreiber, mit so viel Begeisterung aufgenommen worden.

Wenn – wie manche Historiker noch heute annehmen und wie Kammeier trotz aller Klarsicht stellenweise noch vermutete – ein gewisser Grundstock an Überlieferungen und Texten aus der Antike ins Quattrocento hinübergerettet worden wäre, dann sähe unser heutiges Bild der Antike völlig anders aus. Nicht die Entstellungen an den heutigen klassischen Texten machen uns Schwierigkeiten, nicht die »Veränderungen« der Bibelverse usw., sondern deren völlig freie Erfindung ist zum Problem geworden.

Zwischen der Antike und dem aufstrebenden Europa im Hochmittelalter – dem vagen Beginn unserer Geschichtlichkeit unter den Stauferkaisern – muss ein Bruch von ungeheurer Schärfe passiert sein, eine Katastrophe von so gewaltigen Ausmaßen, dass nicht nur die Tradition (außer mündlicher Überlieferung) ausgelöscht wurde, sondern auch fast alles an technischem Können, was die Antike je zustande gebracht hatte. Wir brauchen nicht bis zu den Pyramiden zurückzugehen, deren Herstellung uns selbst heute noch ein totales Geheimnis ist. Wir wissen nicht einmal, wie die norddeutschen Bauern ihre Hünenbetten errichteten oder ihre Feldmessung und Kalenderbestimmung vornahmen.

Die heilige Stadt

Wer die Türkei bereist hat, kennt meist auch Pamukkale, »das Baumwollschloss« bei Denizli, dessen schneeweiße Kalkbecken mit dem heißen Quellwasser ein beliebtes Reiseziel sind. Wie ein arktischer Gletscher glänzt der Kalkberg von weitem und hat wohl zu allen Zeiten die Menschen angelockt. Die Römer schätzten den Ort sehr und schmückten ihn mit prunkvollen Bauten. Bestens erhalten ist das enorm große römische Theater, geschmückt mit kunstvollen Figurenfriesen. Auf einem Stein im Theater liest man den Namen der Stadt: ΙΕΡΑΠΟΛΣ (das I fehlt): »Heilige Stadt.« Zwar mag man sich fragen, ob man den Namen der Stadt ohne weiteren Zusatz gerade auf einen Sitzstein im Theater schreiben würde – wer dort saß, wusste sicher, wie seine Stadt hieß – und ob man nicht auch die korrekte Schreibweise erwarten dürfte, aber auf diese und manche andere Unstimmigkeiten der Rekonstruktion wollte ich hier nicht anspielen.

Es gibt in dieser heiligen Stadt nämlich riesige Bauten, die von einem Bewusstsein zeugen, das menschliches Maß sprengt. Da gibt es eine so genannte »byzantinische Kirche« (die vermutlich nicht einmal in der letzten Bauphase so benützt wurde), mit 3 m dicken Wänden aus alten Quaderblöcken, die durch Erdbeben verschoben aber nicht eingestürzt sind, darüber ein neu aufgebautes Tonnengewölbe von staunenswerter Spannweite und hervorragendem handwerklichen Können, und an diese Baustufe angesetzt, weniger vollendet aber immer noch monumental, vier architektonisch sinnlose Pfeiler, die einige unscheinbare »christliche Zeichen« tragen (Chrismon). Danach muss eine Katastrophe von unvorstellbarer Zerstörungsgewalt eingetreten sein, nach der das Bauwerk verlassen blieb.

Nur am großen Stadttor, auf der Innenseite neben der gepflasterten Straße, ist in Hast aus Trümmern eine winzige christliche Kirche errichtet worden, für acht bis neun Gläubige, wahrlich mittelalterlich. Der Sprung in die Barbarei ist so offensichtlich, dass normale Erklärungen wie »Wandalensturm« oder Religionswandel nicht ausreichen. Die Katastrophe muss auch seelisch eine verheerende Wirkung gehabt haben, und das ist nach normalen Erdbeben nicht der Fall. (Ich erinnere mich an das wirklich epochale Erdbeben von

Agadir 1960. Die Stadt sah schon wenige Jahre später strahlender denn je aus.)

Auf unserer Türkeireise suchten wir auch Termessos auf, weil uns dessen Name an berberische und iberische Städte erinnerte. Das anatolische Termessos war eine nie bezwungene Bergfestung auf 1000 m Höhe, und zum Erwandern dieser ausgedehnten Stadt brauchten wir einen ganzen Tag. Ich erwähne das, um eine Ahnung von der Größe zu geben. Wichtiger war uns die achtunggebietende Selbstständigkeit dieses Volkes, das keine der umliegenden Sprachen schrieb und eigene Münzen herstellte, andererseits doch die typisch römischen Bauten errichtete: Thermen und Wandelhallen, Tempel und ein Theater von atemberaubender Schönheit hoch über einer Schlucht mit schroffen Felswänden als Kulisse. Weder Perser noch der große Alexander zwangen die Stadt nieder, und mit Rom schloss sie einen Bund als gleichberechtigter Partner.

Im 3. Jahrhundert u. Ztr., so liest man, wurde sie verlassen, vermutlich wegen eines Erdbebens, das große Teile zerstörte. Die Datierung ist eher rückerschlossen aus dem Baustil und dem Fehlen christlicher Gebäude. Nur Kreuzfahrer errichteten für kurze Zeit in den Ruinen einen Stützpunkt.

Zerstörungen von ungeheurer Wucht sahen wir auch in anderen anatolischen Ruinenstädten. Sillyon in Pamphylien liegt auf einem weithin sichtbaren Kalkberg 100 m über der flachen Küstenlandschaft, versehen mit enormen Mauern, einer hohen Rampe und einem Stadttor, das augenscheinlich nie fertig geworden war. Der Kalkfelsen ist zerrissen wie eine im Ofen gebackene Brotkruste, die Zisternen sind daher leer, und die Stadt musste verlassen werden. Weder Heiden noch Christen noch Moslems haben sie je wieder besiedelt, nur ein seldschukisches Heiligtum zeugt von zeitweiliger Verehrung des Ortes. Ein Teilstück einer Zisterne liegt heute 50 m tiefer am Berghang. Erdbeben ist ein zu schwaches Wort für derartige Zerstörungen. Wäre es ein Erdbeben gewesen, dann wäre der Kalkstein nicht in dieser Weise geborsten, und man hätte später die Risse mit Mörtel verschmieren können; kein Grund, den zum Wohnen bestens geeigneten Berg aufzugeben.

Vielleicht hatte niemand von den früheren Bewohnern überlebt?

Nun könnte ich derartige Beobachtungen aus meinen vielen Reiseberichten in großer Zahl zitieren, möchte aber lieber noch einen Fachmann zu Wort kommen lassen: In einem wunderschönen Buch über das rosenrote Petra in Arabien (Lindner, 1970, S. 97 f), das ich als junger Mensch aufgesucht habe, lese ich, dass dieses Petra, ein glanzvoller Höhepunkt einer von Rom unabhängigen arabischen Kultur, nach einem schweren Erdbeben »um 365« verlassen worden war. Später nisteten sich Händler mit armseligen Ladenhäuschen auf der Prunkstraße ein. In den Ruinen der Stadt und in bewohnbaren Höhlen lebten christliche Einsiedler und eine kleine christliche Gemeinde, wie man aus einigen geritzten Kreuzen an den Höhlenwänden schließt. Sonst weist fast nichts auf eine Wiederbesiedlung der Stadt hin. Einer griechischen Inschrift zufolge wurde ein Grabgewölbe im Jahre 446 (die Datierung ist umstritten) als Kirche benützt. Eigentlich beruft man sich bei solchen Aussagen nur auf Berichte von Konzilien zwischen 340 und 530, an denen Bischöfe aus Petra teilnahmen, darunter ein gewisser Germanus. Derartigen Konzilsberichten trauen nicht einmal die katholischen Theologen, die sich mit Archäologie beschäftigt haben.

Islamische Beduinen, die das wasserreiche Tal meist mieden, aber doch zeitweilig aufsuchten, wissen nichts von den Erbauern der umwerfend schönen antiken Felsentempel oder der immer noch beeindruckenden frei stehenden Ruinen. Die

Kreuzfahrer des 12. Jahrhunderts waren die nächsten Ansiedler in Petra. Zwischen dem »Erdbeben« und den primitiven Überlebensversuchen einiger armseliger »Christen« (?) liegt vielleicht eine ganz geraume Zeitspanne. Jedenfalls muss etwas so Katastrophales passiert sein, dass niemand von den stolzen Erbauern überlebte, auch nicht im weiten Umkreis, und daher keine Überlieferung davon mehr existiert. Im Koran ist häufig an derartige ganz plötzlich untergegangene Städte erinnert, von deren Bewohnern jede Spur fehlt.

Vielleicht sollte ich auch daran erinnern, dass ja laut Lehrbüchern das frühe Christentum im Mittelmeerraum überall in dieser äußerst ärmlichen Weise begann, von völlig mittellosen Menschen propagiert, die meist unterirdisch (in »Katakomben«) oder fern der Städte in der Einöde lebten. Dass sie verfolgt gewesen wären, kann ich nicht glauben und habe meine Gründe oben (Kap. III) auch ausführlich dargelegt.

Die ewige Stadt Rom

Die berühmten Bibliotheken der Antike mit ihren hunderttausend Buchrollen sind nur angeblich verbrannt, in Wirklichkeit gab es sie gar nicht, hatte Canfora uns mit scharfem Blick und in vorsichtiger Ausdrucksweise klar gemacht. Eine direkte Überlieferung der Antike gibt es ebenso wenig; ich meine damit eine fortgesetzte Tradition des klassischen Denkens, der antiken Baukunst, der heidnischen Religion oder auch nur der Lieder und Theaterverse. Es gibt auch keine Originaltexte, sondern immer nur Abschriften von Abschriften.

Die Engelsburg in der »Ewigen Stadt« wäre ja wirklich die Festung gewesen, in der sich Dokumente erhalten haben müssten, wenn es sie gegeben hätte. Zumindest hätte es Manuskripte aus der frühen Zeit des Christentums geben müssen, sagen wir aus dem 5. bis 10. Jahrhundert. Aber die erste Liste der Päpste wurde unter Eugen (»IV.«) gegen 1440 aufgestellt, noch reichlich ungeordnet und stark verschieden von späteren Listen. Und die erste Geschichte der Päpste verfasste Platina (gest. 1481) im Auftrag von Sixtus IV.

Die erste Universalgeschichte des Mittelalters ist eine Schöpfung von Flavius Blondus (gest. 1463). Sie reicht bis 1410 und deckt damit erstmals ein ganzes fehlendes Jahrtausend ab.

Die Stadt Rom war im Mittelalter zeitweise unbewohnt, auch im 16. Jahrhundert hatte sie noch nicht wieder die Größe und Einwohnerzahl der klassischen Zeit erreicht. »Um 1570 sah Rom ruiniert und erschöpft aus«, schreibt Duncan (1998, S. 265). »Von einer Million Einwohner der Kaiserzeit auf etwa 60 Tausend geschrumpft, [...] nur noch in Tibernähe bewohnt (wegen der nicht mehr funktionierenden Aquädukte), mit Feldern und Weinbergen, Schutthaufen und Ödland innerhalb der viel zu weiten Stadtmauern.«

Es scheint, dass die »Ewige Stadt« erst nach dem Fall von Konstantinopel (1453) wieder Hauptstadtcharakter bekam.

Warum musste Papst Martin (»V.«) ab 1417 Ausgrabungen vornehmen lassen, um das antike Rom sichtbar zu machen? Warum lagen die klassischen Bauten unter meterhohem Schutt? Wie kommt es, dass die Fälscher so leichtes Spiel hatten?

Wenn die große Zeitspanne, die durch die Kirche als Erklärung vorgebracht wurde, nun mit unserer neuen Hypothese hinfällig wird, dann handelt es sich nicht mehr um den Schutt der Jahrhunderte, sondern um eine gewaltige Zerstörung, um Katastrophen von enormen Ausmaßen, die zwischen der so nahen Antike und der modernen Zeit liegen.

Silvio Piccolomini, der spätere Papst Pius (»II.«), schrieb anlässlich seiner Reise zum Konzil von Basel 1432, dass diese (ehemals römische) Stadt durch dicht aufeinander folgende Erdbeben von Grund auf zerstört worden sei und ein völlig neues Aussehen habe, wie aus einem Guss erbaut, ohne jegliche Altertümer. Das hat sich dieser scharfe Geist bestimmt nicht ausgedacht; nur den Zeitpunkt, den er für die Katastrophe angibt, nimmt er aus einer Zeittafel, die mit unserer noch nicht vergleichbar ist. Er sagt, dieses Unglück sei der Stadt Basel im Jahre 800 zugestoßen. Für unsere heutige Rechnung wäre das 632 Jahre vor Piccolominis Reise. Nach einem so langen Zeitraum soll die Stadt immer noch ohne jegliche Altertümer und wie aus einem Guss neu erbaut ausgesehen haben? Vermutlich lag das schicksalsschwere Jahr 800 (eine runde Zahl, die mit den Weltuntergangsberechnungen der damaligen Kleriker zusammenhing) nur ein oder zwei Generationen vor dem Konzil von Basel. Das mehrfache Erdbeben in der Nordschweiz, das Basel zerstörte, wird heute ins Jahr 1356 gelegt.

Die seit etwa zwei Jahrzehnten tätige Gruppe der Geschichtskritiker, die auch den fast vergessenen Kammeier wieder zu Ehren brachte, spricht wegen der Häufung der Katastrophenberichte in den Jahren um 1350 von einem »Bisher letzten großen Ruck« im Sonnensystem. Ohne Katastrophe und damit verbundenem Unverständnis der Vergangenheit ist weder eine Neuschöpfung der literarischen Antike noch eine künstliche Vergrößerung des Zeitabstandes psychologisch erklärbar.

Gerade über dieses Ereignis – sowohl den Zeitpunkt als auch die Ursachen der Katastrophe – ist jedoch praktisch nichts bekannt. Der Kulturgeschichtler Egon Friedell hat vor 70 Jahren versucht, den Pestausbruch ab 1348 als unmittelbare Folge einer kosmischen Katastrophe hinzustellen. Das ist bis heute die einfachste Lösung des Problems, was nicht bedeutet, dass es die richtige Lösung wäre. Friedell schrieb: »Wenn es wahr ist, dass damals ein großer Ruck, eine geheimnisvolle Erschütterung, ein tiefer Konzeptionsschauer durch die Menschheit ging, so muss auch die Erde irgendetwas Ähnliches durchgemacht haben, und nicht bloß die Erde, sondern auch die Nachbarplaneten, ja das ganze Sonnensystem. Die Zeichen und Wunder, die die ›beschränkte Leichtgläubigkeit‹ jener Zeit erblickt, waren wirkliche Zeichen, deutliche Äußerungen eines wunderbaren Zusammenhanges des gesamten kosmischen Geschehens.« (Bd. I, Kap. 3; zit. nach Chr. Marx) Die Vernichtung der Kenntnis dieser Katastrophe ist geradezu vorbildlich und wirkt bis heute nach. Wer darüber auch nur andeutungsweise spricht, ist in akademischen Kreisen erledigt. Man beginnt an den Universitäten gerade erst die Katastrophe der Endkreidezeit, also die Vernichtung der Saurier durch ein kosmisches Ereignis vor 60 Millionen Jahren, als Diskussionsmöglichkeit zuzulassen. Näher liegende katastrophische Vorkommnisse, an die sich der Mensch selbst noch erinnert, wie z. B. das Eiszeit-Ende, sind noch nicht universitätswürdig.

Den Gegnern der Katastrophentheorie fällt es leicht, diese mit dem Hinweis auf ihren Urheber im 20. Jahrhundert, den österreichischen Ingenieur Hanns Hörbiger (1860–1931) und seine Welteislehre, ins Krematorium der überwundenen Einheitstheorien abzuschieben. Im Sinne der aus der Welteislehre herausgefilterten Schlüsse hatte ich 1969 mit Feldforschung in Spanien begonnen und vier Katastrophen in der Geschichte der Menschheit ausgemacht (1977). Dies ist bisher immer noch Außenseitermeinung, auch wenn durch die umfangreichen Arbeiten des von Velikovsky (1895–1979) angeregten Gunnar Heinsohn, den Jochen Köhler schon 1986 (S. 42) ehrenhaft »Praeceptor Germaniae« (Lehrer Deutschlands) titulierte, eine grundsätzliche Akzeptanz der Katastrophentheorie nicht mehr umgangen werden kann.

In diesem Sinne wage ich vorauszusagen, dass einer meiner auf Hörbigers Schema fußenden Grundgedanken, nämlich die außerirdische Herkunft vieler mächtiger Kalkablagerungen auf der Erdoberfläche – analog zu Löss oder Erdöl – in

Kürze als wissenschaftliche Erkenntnis gehandelt werden wird.

Einer der häufigen Einwände gegen die Vorstellung von neuzeitlichen Katastrophen wird von Astroarchäologen vorgebracht: Alte Bauwerke – etwa Steinkreise wie Stonehenge oder Steinalleen in der Bretagne – weisen exakt auf Sonnenwendpunkte, Sternaufgänge oder die Himmelsrichtungen hin (wobei man gern die Präzession als Datierungsgrundlage einbezieht). Wenn eine oder gar mehrere Katastrophen seit Errichtung der megalithischen Bauwerke stattgefunden hätten – wie ich annehme und gezeigt habe (1977) –, dann würden die Kardinalpunkte nicht mehr stimmen.

Die Erwiderung auf diesen Einwand (vorgetragen durch Clark Whelton auf einer SIS-Tagung in London am 7. November 1998) ist (noch) nicht mathematisch untermauert, hat aber große Wahrscheinlichkeit für sich: In unserem elektromagnetisch regierten Planetensystem kommen zuweilen Abweichungen vor, auch die Erde wird manchmal aus ihrer Bahn geworfen oder sogar umgepolt. Nach kurzer Zeit des Schwankens und der Unregelmäßigkeit stellt sich jedoch der ursprüngliche Zustand wieder ein, das System wird wieder stabil. Eine solche Zeit der Schwankung dürfte zwischen 1350 und 1550 aufgetreten sein. Erst als sich ein nahezu fester Zustand wieder eingespielt hatte, konnte die Kalenderreform, die seit über hundert Jahren auf dem Programm der Päpste gestanden hatte, in sinnvoller Weise eingeführt werden. Die Beobachtungen zwischen 1570 und 1580 hatten gezeigt, dass die Bahnbewegung der Erde wieder konstante Eckpunkte auswies.

Kürzlich wurde eine astronomische Beobachtung als weiterer Hinweis auf den »Letzten Großen Ruck« bekannt. Der Garchinger Astrophysiker Bernd Aschenbach entdeckte einen Sternkadaver von 30 Millionen Grad Hitze in einer Entfernung von etwa 700 Lichtjahren von der Erde. »Die fremde Sonne ist vor rund 700 Jahren direkt in unserer kosmischen Nachbarschaft explodiert. Den Menschen im 13. Jahrhundert könnte diese spektakuläre Supernova so hell wie der Vollmond erschienen sein«, sagt Aschenbach (laut einem Artikel von Olaf Stampf in der Wochenzeitschrift »Der Spiegel« 18/1999, S. 246).

700 Jahre ist eine runde Zahl, 650 Jahre wären wohl ebenfalls möglich. Dann wäre diese Sternexplosion etwa mit dem Zeitpunkt des »Letzten Großen Rucks« um 1350 gleichzusetzen. Dass bei einer solchen Nova nicht nur ein heller Stern von Vollmondgröße sichtbar war, sondern auch ungeheure elektrische Entladungen im ganzen Sonnensystem stattgefunden haben dürften, ist wohl selbstverständlich. Die katastrophenartigen Bewegungen auf der Erde kann man sich ausmalen – oder aus den wenigen erhaltenen Berichten jener Zeit entnehmen. (Einige dieser Texte wurden im Postakademischen Forum, Basel, wieder herausgegeben.)

Ganz abgesehen von den durch die Chronologiekritik aufgezeigten Verzerrungen im monolithischen modernen Geschichtsschema, gilt festzustellen, dass es ohnehin schon eine maßlose Verfälschung des Blickwinkels war, als man die biblische Darstellung, derzufolge die Weltgeschichte eine Theaterbühne des jüdischen Stammesgottes ist, Völkern aufzwang, die mit diesen »12 Stämmen« nicht die geringsten geschichtlichen Berührungspunkte hatten. Welche Macht hätte dies zuwege bringen können? Selbst wenn diese Übertragung einer völlig kulturfremden Gedankenwelt nur als Allegorie oder mystische Metapher gedacht war, ist die Größe, ja Absolutheit des Anspruches, doch so ungeheuerlich, dass nachträglich sämtliche Erklärungsmuster versagen. Das zeitweilige Erwachen aus diesem Alptraum löste fatale Fehlreaktionen aus, die nur als Ergebnis völliger Hilflosigkeit angesichts dieses ungeheuerlichen Missverhältnisses verständlich sind. Bald nach dem angeblichen Beginn staatlichen Christentums im Abendland werden auch grausamste Übergriffe gegen jüdische Gemeinden berichtet. Die Pogrome im Rheinland des 11. Jahrhunderts haben ihre Parallelen von der Wolga bis nach Toledo, zumindest in unseren Geschichtsbüchern. Wo sich in aufgeklärten Zeiten dergleichen nicht physisch wiederholen ließ, wurde der trotzige Widerstand geistig ausgelebt, etwa in den so genannten »Protokollen der Weisen von Zion« oder den Astronautengötterszenarien. Weil die totale Verfälschung der geschichtlichen Sichtweise rational nicht erklärbar war und ihre Richtigstellung auch keine Chancen hatte, musste sich bei Bewusstwerden des Betruges die verletzte Seele in kindischen und zerstörerischen Handlungen Luft machen. Insofern haben die Initiatoren der Neuen Historischen Schule, Christoph Marx, Gunnar Heinsohn und Christian Blöss, mit ihrem Grundgedanken, dass die Verdrängung der Katastrophen und die damit verbundene Fälschung des Geschichtsbildes zu Kriegen und Holocaust führen, vor zwanzig Jahren das Richtige erkannt und es zielstrebig in zahlreichen Einzelarbeiten vorgestellt.

Fangen wir noch einmal an!

Bliebe also die Frage, warum die Katastrophe jahrhundertelang vertuscht wurde mit dem weitreichenden Aufwand einer Geschichtsschöpfung fast aus dem Nichts.
Die Antwort auf diese alles bewegende Grundfrage liegt in der Erfindung eines christlichen Gottes, der »gnädig« statt schicksalshaft und »gerecht« statt willkürlich in die biologische Schicht auf dem erkalteten Planeten Erde eingreift – eine völlig wahnwitzige, absolut unwissenschaftliche und gegen jede Erfahrung gerichtete Schutzerfindung der Menschen, wie sie vor allem direkt nach einer Katastrophe aufgebracht

werden musste. Dieser neu geschaffene christliche Versöhnergott war die einzige Garantie gegen den sehenden Wahnsinn der Ritter, die immer noch zu Recht fürchteten, dass ihnen der Himmel auf den Kopf fallen könne.

Den verheerenden Kometen und den Sprüngen in der Erdkruste, die ganze Kontinente zerstückelten, der Pest und den Heuschreckenschwärmen, die weit jenseits jeder Beeinflussbarkeit liegen, konnte nur ein extrem gütiger Universalgott mit väterlichen Liebeseigenschaften entgegengestellt werden, wollte man nicht dem krassesten Nihilismus ausgeliefert sein. So musste vor allem die jüngste Katastrophe aus dem Gedächtnis gelöscht werden. Dieses Ziel hat die katholisch geleitete »Große Aktion« angesteuert und – rückwärtig betrachtet – auch mit außergewöhnlichem Erfolg fast bis heute erreicht.

Zahlreiche Menschen, die das Gegenteil wussten und weitergaben, mussten darum ihr Leben lassen. Die Hexenverfolgungen spielten sich vor diesem Hintergrund ab. Wer ein offenes Universum sah und Chaos statt Ordnung, wie Giordano Bruno, wurde verbrannt.

In den Streitschriften des 15. Jahrhunderts ist das Problem noch offenkundig. Die Papstgünstlinge Nikolaus Cusanus und Johannes Regiomontanus verfochten mit großer Schärfe die These, dass die Planetenbahnen stabil seien und keineswegs von Zeit zu Zeit abweichen und dadurch Unheil verursachen könnten. Die »Deliramenta« (Abweichungen) der Planeten sind aber behauptet worden, z. B. in den Schriften des Gerhard von Cremona, der Beobachtungsdaten der Araber verwendet hatte. Wie auch sonst – etwa aus den Antiketzerschriften der Kirchenväter – spürt man hier nur aus den erhalten gebliebenen Gegenschriften, was bekämpft werden sollte. Die naturwissenschaftlichen Erkenntnisse, die aus den Katastrophen gezogen worden waren, sind verloren, sind vernichtet.

Bei der kirchlichen Aktion handelt es sich demnach tatsächlich um eine gelungene Vergangenheitsbewältigung, die jene früher recht häufig auftretende Weltuntergangshysterie verhindern soll. Es gab ja durchaus andere religiöse Formen, die jenes Urtrauma, die kosmischen Katastrophen, verdrängen oder überlagern sollten. Ich denke an die maßlosen Menschenopfer der Azteken, die vermutlich erst 100 oder 150 Jahre vor der Christianisierung Mexikos begonnen hatten, also nach 1350. (Inwiefern unsere Vorstellung von derartigen Menschenopfern geschichtlich korrekt ist, bleibt fraglich, kann aber hier nicht erörtert werden.)

Mit dem heutigen hohen Stand der Wissenschaft sind blutige Zauberhandlungen oder Ersatzopfer nicht vereinbar, ebenso wenig wie eine Fälschung der Geschichte oder ein Verschweigen der Katastrophen. In den technologisch führenden Staaten der Erde werden aufwändige Programme entwickelt, die eine zukünftige kosmische Katastrophe vorherberechnen sollen, und natürlich denkt man auch an Abwehrmaßnahmen, wobei die Einzelheiten noch der Geheimhaltung unterliegen. Da Verdrängung eines Traumas stets zu Fehlhandlungen führt, halte ich es für an der Zeit, die wahren Ursachen der »Großen Aktion« aufzudecken und durch das Verständnis unserer Geschichte zu einem rationaleren Umgang mit den Menschheitsproblemen zu gelangen.

Die neue Geschichtsschau ist äußerst schwierig zu verstehen und noch viel schwerer durchzusetzen. Das hat etwas mit Erziehung zu tun. Wir sind alle geprägt von unserer Kultur, vor allem die Jahreszahlen sitzen fest wie Betonklötze in unseren Köpfen. Davon abzugehen ist fast unmöglich. Wenn 753 (»v. Ztr.«) als Gründungsdatum Roms nicht mehr stimmt und Kaiser Karl nicht mehr an Weihnachten 800 in Rom gekrönt wurde, bricht eine Welt zusammen. Dieser neue Aufbruch ist vergleichbar mit jenem, der im 19. Jahrhundert durch die neue Theologie eingeleitet wurde, als man erkannte, dass Abraham und Mose nur literarische Gestalten sind, David und Salomon zwar schöne Vorbilder und Helden, aber dennoch frei erfunden. Der Verlust für unsere eigene Kultur war zu verkraften. Bei Karl dem Großen und Otto III. und der Wulfilas-Bibel wird das um etliches schwieriger. Auch diese haben nun keinen größeren Wirklichkeitsgehalt mehr als – sagen wir – Parzival, König Arthur und Siegfried. Es bleibt fast nichts mehr als Haltepunkt übrig von unserer Geschichte vor 1250, vor Friedrich II. von Hohenstaufen.

Ein wirkungsvoller Neuansatz für die Geschichtsschreibung sollte eine möglichst große Zahl von Zeitskalen verschiedener Völker einbeziehen. Wenn man aber von der Voraussetzung ausgeht, dass praktisch alle frühen Zeitsysteme fiktiv sind und bis zur Renaissance fast nirgendwo eine realistische Geschichtsschreibung stattfand, ist es jedoch sinnvoller, ein grundlegend neues Verfahren einzusetzen, nämlich die Verwertung archäologischer Funde, ihre relative Zeitabfolge (Evidenztheorie von Heinsohn), ferner Münzen und Inschriften unter den neuen kritischen Gesichtspunkten, und schließlich die Entdeckung von geschichtlichen Parallelen zwischen zwei Nachbarkulturen. Dafür brauchen wir nicht lieb gewonnene Helden wie Karl den Großen vom Thron zu stürzen, denn derartige medienwirksame Bilderstürmer sind nur allzu befangen in ihrem Eifer. Es ist auch kein Kampf gegen die »akademische Lehre« nötig, denn diese beugt sich stets willig neuen Erkenntnissen, sofern sie nachvollziehbar gut fundiert sind.

Die Aufgabe besteht darin, ein fachübergreifendes Forschungsprogramm unter dem Titel Chronologie aufzubauen, das Mediävisten und Orientalisten, Theologen und Kunsthistoriker usw. vereinigt, die zunächst einmal klären, wie unser heutiges Zeitrechnungsmodell zustande kam und dann vorurteilsfrei schrittweise rückwärts eine vertrauenswürdige Geschichtsschreibung erstellen, die alle Einzelfakten mit einbezieht.

Obgleich die neue Chronologie in gewisser Hinsicht unser Weltbild umstürzt, löst sie doch in anderer Hinsicht große Probleme, die bisher immer zur Seite geschoben wurden. Es war uns ja schon lange aufgefallen, dass wir in unseren Überlieferungen, besonders in Märchen und Liedern, direkten Anschluss an unsere Bronzezeit haben. Wenn deren Ende 3000 Jahre zurücklag und noch dazu die Erinnerung daran durch die römische Militärherrschaft und die christliche Inquisition unterbrochen wurde, dann ist dieses Fortleben in der Volksüberlieferung einfach nicht zu erklären. In der neuen Geschichtsrekonstruktion liegt diese Bronzezeit mit der Eisenzeit gleichzeitig und gar nicht so lange vor dem Hochmittelalter, oder anders gesagt: Sie ist unser Mittelalter, unsere direkte Vergangenheit vor der Neuzeit. Die Helden der Parzivalsage sind die unmittelbaren Nachfahren der Bronzezeitkrieger, der Abstand ist um zwei Jahrtausende geschwunden. Helgi und König Arthur und Barbarossa reichen sich die Hände. Schaut man sich die Entstehungszeit der Handschriften dieser Heldenlieder an, dann gibt es ohnehin keinen Zweifel: Sie sind alle etwa zeitgleich entstanden vor höchstens 800 Jahren.

Ich hoffe, dass einige Leser jetzt geahnt haben, was das neue Weltbild uns beschert: ein viel innigeres Verständnis unserer eigenen Vergangenheit. Der Anschluss an unsere wirkliche Vorgeschichte wird uns gelingen, und das zum Nutzen unserer Kultur und der unserer Nachbarn.

Falsch war nicht nur unsere angelernte Vorstellung von den frühesten Dynastien eines christlichen Abendlandes, den Merowingern und Karolingern, falsch nicht nur unsere ästhetische Sicht der griechischen Kunst oder unsere historische

Inanspruchnahme der christlichen Märtyrer, falsch nicht nur der zeitlich um ein Jahrtausend verschobene Abstand zur Geburt des geglaubten Erlösers – falsch ist unser gesamtes Weltbild. Die Märtyrer und die Merowinger wurden nicht um ihrer selbst willen gefälscht, sondern um einen sehr viel mächtigeren Feind zu verdecken: die Ahnung vom Chaos.

Ob wir inzwischen so weit erwachsen sind, dieser Wirklichkeit ins Auge zu schauen?

Literaturnachweise

(Fremdsprachige Zitate sind vom Autor übersetzt, wenn nicht anders vermerkt.)

Albrecht, Gisela (1995): »Livius und die frühe römische Republik«, in: Vorzeit-Frühzeit-Gegenwart 3–95, S. 222 ff (Gräfelfing)
Aschbach, Joseph (1868): Roswitha und Conrad Celtes (2. Aufl., Wien)
Baldauf, Robert (1902): Historie und Kritik (Basel und Leipzig)
Baltzer, Hermann (1935): Die deutsche Sprache. Ursprung und Werdegang (Weimar)
Barckhausen, Joachim (1935): Das gelbe Weltreich (Berlin)
Bernal, Martin (1986–1987): Black Athena (2 Bde., London)
Bernheim, Ernst (1914): Lehrbuch der Historischen Methode und der Geschichtsphilosophie (1. Aufl. 1889; Nachdruck New York 1970)
Blöss, Christian (1988): Jenseits von Darwin (Frankfurt/M.)
– (1991): Planeten, Götter, Katastrophen (Frankfurt/M.)
– (2000): Ceno-Crash (Berlin)
Blöss, Chr., und *Niemitz, H.-U.* (1997): C14-Crash (Gräfelfing)
Blüher, Hans (1921): Die Aristie des Jesus von Nazareth (Prien)
Blümel, Carl (1940): Griechische Skulpturen des 6. und 5. Jahrhunderts v. Chr., Teil 1 (Berlin)
– (1966): Die klassisch griechischen Skulpturen der staatlichen Museen zu Berlin (Berlin DDR)
Brendel, Otto (1933): »Archäologische Funde in Italien«, in: Archäolog. Anzeiger 48, S. 647 (Berlin)
Bresslau, Harry (1914): Handbuch der Urkundenlehre für Deutschland und Italien (Bd. II, Berlin; Nachdr. 1958)
Brustgi, Franz G. (1958): Weltfahrt nach Troja (Reutlingen)
Burckhardt, Jacob (1910): Griechische Kulturgeschichte, Bd. III (Berlin)
Busbeck, Ogier de (1589): Legationis turciae epistolae IV (Paris)
Canfora, Luciano (1998): Die verschwundene Bibliothek (A. d. Ital. übers. v. A. u. H. Beyer, Hamburg)
Cürlis, Hans (1930): Der Bildhauer Alceo Dossena; zum Film »Schaffende Hände« (Berlin)

Chwolson, D. (1866): Mémoires de l'Académie impériale des Sciences de Saint Petersbourg. VII série, tome IX (S. Petersburg)

Danino, Meir (1987): Esther: Dechiffriert (A. d. Am. übers. v. B. Liesching; PAF, Basel)

Deyermond, A. D. (1973/1978): Historia de la Literatura Española, Bd. 1: La Edad Media (Barcelona)

Dictionnaire de la Bible (1895) – 5 Bde. (Paris)

Döllinger, J. J. v. (1863): Die Papstfabeln im Mittelalter (München; 2. Aufl., Stuttgart 1890)

Dumesnil, Alfred (1861): L'Immortalité (Paris)

Duncan, D. E. (1998): The Calendar (London)

Encyclopedia Judaica (ab 1971, Jerusalem)

Encyclopedia of Islam (ab 1954, Leiden und London)

Enzyklopedie des Islam (1913–1934, 4 Bde, Leiden und Leipzig)

Evola, Julius (1955): Mysterium des Grals (München)

Friedell, Egon (1927–1931): Kulturgeschichte der Neuzeit (2 Bde., München 1976)

Gabowitsch, Eugen (1997): »Von Morosow bis zum jüngsten Fomenko«, in: Zeitensprünge 2–97, S. 293 ff (Gräfelfing)

– (1999): »Newton als geistiger Vater der Chronologiekritik und Geschichtsrekonstruktion (neben Hardouin)«, in: Efodon-Synesis Heft 36, S. 29–33 (Hohenpeißenberg)

Geise, Gernot (1996): »Das keltische Nachrichtensystem wiederentdeckt« (Efodon, Hohenpeißenberg)

Ginzel, F. K. (1906–1914): Handbuch der mathematischen und technischen Chronologie (3 Bde., Leipzig)

Graf von Schwerin, Detlef (1991): Dann sind's die besten Köpfe, die man henkt (München)

Gundolf, Friedrich (eigtl. *Gundelfinger*) (1904): Cäsar in der deutschen Litteratur (Berlin)

– (1992): Anfänge deutscher Geschichtsschreibung von Tschudi bis Winckelmann. (Fragment; postum durch E. Wind 1938 in Amsterdam; neu durch U. Raulff, Frankfurt/M.)

Harnack, Adolf (1893): Geschichte der altchristlichen Literatur bis Eusebius (Berlin; 2. Aufl., Leipzig 1958)

Heinsohn, Gunnar (1979): »Über die heiße Venus, das dunkle Zeitalter Griechenlands und das Zittern im akademischen Lehrgebäude«, in: Freibeuter 2 (Berlin)

– (1996): Wie alt ist das Menschengeschlecht? (1991 Gräfelfing; 2. Aufl.)

– (1998): »Biblos von +637 bis +1098 oder Warum so spät zum Kreuzzug?«, in: Zeitensprünge 1/98, S. 113 ff (Gräfelfing)

Heinsohn, Gunnar, und *Illig, Heribert* (1990): Wann lebten die Pharaonen? (Frankfurt/M.)

Herdejürgen, Helga (1968): Untersuchungen zur thronenden Göttin aus Tarent in Berlin und zur archaischen und archaistischen Schrägmanteltracht (Diss. Bonn 1964/ Waldsassen)
- (1971): Die tarentinischen Terrakotten des 6. bis 4. Jahrhunderts v. Chr. im Antikenmuseum Basel (Mainz), Tafel 17.
Hirth, Friedrich (1885): China and the Roman Orient (Shanghai; repr. New York 1966)
Hunke, Sigrid (1998): Europas eigene Religion (2. Aufl., Tübingen)
Illig, Heribert (1991): »Jüdische Chronologie. Dunkelzonen, Diskontinuitäten, Entstehungsgeschichte«, in: VFG 5/91, S. 21 ff (Gräfelfing)
- (1996): Das erfundene Mittelalter (Düsseldorf)
Jackson, Virginia (Hrsg. 1987): Art Museums of the World, Bd. 1, S. 325 (New York)
Jehuda Ha-Levy (hrsg. und eingel. von Jesús Imirizaldu, 1979): Cuzary (Madrid)
Jewish Encyclopedia in 10 vol. 1948 (New York)
Jordan, Joan Christophorus de (1745): De Originibus Slaviis (Bd. 1, Wien)
Jüdisches Lexikon in 4 Bänden. Hrsg. v. Georg Herlitz und Bruno Kirschner (1927) (Frankfurt/M., Nachdruck 1987)
Kammeier, Wilhelm (1935): Die Fälschung der deutschen Geschichte (2 Bde., Leipzig)
- (1981–82): Die Fälschung der Geschichte des Urchristentums (postum, Husum; 11. Aufl. Viöl 2000)
Katalog der Berliner Museen (1987): S. 115 (Abb.) und S. 122 (Text). (Berlin, DDR)
Kautzsch, E., und *Socin, A.* (1876): Die Echtheit der Moabitischen Altertümer geprüft (s. l.)
Kirsch, Wolfgang (1975): Historie von Alexander dem Großen (Leipzig)
Koestler, Arthur (1976): Der dreizehnte Stamm. Das Reich der Khasaren und sein Erbe (Wien)
Köhler, Jochen (1986): »Am Anfang war die Katastrophe ...«, in: Joseph und Suleika I (Eichborn, Frankfurt/M.)
Krantz, Albert (1575): Wandalia: De Wandalorum vera origine (Frankfurt, bei Andreas Wechel)
Krusch, Bruno (1938): »Studien zur fränkischen Diplomatik«, in: Abh. Preuß. Akad. Wiss. 1937,1 (Berlin)
Kuhn, Joachim (1993–1995): »Innereuropäische Ursprünge des Rassismus«, in: Silsila, Zeitschrift gegen Rassismus und Imperialismus, Hefte 1–5 (Berlin)
Landes, Richard (1988): »A study of apocalyptic expectations and the pattern of Western chronography 100–800 CE«, in: The Use and Abuse of Eschatology in the Middle Ages. Hrsg. W. D. F. Verbeke et al. (Löwen)
Langlotz, Ernst (1963): Die Kunst der Westgriechen in Sizilien und Unteritalien (s. l.)

Lindner, Manfred (Hrsg.) (1970): Petra und das Königreich der Nabatäer (Nürnberg; 4. Aufl., München 1983)

Loader, J. A. (1992): Das Buch Ester (Das Alte Testament deutsch; Göttingen)

Lubos, Arno (1974): Deutsche und Slawen (Wien)

Lüling, Günter (1974): Über den Urqur'an (Erlangen)

– (1981): Die Wiederentdeckung des Propheten Muhammad (Erlangen)

Lusetti, Walter (1955): Alceo Dossena Scultore (Rom)

Maerth, Oscar Kiss (1971): Der Anfang war das Ende (Düsseldorf)

Maier, Johann (1992) Geschichte der jüdischen Religion (Berlin 1972; 2. Aufl., Freiburg i. B.)

Manuel, Frank Edward (1963): Isaac Newton Historian (Cambridge, Mass. USA)

Martin, Paul C. (1996): »Hinweis auf ein merowingisches Manuskript«, in: Vorzeit-Frühzeit-Gegenwart 2/96, S. 191 ff (Gräfelfing)

Marx, Christoph (1993): »Datieren vor der Gregorianischen Kalenderreform«, in: Vorzeit-Frühzeit-Gegenwart 3/93, S. 38 ff (Gräfelfing)

– (1995): »Generelles Historiographieschema«, in: Vorzeit-Frühzeit-Gegenwart 3/95, S. 352 ff (Gräfelfing)

– (1996): »Der (bislang) letzte Große Ruck«, in: Vorzeit-Frühzeit-Gegenwart 3/96, S. 339 ff (Gräfelfing)

Mattiussi, Laurent (1988): »La fonction du merveilleux dans l'historiographie romaine de l'empire«, in: Geschichte der Geschichtsschreibung Nr. 13, S. 3–28. Klett-Cotta, (Mailand)

Memmo, Roberto (Hrsg., 1996.): L'Altare di Pergamo. Il fregio di Telefo (Rom)

Menghin, Wilfried (1985): Die Langobarden: Archäologie und Geschichte (Stuttgart)

Meritt, Benjamin D. (1961): The Athenian Year (Berkeley und Los Angeles, USA)

Metzger, Bruce H. (1981): Manuscripts of the Greek Bible (Oxford)

Meyers Konversationslexikon (1885–1890): 4. Auflage, 16 Bände (Leipzig)

Miller, Martin (2000): »Die Forschungen der Berliner Museen in Myus«, in: EOS Heft X, (Berlin)

Müller, Angelika (1990): »Die Quelle. Über die Zweifelhaftigkeit ›alter‹ Überlieferung«, in: Vorzeit-Frühzeit-Gegenwart 5/90, S. 15 ff (Gräfelfing)

Müller, H.-P. (1992): Das Hohe Lied (Das Alte Testament deutsch; Göttingen)

Müller, Werner (1973): Der Pergamon-Altar (Leipzig)

Newton, Isaac (1728): The Chronology of ancient Kingdoms amended (London, deutsch durch Hildburgh 1745)

– (postum 1736): Ad Danielis prophetae vaticinia, nec non S. Johannis Apocalypsin observationes (englisch: Observations upon the Pro-

phecies of Daniel and the Apocalypse, 1733; deutsch vom latein. Text
durch Abraham Gottlob Rosenberg, Leipzig und Liegnitz 1765)

Niemitz, H.-U., und *Blöss, Chr.* (1997): C14-Crash (Gräfelfing)

Olagüe, Ignacio (1974): La revolución islámica en occidente (Barcelona)

Orbini, Mauro (1601): Il regno degli Slavi (Pesaro; Nachdruck München
1985)

Paladini, V., und *Castorina, E.* (1969): Storia della letteratura latina
(Bologna)

Paul, Eberhard (1962): Die falsche Göttin (Leipzig)

Picard, Charles (1939): Manuel d'Archéologie Grecque. La Sculpture
(Bd. II; Paris)

Pick, B. (1917): Mitteilung im Jahrbuch des Deutschen Archäologischen
Institutes Nr. 32, S. 204 (Berlin)

Poliakov, Leon (1977): Der arische Mythos (Wien)

Radlof, Johann Gottlieb (1822): Neue Untersuchungen des Keltenthumes
(Bonn)

Randow, Norbert (1972): Die Pannonischen Legenden (Berlin)

Raulff, Ulrich (1992): Nachwort zur Neuausgabe von Gundolf, siehe dort
(1992)

Rettberg, Friedr. Wilh. (1846–1848): Kirchengeschichte Deutschlands
(2 Bde., Göttingen)

Rieth, Adolf (1967): Vorzeit gefälscht (Tübingen)

Rottzoll, Dirk U. (1989): A. Ibn Esras Kommentare zu den Büchern
Kohelet, Ester und Rut (Berlin)

Rumpf, Andreas (1928): Katalog der Etruskischen Skulpturen (Berlin)

Schlette, Friedrich (1976): Kelten zwischen Alesia und Pergamon
(Leipzig)

Schlißke, Otto (1983): Der Schatz im Wüstenkloster (Neuwied)

Schneller, Ludwig (1954): Tischendorf-Erinnerungen (Hrsg. v. Oskar
Paret, Lahr-Dinglingen)

Schuchhardt, Carl (1944): Aus Leben und Arbeit (Berlin, teilweise schon
1930 veröff.)

See, Klaus von (1970): Deutsche Germanen-Ideologie (Frankfurt/M.)

Spengler, Oswald (1918–1922): Der Untergang des Abendlandes
(München)

– (1951): Reden und Aufsätze (3. Aufl., München)

Stegmüller, Otto (siehe *Hunger* et al., Textüberlieferung der antiken
Literatur)

Stoll, Heinrich A. (1971): Götter und Giganten (4. Aufl., Berlin)

– (1983): Der Traum von Troja (Halle-Leipzig)

Strauß, David Friedrich (1835): Das Leben Jesu (Leipzig)

Studniczka, Franz (1928): »Neue Archaische Marmorskulpturen. Falsches
und Echtes«, in: Jahrbuch des Deutschen Archäolog. Institutes 43,
S. 140 ff; (Berlin)

Szysman, Simon (1980): Le Karaisme (Lausanne)

Tischendorf, Constantin v. (1865): Wann wurden unsere Evangelien verfasst? (Leipzig)

Topper, Uwe (1977): Das Erbe der Giganten (Olten)

– (1988): Wiedergeburt. Das Wissen der Völker (Reinbek)

– (1993): Das letzte Buch (München)

– (1998): Die »Große Aktion« (Tübingen)

– (1999): Erfundene Geschichte (München)

Touchet, Jacques (1992): La Grande Mystification (Carcassonne)

Velikovsky, Immanuel (1960): Oidipus and Akhnaton (dtsch: Ödipus und Echnaton, Zürich)

Wattenbach, W. (1896): Das Schriftwesen im Mittelalter (3. Aufl., Leipzig; Nachdr. Graz 1958)

Wickert, Johannes (1995): Isaac Newton (rowohlt monographien, Reinbek)

Wiegand, Theodor (1916/17): »Thronende Göttin«, in: Antike Denkmäler, Bd. 3, S. 47–52, T. 34–44, 7 Abb. (Berlin)

Wußig, Hans (1990): Isaac Newton (Teubner, Leipzig)

Zarnack, Wolfram (2000): »300 Jahre europäische Geschichte erfunden?«, in: W. Kammeier, Die Fälschung… 2000

Zedler, J. H. (1732–1743): Universallexikon (Leipzig; Nachdr. Graz 1962)

Zillmer, H.-J. (1998): Darwins Irrtum (München)

Stichwortverzeichnis

Uwe Topper
Erfundene Geschichte

Leben wir im Jahr 1702?

Unsere Zeitrechnung ist falsch - und heute ist
auch nicht mehr sicher festzustellen, wie viele
Jahre seit Christi Geburt vergangen sind. In dieser aufregenden Dokumentation schildert der
Autor die Entstehung unserer Zeitrechnung und
Geschichtsschreibung sowie die Durchbrüche der
neuen Zeitforschung.

256 Seiten, ISBN 3-7766-2085-4
Herbig

**BUCHVERLAGE
LANGEN MÜLLER HERBIG**
WWW.HERBIG.NET